# 新编
# 语文教育术语手册

主编 顾之川

编者 顾之川 张华娟 彭兰玉

张 伟 丁建川 断 竹

XINBIAN YUWEN JIAOYU
SHUYU SHOUCE

上海交通大学出版社
SHANGHAI JIAO TONG UNIVERSITY PRESS

## 内容提要

本书收录了语文教育常用术语,每个词条的释义力求简明扼要、科学准确,每一个例句(示例或案例)生动形象、可读性强。本书主要包括"语文课程""语文教材""语言文学""图书出版""语文教学""语文考试""语文教师"七大部分内容,并附有权威的《中华人民共和国国家通用语言文字法》,摘编了教育部《义务教育语文课程标准(2011年版)》《普通高中语文课程标准(2017年版)》和《普通高等学校统一招生考试大纲语文(2018年版)》,以便读者查阅使用。

## 图书在版编目(CIP)数据

新编语文教育术语手册/顾之川主编. —上海:
上海交通大学出版社,2018
ISBN 978 - 7 - 313 - 18534 - 1

Ⅰ. ①新… Ⅱ. ①顾… Ⅲ. ①语文课—教学
研究—中小学 Ⅳ. ①G633.302

中国版本图书馆 CIP 数据核字(2017)第 302188 号

新编语文教育术语手册

主　　编:顾之川

出版发行:上海交通大学出版社　　　　　　地　　址:上海市番禺路 951 号
邮政编码:200030　　　　　　　　　　　　电　　话:021 - 64071208
出 版 人:谈　毅
印　　制:上海景条印刷有限公司　　　　　经　　销:全国新华书店
开　　本:710mm×1000mm　1/16　　　　印　　张:23
字　　数:348 千字
版　　次:2018 年 4 月第 1 版　　　　　　　印　　次:2018 年 4 月第 1 次印刷
书　　号:ISBN 978 - 7 - 313 - 18534 - 1/G
定　　价:69.00 元

# 前　言

在我国基础教育领域,有一个问题一直困扰着广大语文教育工作者,即对语文学科所涉及的相关概念术语,不像数学、物理、化学、生物、历史、地理等其他学科那样清楚明确,往往存在着界定不明确、含混不清等现象。这里固然有语文教育学科特点本身的原因,有语言学、文学等学术界与中小学语文教育的沟通交流不畅的问题,也有语文教育相关研究不够深入的问题。有时同一个概念,语文教育界与社会上一般人理解不同,大学教师和中小学语文教师的理解往往存在歧义,至于具体运用时当然也就各随其便、凭其所好了。比如,"写作"与"作文","记叙文""议论文""说明文"与"论述类文本""实用类文本""文学类文本",甚至"表现手法"与"表现方法"等。这种情况普遍表现在课程标准(教学大纲)、教材编写、教学实施、考试评价等各方面,常常给广大一线语文教师、学生和家长等带来不少困惑。

随着我国基础教育领域课程改革的进一步深化,教育部制定的《义务教育语文课程标准(2011 年版)》《普通高中语文课程标准(2017 年版)》,教育部考试中心公布的《普通高等学校统一招生考试大纲语文(2018 年版)》等文件,也有了一些新提法,出现了若干新的概念术语,有些原有词语也被赋予新的含义。如何准确理解这些新提法,怎样准确解释这些新的概念术语,也是广大读者迫切希望弄明白的。为了帮助语文教育工作者和对此感兴趣的读者准确理解这些概念术语,我们组织国内语言学、文学及语文教育领域的相关专家,编写了这本《新编语文教育术语手册》。

本手册的读者对象是中小学语文教育工作者及其他读者,是应上海交通大学出版社基础教育图书事业部王超明主任之邀,由我提出基本设想,邀请几位编者通力合作完成的。几位编者不仅在各自领域学养丰厚,研究深入,而且对语文教育满腔热情,一往情深,不忘初心,积极参与。接受编写任务后,他们放下其他工作,专注于此,精心结撰,如期交稿,令人感动。本手册编写的具体分工是:

四川师范大学张伟教授:语文课程、语文教师。教育部课程教材研究所研究员、人民教育出版社张华娟编审:语文教材、语文教学、图书出版。山东农业大学丁建川教授:语言文学。湖南大学彭兰玉教授、教育部考试中心断竹博士:语文考试。统稿:张华娟。书稿完成后,我补充了部分内容,通看了全书,并特邀复旦大学中文系杨剑桥教授对书稿内容进行审读和把关,在此一并致谢。

在本手册编写过程中,我们参考了相关专家的研究成果,书后作为"参考文献"列出,以示不敢掠美。至于取舍是否合理,论述是否清晰,举例是否恰当,那就如金人元好问诗中所说"鸳鸯绣出从君看",要敬候读者诸君评判指教了。

顾之川

2017 年清明节

(顾之川,浙江师范大学教授,人民教育出版社编审,中国教育学会中学语文教学专业委员会理事长)

# 凡　　例

(1)　本手册收录语文教育学科常用的术语。这些术语遴选收取的范围主要基于以下文本：

①教育部组织制定的《义务教育语文课程标准(2011 年版)》《普通高中语文课程标准(送审稿)》；

②教育部考试中心颁布的高考语文《普通高等学校统一招生考试大纲语文(2018 年版)》；

③人民教育出版社编写的语文教材(含小学、初中、高中)。

(2)　每个词条含释义和例句(示例或案例)。释义力求科学准确、简明扼要；例句(示例或案例)以词条的实际需要为原则，有的词条有例句，有的词条则没有。例句(示例或案例)出处首先考虑上条所列文本。涉及考试的，则优先采用教育部考试中心制定的语文《考试大纲》和历年命制的高考语文试题(包括分省自主命题)。

(3)　正文后摘编与语文教育有关的文献，编为"附录"，方便读者查阅。

(4)　书后附有"索引"，将所收词条按汉语拼音字母顺序排列，方便检索。

(5)　正文部分页眉注明该页起止词条。

# 目 录

# 语文课程

## 课程

### 【释义】

课程,即对课业学习的程序、程式和程度等进行的总体规定与系统设计。程序,是指课业内容的先后顺序。任何一门课程都应首先确定学习内容,并根据难易程度和知识的内在逻辑,有梯度、有层次地呈现这些内容,形成课业学习的内容顺序,这是课程建构与实施的基础。程式,是课程建构与实施的基本要素及其组织方式。基本要素包括课程理念、课程目标、课程内容、课程呈现方式、课程实施方法、课程质量评价等,这些要素的不同组织方式,构成了不同程式的课程,这是构成课程形态的关键。程度,是不同阶段的课业学习所要达到的不同标准,主要包括知识、能力、方法、情感等在完成相应的学习任务后应达到的水平。

### 【例句】

课程是教育思想、教育目标和教育内容的主要载体,集中体现国家意志和社会主义核心价值观,是学校教育教学活动的基本依据,直接影响人才培养质量。〔《教育部关于全面深化课程改革 落实立德树人根本任务的意见》(教基二[2014]4号)〕

## 课程改革

### 【释义】

课程改革,即根据社会发展和人才培养的新要求,对课业学习的程序、程式与程度等进行调整、重组,使课业学习更有利于学生核心素养发展的变革活动及其实施过程。课业学习程序的调整与重组,首先是对课业知识进行筛选和更新,使课业内容与时俱进;其次是对知识、能力等内容的排列顺序或体系进行重构,使之更符合学生的认知规律与学科的发展脉络。课业学习程式的调整与重组,主要包括更新课程理念、调整教学目标、优化教学内容、创新教学方式、改革质量评价等。课业学习程度的调整与重组,主要包括课业学习质量标准的调整,评价反馈方法与技术的创新等。

**【例句】**

经济全球化深入发展,信息网络技术突飞猛进,各种思想文化交流交融交锋更加频繁,学生成长环境发生深刻变化。青少年学生思想意识更加自主,价值追求更加多样,个性特点更加鲜明。国际竞争日趋激烈,人才强国战略深入实施,时代和社会发展需要进一步提高国民的综合素质,培养创新人才。这些变化和需求对课程改革提出了新的更高要求。〔《教育部关于全面深化课程改革 落实立德树人根本任务的意见》(教基二〔2014〕4 号)〕

## 三级课程

**【释义】**

三级课程,即国家、地方、学校三个层级的教育行政主体分别设计、开发和实施的课程。以教育部为主体设计、开发和实施的课程,称为国家课程,国家课程主要体现国家对课业学习的规定与要求。以省级或市级教育行政部门为主体设计、开发和实施的课程,称为地方课程,地方课程主要体现地方特色和本区域学生发展的需求。以学校为主体设计、开发和实施的课程,称为校本课程,校本课程以本校学生的发展需求为出发点,力求体现本校的办学特色。三级课程中,国家课程是方向、引领和主体,主要是针对全国学生提出的普遍性要求;地方课程和校本课程是补充,是对国家课程的细化和特色化。三级课程互动共生,才能形成有效的发展学生核心素养的课程体系。

**【例句】**

1999 年 6 月 15 日,中共中央、国务院发布《关于深化教育改革全面推进素质教育的决定》明确指出,要"调整和改革课程体系、结构、内容,建立新的基础教育课程体系,试行国家课程、地方课程和校本课程",由此拉开了我国构建"三级课程体系"改革的序幕。〔潘新和:《新课程语文教学论》,人民教育出版社2005 年版,第 115 页〕

# 三级课程管理

## 【释义】

三级课程管理,即国家、地方和学校三级教育行政部门或教育组织,分别承担课程管理职责,共同推进各级课程的有序开发和有效实施的工作体制与运行办法。根据《基础教育课程改革纲要(试行)》的规定,国家课程管理主要由教育部承担,包括总体规划基础教育课程,制订基础教育课程管理政策,确定国家课程门类和课时,制定国家课程标准,推进课程评价制度改革等。地方课程管理由地方教育行政部门承担,包括制定本地区实施课程的计划,规划地方课程,报教育部备案并组织实施,教育部批准后,可单独制订本地区使用的课程计划和课程标准;学校课程管理由学校承担,主要包括执行国家课程和地方课程,开发和选用校本课程,反映在实施国家课程和地方课程过程中遇到的问题等。

## 【例句】

为保障和促进课程对不同地区、学校、学生的要求,实行国家、地方和学校三级课程管理。〔《教育部关于印发〈基础教育课程改革纲要(试行)〉的通知》(教基〔2001〕17号)〕

# 语文课程

## 【释义】

语文课程,即对语文学习的程序、程式、程度等进行的总体规定与系统设计。语文学习的程序,是指根据语文学习的规律和语文内容的难易程度,对语文知识、能力、学习方法、人文精神等进行的序列化设计,这一序列化设计一般要体现循序渐进、由浅入深、螺旋上升的特点。语文学习的程式,是指语文学习的理念、目标、内容、方式、活动和评价等要素共同构成的语文课程形态,这一课程形态一般要体现母语的教育功能、语文知识的运用特点、语文能力的习得规律、语文学习的基本方法、语文学习质量评价的特殊要求等。语文学习的程度,是指不同阶段的语文学习对学生在语言构建与积累、思维发展与提升、审美鉴赏与创造、文化传承与发展等方面的发展水平进行的规定,这些规定既要体现不同教育阶段的不同发展层次,也要体现其他学科的学习对语文核心素养的要求,更要体现社会发展和学生的未来成长对某一阶段的语文核心素养发展的要求。

**【例句】**

语文课程是一门学习语言文字运用的综合性、实践性课程。〔中华人民共和国教育部制定,《义务教育语文课程标准(2011 年版)》,北京师范大学出版社2012 年版,第 2 页〕

## 母语课程

**【释义】**

母语课程,即对母语学习的程序、程式和程度等进行的总体规定与系统设计。母语学习的程序设计,要考虑其日常交际的特点和学生口头表达的基础,遵循口头交流、书面表达、书面阅读、读写综合等逐层递升的发展规律。母语学习的程式设计,主要应强化母语的习得理念,突出传承、弘扬和发展民族文化的课程功能,引导学生阅读、转化和应用民族经典。对母语学习程度的规定,要根据传承、传播和创新民族文化的需要,对不同阶段学生的听、说、读、写能力水平等进行合理定位。

**【例句】**

作为母语课程,语文实践不能限于书本,应该让学生接触丰富的语文学习资源,重视各种语文学习实践机会。〔秦训刚:《新课程语文教学论》,华中师范大学出版社 2008 年版,第 6 页〕

## 国家语文课程

**【释义】**

国家语文课程,即三级语文课程中最高层级的课程,是国家根据社会和学生未来发展所需要的必备的语文素养,对不同阶段的语文学习理念、目标、方式、评价、资源等的总体规定与设计。这些规定和设计体现了国家对全民语文素养的要求,是各级教育行政部门和学校开展语文学习活动的纲领。

**【例句】**

所谓国家语文课程校本化实施,是指对由既定的语文课程标准规定了特定价值取向和课程目标、并给出了课程内容选择范围的国家语文课程的具体化过程,即构建具有学校特色的国家语文课程具体形态的动态过程。〔姬升果;王云峰:《国家语文课程校本化实施的内涵、特征及基本内容》,《首都师范大学学

报》(社会科学版)2006 年第 2 期,第 99～103 页〕

## 地方语文课程

**【释义】**

地方语文课程,是三级语文课程中居于中间层级的课程,具有连通国家语文课程和语文校本课程的功能。地方语文课程是在遵循国家语文课程总体要求的前提下,根据本区域社会经济发展的需要、学生语文学习的需求和区域特色资源,设计、开发和实施的具有地方特色和本地适应性的语文学习课程。地方语文课程是国家语文课程的丰富与补充,本土化、特色化、适应性和针对性是建设地方语文课程的基本要求。

**【例句】**

地方语文课程资源是高职学生身边的语文学习资源,它有一般经典不可取代的情境性和适切性。〔冯美娣;胡丽芳;黄木长:《高职地方语文课程资源开发的意义》,《语文教学通讯》2011 年第 6 期,第 13～15 页〕

## 语文校本课程

**【释义】**

语文校本课程,是三级语文课程中处于最低层级的课程,是学校在完成国家语文课程和地方语文课程任务的基础上,根据本校学生语文素养的发展需要,依托学校的特色课程资源,设计、开发和实施的具有学校特色的语文课程。"基于本校学生""为了本校学生""发展本校学生",是语文校本课程开发的基本原则。开发和利用学校及社区语文资源,激发学生、教师、家长、校友等的课程开发热情,是开发语文校本课程的思路与策略。拓展语文视野、探究语用方法、涵咏人文情怀、体验语言文学之美、弘扬优秀传统文化、发展听说读写的优势领域,是语文校本课程开发与实施的重要任务。

**【例句】**

笔者所在学校开发的比较成功的语文校本课程,有《校园碑文选读》《文学苏州》《中外诗歌》《认识苏州方言》《写作系列课程》,以及教师个体开发的一些选修小模块。〔徐思源:《基于学生 着眼发展——苏州十中语文校本课程的开发与实施》,《中学语文教学》2017 年第 3 期,第 45～47 页〕

## 语文校本教研制度

**【释义】**

语文校本教研制度,全称为"以校为本的语文教学研究制度",是针对学校语文教学实际,以本校教师遇到的语文教学问题为主要研究对象,以本校教师为研究主体,共同研究、制定和实施适宜于本校师生的语文教学目标、内容与策略等的教研要求与行动准则。

**【例句】**

学校应建立以校为本的教学研究制度,鼓励教师针对教学实践中的问题开展教学研究,重视不同学科教师的交流与研讨,创设有利于引导教师创造性实施课程的环境,使课程的实施过程成为教师专业成长的过程。〔中华人民共和国教育部制订,《普通高中课程方案(实验)》,人民教育出版社 2003 年版,第 6 页〕

## 语文必修课程

**【释义】**

语文必修课程,即中学生必须修习的语文课程。语文必修课程强调语文学习的共同基础,注重语文学习的基础性和均衡性,其目的是帮助学生形成良好的思想文化修养和较强的语言文字运用能力,使全体学生都能获得必需的语文素养。教育部制定的《普通高中语文课程标准(2017 年版)》规定,高中一年级开设必修课程,语文必修课程分为 7 个学习任务群:"整本书阅读与研讨""当代文化参与""跨媒介阅读与交流""语言积累、梳理与探究""文学阅读与写作""思辨性阅读与表达""实用性阅读与交流"。

**【例句】**

新课程改革过程中,为了以评价促发展,全面提高学生的语文素养,必须建立一个评价内容丰富、评价对象和主体多元、方式多样的高中语文必修课程评价方案。〔龚孟伟;高凌飚:《新课程背景下高中语文必修课程评价方案构想》,《淮南师范学院学报》2006 年第 4 期,第 95~98 页〕

## 语文选择性必修课程

**【释义】**

选择性必修课程是国家根据学生个性发展和升学考试需要设置的课程,要求参加普通高等学校招生全国统一考试的学生必须从中选择相关科目修习,其他学生结合兴趣爱好选择部分科目内容修习,以满足毕业学分的要求。高中语文选择性必修课程包括语言积累、梳理与探究,中华传统文化经典研习,中国现当代作家作品研习,外国作家作品研习,科学与文化论著研习。

## 语文选修课程

### 【释义】

语文选修课程,即学生根据自身基础、潜能、兴趣、发展方向和语文素养发展的需要,有选择地修习的语文课程。语文选修课程是在增强课程选择性的过程中,促进学生语文特长和个性发展的课程设计。修订后的《普通高中语文课程标准》要求高中语文课程由必修、选择性必修、选修三类课程构成。选择性必修课程有9项任务群:"整本书阅读与研讨""当代文化参与""跨媒介阅读与交流""语言积累、梳理与探究""传统文化经典研习""中国革命传统作品研讨""现当代作家作品研习""外国作家作品研习""科学与文化论著研习";选修课程也有9项任务群:"整本书阅读与研讨""当代文化参与""跨媒介阅读与交流""汉字汉语专题研讨""中华传统文化专题研讨""中国革命传统作品专题研讨""中国现当代作家作品专题研讨""跨文化专题研讨""学术论著专题研讨"。

### 【例句】

高中语文选修课程是在必修课程基础上的拓展与提高,有的侧重于实际应用,有的着眼于鉴赏陶冶,有的旨在引导探索研究。〔中华人民共和国教育部制订,《普通高中语文课程标准(实验)》,人民教育出版社2003年版,第18页〕

## 义务教育课程设置实验方案

### 【释义】

义务教育课程设置实验方案,即教育部为贯彻落实《国务院关于基础教育改革与发展的决定》和《基础教育课程改革纲要(试行)》等文件精神,构建符合学生身心发展规律、社会进步、经济发展和科学技术发展的义务教育课程体系,而制定的义务教育阶段课程实验方案。方案由培养目标、课程设置原则、义务教育课程设置表、义务教育课程设置及比例、义务教育课程设置的有关说明等内容构成,强调了均衡设置课程、加强课程的综合性、加强课程的选择性等要求。

**【例句】**

为贯彻落实《国务院关于基础教育改革与发展的决定》和经国务院同意的《基础教育课程改革纲要(试行)》,我部决定从 2001 年秋季起进行义务教育课程改革实验工作。现将供实验区使用的《义务教育课程设置实验方案》印发给你们,请认真研究,并根据实验区的实际制定具体的课程实施计划,精心组织实施。〔《教育部关于印发〈义务教育课程设置实验方案〉的通知》(教基[2001]28 号)〕

## 普通高中课程方案

**【释义】**

普通高中课程方案,即教育部为落实《中共中央国务院关于深化教育改革全面推进素质教育的决定》和《国务院关于基础教育改革与发展的决定》等文件精神,构建具有中国特色、充满活力的普通高中课程体系,而研制、颁布和实施的新时期普通高中的课程改革方案。这一方案由普通高中教育的培养目标、课程结构、课程内容、课程实施与评价四个部分组成,突出了课程改革的五个追求:一是精选终身学习必备的课程内容;二是构建重基础、多样化、有层次、综合性的课程结构;三是创设有利于引导学生主动学习的课程实施环境;四是建立发展性评价体系;五是赋予学校合理而充分的课程自主权。

**【例句】**

根据普通高等学校对新生文化素质的要求,依据中华人民共和国教育部 2003 年颁布的《普通高中课程方案(实验)》和《普通高中语文课程标准(实验)》,确定高考语文科考核目标与要求。〔教育部考试中心:《普通高等学校统一招生考试大纲语文(2018 年版)》〕

## 语文教学大纲

**【释义】**

语文教学大纲,即语文教学的纲领性文件,主要包括教学目的、教学内容和要求、教学实施建议、教学评价等内容。

**【例句】**

要根据语文教学大纲的教学目的、要求和教学内容,确定考查范围,改进考查的内容和形式。〔《九年义务教育全日制小学语文教学大纲(试用)》(1992 年版),摘自《20 世纪中国中小学课程标准·教学大纲汇编》,人民教育出版社 2001 年版,第 239 页〕

## 语文课程标准

**【释义】**

语文课程标准,即对语文课程的性质、理念、目标、内容、教学、评价、教材、资源等的要求与规定,是语文教学与评价的行动纲领和衡量标准,是教材编写和课程资源开发的凭借,是国家语文课程、地方语文课程、语文校本课程等开发、实施与管理的纲领性文件。

**【例句】**

语文课程标准对语文学科的课程性质、基本理念、设计思路、课程目标、教学内容以及实施建议等都做了规定,是教材编写、教学实施、教学评估和考试命题的依据。〔顾之川:《顾之川语文教育新论》,陕西师范大学出版社 2016 年版,第 257 页〕

## 义务教育语文课程标准

**【释义】**

义务教育语文课程标准,即义务教育阶段语文课程设计、开发、实施与评价的基本准则,主要包括课程性质、理念、目标、内容、教学、评价、教科书编写、课程资源开发与利用等方面的要求与规定。教育部制定的《义务教育语文课程标准(2011 年版)》在课程性质方面,明确了语文课程综合性、实践性、工具性与人文性统一的特点;在课程的基本理念上,强调了"全面提高学生的语文素养""正确把握语文教育的特点""积极倡导自主、合作、探究的学习方式""努力建设开放而有活力的语文课程"等主张;在课程目标与内容上,分四个学段对识字写字、阅读、写话、口语交际、综合性学习等学习任务和标准进行了规定;在实施建议方面,对有效开展教学评价的原则、方法等进行了较为详细的说明,对教材编写和课程资源开发与利用等提出了明确的要求。在五个"附录"中分别明确了"优秀诗文背诵推荐篇目""关于课外读物的建议""语法修辞知识要点""识字、写字教学基本字表"和"义务教育语文课程常用字表"等内容。

**【例句】**

《义务教育语文课程标准(2011年版)》的修订,一方面保持了《全日制义务教育语文课程标准(实验稿)》的改革精神和结构框架,另一方面则根据十年来社会和教育事业发展的需要,针对课程改革实验中发现的问题,做了较大的修改和完善。〔巢宗祺:《〈义务教育语文课程标准〉修订概况》,《课程·教材·教法》2012年第3期,第45~49页〕

## 普通高中语文课程标准

**【释义】**

普通高中语文课程标准,即普通高中语文课程设计、开发、实施与评价的准则,主要包括课程性质、理念、目标、内容、教学评价、教科书编写、课程资源开发与利用等方面的规定与要求。2003年教育部制订的《普通高中语文课程标准(实验)》对普通高中语文课程的上述内容进行了明确规定。在课程性质上,强调了工具性与人文性统一的基本特征;在课程理念上,强调了"全面提高学生的语文素养""语文应用、审美与探究能力的培养"和"遵循共同基础与多样选择相统一的原则",要求"充分发挥语文课程的育人功能","促进学生均衡而有个性的发展","构建开放、有序的语文课程";在课程目标上,围绕"积累·整合""感受·鉴赏""思考·领悟""应用·拓展""发现·创新"五个方面,分别规定了选修课程和必修课程的发展目标。必修课程目标细化了"阅读与鉴赏"和"表达与交流"的发展要求,选修课程则分别明确了"诗歌与散文""小说与戏剧""新闻与传记""语言文字应用""文化论著研读"的学习目标。在实施建议中,分别对有效开展必修课和选修课的教学与评价、教科书编写、课程资源开发与利用等提出了建议。"附录"部分还对诵读篇目和课外读物提出了建议。

《普通高中语文课程标准(2017年版)》在课程理念、结构、内容等方面进行了调整,提出了"坚持立德树人,增强文化自信,充分发挥语文课程的育人功能""以核心素养为本,推进语文课程深层次的改革""加强实践性,促进学生语文学习方式的转变""注重时代性,构建开放、多样、有序的语文课程"等理念;围绕"语言建构与运用""思维发展与提升""审美鉴赏与创造""文化传承与理解"四个方面,提出了培育语文核心素养的课程目标,建构了由必修、选择性必修、选修三类课程构成的普通高中语文课程结构,三类课程分别安排了7~9项学习任务群,在学分与选课、教学评价等方面均有了较大突破。

**【例句】**

《普通高中语文课程标准》既是我们高中语文教学的准则,又是高考语文的参考"标准"。〔倪文锦:《普通高中选课与学习指南  语文》,北京大学出版社2006年版,第99页〕

## 语文素养

**【释义】**

语文素养,即运用语言文字进行交流沟通、文化传播、社会参与、审美创造、探究创新等活动时,在语文知识、能力、情感等方面表现出来的综合素质,是识字写字能力、阅读能力、写作能力、口语交际能力、语文应用能力、语文学习方法与习惯、语文学习情感态度价值观等在具体的语文实践活动中的综合反映。

**【例句】**

高中语文课程应帮助学生获得较为全面的语文素养,在继续发展和不断提高的过程中有效地发挥作用,以适应未来学习、生活和工作的需要。〔中华人民共和国教育部制订,《普通高中语文课程标准(实验)》,人民教育出版社2003年版,第2页〕

## 语文核心素养

**【释义】**

语文核心素养,即学生在语文学科方面的关键品格和必备能力,是学习和运用语文时具有带动力和影响力的语文知识、能力、方法、情感等核心要素。"必备",指核心素养是不可或缺的语文知识与能力;"具有带动力和影响力",指核心素养具有奠基性、生长性、延展性和渗透性。《普通高中语文课程标准》在修订过程中提出的语文核心素养,主要包括"语言建构与运用""思维发展与提升""审美鉴赏与创造""文化传承与理解"四个方面的内容。

**【例句】**

学习任务群是培养学生语文核心素养的载体。〔徐鹏:《基于学习任务群的高中语文教科书编制》,《中学语文教学》2017年第3期,第4~8页〕

## 语言建构与运用

**【释义】**

语言建构与运用,即《普通高中语文课程标准》在修订过程中提出的语文核心素养的一个构成要素。修订后的《普通高中语文课程标准》认为,语言建构与运用是学生在丰富的语言实践中,通过主动的积累、梳理和整合,逐步掌握祖国语言文字特点及其运用规律,形成个体言语经验,在具体的语言情境中正确有效地运用祖国语言文字进行交流沟通的能力。为发展这一方面的能力,课程标准在"语言积累与建构""语言表达与交流""语言梳理与整合"三个方面确定了普通高中的课程目标,设立了"语言积累、梳理与探究"的学习任务群,这一学习任务群分为三段,贯串必修、选择性必修和选修三个阶段,连续进行。

**【例句】**

语言建构与运用是高中语文核心素养中的本体性要素。语文教育必须以发展学生语言素养为根基,语言是存在的家,建构学生的语言就是建构学生的生活世界和精神世界。〔贡如云;冯为民:《高中语文核心素养的实质内涵及培育路径》,《教育理论与实践》2017 年第 5 期,第 52～54 页〕

## 思维发展与提升

**【释义】**

思维发展与提升,即《普通高中语文课程标准》在修订过程中提出的语文核心素养的一个构成要素。修订后的《普通高中语文课程标准》认为,思维发展与提升是学生在语文学习过程中,通过语言运用,获得直觉思维、形象思维、逻辑思维、辩证思维和创造思维的发展,以及深刻性、敏捷性、灵活性、批判性和独创性等思维品质的提升。为此,新的课程标准在"增强形象思维能力""发展逻辑思维""提升思维品质"三个方面确定了课程目标。

**【例句】**

语文核心素养应根据小学、初中、高中不同学段,确定不同的内容,在不同学段,语文核心素养的侧重点也应有所不同……到高中阶段,语文核心素养包括语言建构与运用、思维发展与提升、审美鉴赏与创造、文化传承与理解等。〔顾之川:《顾之川语文教育新论》,陕西师范大学出版社 2016 年版,第 6 页〕

## 审美鉴赏与创造

### 【释义】

审美鉴赏与创造,即《普通高中语文课程标准》在修订过程中提出的语文核心素养的一个构成要素。修订后的《普通高中语文课程标准》认为,审美鉴赏与创造是指学生在语文学习中,通过审美体验、评价等活动形成正确的审美意识、健康向上的审美情趣与鉴赏品位,并在此过程中逐步掌握表现美、创造美的方法。新的课程标准要求普通高中学生增进对祖国语文的美感体验,感受祖国语言文字独特的美,增强热爱祖国语言文字的感情;感受和体验语言文学作品的语言、形象和情感之美,能欣赏、鉴别和评价不同时代、不同风格的作品,具有正确的价值观、高尚的审美情趣和审美品位;能运用祖国语言文字表达自己的审美体验,表达自己的情感、态度和观念,表现和创造自己心中的美好形象;讲究语言文字表达的效果和美感,具有创新意识。

### 【例句】

到高中阶段,语文核心素养包括语言建构与运用、思维发展与提升、审美鉴赏与创造和文化传承与理解……培育语文核心素养,还应注意培养学生对汉语言文字的热爱,培养阅读的兴趣和发现的眼光。通过阅读,发现汉语之美、文章之美、人性之美、大自然之美。〔顾之川:《顾之川语文教育新论》,陕西师范大学出版社2016年版,第6~7页〕

## 文化传承与理解

### 【释义】

文化传承与理解,即《普通高中语文课程标准》在修订过程中提出的语文核心素养的一个方面。修订后的《普通高中语文课程标准》认为,文化传承与理解是学生在语文学习中,继承和弘扬中华优秀传统文化、革命文化、社会主义先进文化,理解、借鉴不同民族和地区文化,拓展文化视野、增强文化自觉,提升中国特色社会主义文化自信,热爱祖国语言文字,热爱中华文化,防止文化上的民族虚无主义。新的课程标准要求学生通过语言文字的学习,体会中华文化的博大精深、源远流长,体会中华文化的核心思想理念和人文精神,增强文化自信,理解、认同、热爱中华文化,继承、弘扬中华优秀传统文化和革命文化;通过语言文字作品的学习,尊重、包容、初步理解和借鉴不同民族、不同区域、不同国家的优秀文化,吸收人类文化的精华;关注并积极参与当代文化传播与交流,在运用祖国语言文字的过程中,坚持文化自信,树立积极向上的人生理想,提高社会责任感,增强为中华民族伟大复兴而奋斗的使命感。

**【例句】**

到高中阶段,语文核心素养包括语言建构与运用、思维发展与提升、审美鉴赏与创造和文化传承与理解……语文课程的任务,就是要引领学生说铿锵有力的中国话,书端正工整的中国字,读神采飞扬的中国书,写挥洒自如的中国文,做顶天立地的中国人。〔顾之川:《顾之川语文教育新论》,陕西师范大学出版社2016年版,第7页〕

## 语文学习任务群

**【释义】**

语文学习任务群是《普通高中语文课程标准》在修订过程中提出的概念,是根据语文核心素养的培育任务,结合不同的读写内容、方式和语文运用情境划分出的不同的教学模块。新的课程标准以语文核心素养为纲,以学生的语文实践为主线,在必修、选择性必修、选修三类课程中分别设置了7~9项学习任务群。这些学习任务群以任务为导向,以学习项目为载体,整合学习情境、学习内容、学习方法、学习资源,由若干个学习项目组成;学习任务群以自主学习、合作学习、体验探究性学习为主要学习方式,整体设计,统筹安排。必修的任务群构成高中语文课程目标、内容的基本框架,选修的任务群则是在此基础上的延伸、拓展、提高和深化。

**【例句】**

语文学习任务群的理念是针对以往抽象的语言知识、孤立的文本理解和单纯的课堂教学等局限提出的。"语文学习任务群"的关键词是"任务",从"学习内容"到"学习任务",虽然一词之差,它却是语文学习在本体定位上从知识——文本向语言实践活动转化的重要标志。〔郑桂华:《高中语文学习任务群的教学建议》,《中学语文教学》2017年第3期,第9~12页〕

## 整本书阅读与研讨

### 【释义】

整本书阅读与研讨,即《普通高中语文课程标准》在修订时提出的一种阅读方式,是以整本书为阅读对象,以拓展阅读视野,培养阅读整本书的习惯、建构阅读整本书的经验、提高阅读整本书的能力为目的的语文学习方式。新的课程标准要求学生在阅读过程中,探索阅读整本书的门径,把握长篇小说、人物传记、学术著作等不同类型整本书的特点,根据不同的阅读目的,综合运用精读、略读与浏览的方法阅读整本书,读懂文本,把握文本全貌和丰富的内涵、精髓,从作品中汲取营养,丰富自己的精神世界,运用自己的语言撰写全书梗概或提要。在课程安排上,阅读整本书的任务群在必修阶段安排 1 学分,18 课时,在选择性必修和选修阶段不专门安排学分,作为学习方式,整合在其他任务群的学习过程之中。

### 【例句】

设计整本书阅读教学应从“课时观”走向“课程观”,从“机械接受”走向“自主建构”。教师要系统设计整本书阅读的课程方案。这种方案不同于传统语文教案,也有别于活动课程的活动方案,而是把两者的优势结合起来,能使学生在教师的指导下充分活动起来,交流观点,形成有质量的读书成果。〔李煜晖:《略谈整本书阅读课程方案的设计》,《中学语文教学》2017 年第 2 期,第 8～10 页〕

## 跨媒介阅读与交流

### 【释义】

跨媒介阅读是指阅读、整合不同媒介的信息,提高了解、筛选、运用不同媒介信息等的能力的阅读方式。新的课程标准要求教师引导学生学习跨媒介的信息获取、呈现与表达,思考、探索不同媒介语言文字运用的现象、特点和规律,提高理解、辨析、评判媒介传播内容的能力和利用多种媒介进行分享与交流的能力。要求引导学生在必修、选择性必修和选修三个阶段的学习中,了解常见媒介与语言辅助工具的特点;掌握利用不同媒介获取信息、处理信息、应用信息的能力,学习运用多种媒介,更加有效地表达和交流;知道信息来源的多样性及其实际意义,辨识媒体立场,多角度分析问题,形成独立判断;关注当代网络文学和网络文化,坚持正确的价值导向,提高语言、文学的鉴赏能力。建设跨媒介学习共同体,并将其作为支持语文学习的手段。

**【示例】**

微服务跨媒介阅读模式不局限于某一种媒介环境,而是通过对图书馆媒介环境的把握,以及对三种媒体的优势整合,进而实现最佳的图书馆阅读推广效果。〔王玮;王丽丽:《图书馆跨媒介阅读推广模式探析》,《高校图书馆工作》2015 年第 2 期,第 11 ~ 13 页〕

## 中华优秀传统文化

**【释义】**

中华优秀传统文化,即中华民族在几千年历史的生产生活中不断创造和积累的,能给人启示、能催人奋进、能促进社会与人类和谐发展的全部精神活动及其产品的总和,是中华民族精神风貌的集中体现,具有稳定性、传承性和民族性等特征。

**【例句】**

中华优秀传统文化是中华民族的精神财富,作为语文重要组成部分的古诗文经典已融入每个中国人的血脉,成为我们的文化基因。〔顾之川:《顾之川语文教育新论》,陕西师范大学出版社 2016 年版,第 206 页〕

## 古诗文背诵推荐篇目

**【释义】**

教育部制定的课程标准在附录部分含有古诗文诵读或背诵推荐篇目,这些篇目是教材编写、考核学业水平的重要依据,也是将学习中华优秀传统文化目标落实的重要切入口。教育部制定的《普通高中语文课程标准(2017 年版)》更是将"诵读"改为"背诵",将 14 篇增加到 72 篇。其中包括文言文 32 篇,古诗词曲 40 首。

**【例句】**

(一)必修(10 篇):《论语》十二章、《劝学》(学不可以已……用心躁也)、《荀子》、《屈原列传》(屈平疾王听之不聪也……虽与日月争光可也)(司马迁)、《谏太宗十思疏》(魏征)、《师说》(韩愈)、《阿房宫赋》(杜牧)、《六国论》(苏洵)、《答司马谏议书》(王安石)、《赤壁赋》(苏轼)、《项脊轩志》(归有光)。

## 语文课程性质

【释义】

语文课程性质,即语文课程区别于其他课程的基本特点与核心功能,是划分语文学科的知识边界、确立语文学习的课程范围、制定语文学习目标和实施方案的基本立足点。《义务教育语文课程标准(2011 年版)》明确了语文课程的三大特征和两大功能。"三大特征"是语言文字运用的综合性,语言文字运用的实践性、工具性与人文性的统一;"两大功能"是运用祖国语言文字进行交流沟通的功能,吸收古今中外优秀文化促进精神成长的功能。《普通高中语文课程标准》在修订时继续强调了语文课程的上述特点和功能,进一步强化了语言建构与运用、思维发展与提升、审美鉴赏与创造和文化传承与理解等核心素养的培育功能。

【例句】

《全日制义务教育语文课程标准》指出"工具性与人文性的统一,是语文课程的基本特点",它反映了当前语文教育界对语文课程性质的阶段性共识。〔刘永康:《语文课程与教学新论》,高等教育出版社 2011 年版,第 21 页〕

## 语文课程理念

【释义】

语文课程理念,即规划、设计、实施和评价语文课程时所持的基本主张和所遵循的主要思想与原则。《义务教育语文课程标准(2011 年版)》提出义务教育阶段的语文课程应遵循四条基本理念:一是全面提高学生的语文素养,这是设计教学目标和确立教学任务时应遵循的课程理念;二是正确把握语文教学的特点,这是设计和实施语文课程时应遵循的课程理念;三是积极倡导自主、合作、探究的学习方式,这是设计语文学习活动时应遵循的课程理念;四是努力建设开放而有活力的语文课程,这是更新语文课程和丰富语文课程资源时应遵循的理念。《普通高中语文课程标准(实验)》要求普通高中语文课程的设计与实施要遵循三条理念:全面提高学生的语文素养,充分发挥语文课程的育人功能;注重语文应用、审美与探究能力的培养,促进学生均衡而有个性地发展;遵循共同基础与多样选择相统一的原则,构建开放、有序的语文课程。修订后的《普通高中语文课程标准》强调了立德树人、提高学生语文核心素养、加强实践性、培养创新能力、注重时代性等理念。

**【例句】**

课程理念一般是指人们对课程的价值追求。比如有人问:我们为什么要学语文? 有人说是为了将来能识字写字,读书作文;有人说学语文就是学做人,通过语文课程为学生打好精神的底子。这不同的回答反映了不同的价值追求,说明他们具有不同的语文课程理念。〔倪文锦;谢锡金:《新编语文课程与教学论》,华东师范大学出版社 2006 年版,第 36～37 页〕

## 语文课程功能

**【释义】**

语文课程功能,即语文课程对学生成长、社会发展、文化传承与弘扬等方面产生的作用。《义务教育语文课程标准(2011 年版)》在学生成长方面,提出了"激发和培育学生热爱祖国语文的思想感情,引导学生丰富语言积累,培养语感,发展思维,初步掌握学习语文的基本方法,养成良好的学习习惯,具有适应实际生活需要的识字写字能力、阅读能力、写作能力、口语交际能力,正确运用祖国语言文字"的要求;在社会发展方面,提出了"体现社会主义核心价值体系的引领作用,突出中国特色社会主义共同理想,弘扬以爱国主义为核心的民族精神和以改革创新为核心的时代精神,树立社会主义荣辱观,培养良好思想道德风尚"的要求;在文化传承与弘扬方面,提出了"通过优秀文化的熏陶感染,促进学生和谐发展""要继承和发扬中华优秀文化传统和革命传统""应特别关注汉语言文字的特点对学生识字写字、阅读、写作、口语交际和思想发展方面的影响"等要求。修订后的《普通高中语文课程标准》则对发展学生语文核心素养的功能进行了强化。

**【例句】**

语文课程的功能是多方面的,高中语文课程应在义务教育的基础上进一步提高学生的语文素养。〔中华人民共和国教育部制订,《普通高中语文课程标准

（实验）》，人民教育出版社 2003 年版，第 14 页〕

## 语文课程目标

**【释义】**

语文课程目标，即语文课程的学习方向、发展标准和实现程度。《义务教育语文课程标准(2011 年版)》从情感态度价值观、文化品位、学习语文的基本方法、语文能力、语文知识等方面，明确了义务教育阶段语文课程学习的总体目标；并分四个学段，对识字与写字、阅读、写话(习作、写作)、口语交际、综合性学习等方面的知识、能力、方法、习惯、态度等的发展方向与程度进行了规定，明确了阶段学习的分项发展目标。《普通高中语文课程标准(实验)》从"积累·整合""感受·鉴赏""思考·领悟""应用·拓展""发现·创新"五个方面，提出了高中语文必修课程和选修课程的学习目标，然后从"阅读与鉴赏"和"表达与交流"两个方面细化了必修课程的目标，从"诗歌与散文""小说与戏剧""新闻与传记""语言文字应用""文化论著研读"五个系列明确了选修课程的目标。《普通高中语文课程标准》的修订版则从"语言建构与运用""思维发展与提升""审美鉴赏与创造""文化传承与理解"四个方面确立了课程目标。

**【例句】**

语文课程评价应准确反映学生的学习水平和学习状况，全面落实语文课程目标。〔中华人民共和国教育部制定，《义务教育语文课程标准(2011 年版)》，北京师范大学出版社 2012 年版，第 26 页〕

## 语文课程结构

**【释义】**

语文课程结构，即语文课程各要素的不同组织方式与整体呈现状态。语文课程主要以三种方式组织各要素，由此形成三种课程结构。一是逻辑结构，主要指语文课程的性质、理念、目标、内容、实施、评价、教材、资源等各要素的彼此作用、相互联系，构成具有整体功能的语文课程，这一课程结构强调各课程要素内在逻辑的一致性。二是纵向结构，是指语文课程各要素在不同阶段的达到程度与实现方式的变化，强调语文阶段学习的一贯性。三是横向结构，包括语文素养各要素的比例，必修课和选修课的构成，中外古今各部分内容的匹配等。

**【例句】**

语文课程结构的变化促使教师在教学方式上必须适应新的课程结构。〔倪文锦：《语文教育学概论》，高等教育出版社 2009 年版，第 56 页〕

## 语文课程资源

**【释义】**

语文课程资源，即用于语文学习的素材或素材来源，包括课堂教学资源和课外学习资源。语文课程资源主要来源于社会资源和自然资源两个领域，社会资源如教科书、相关配套阅读材料、报刊、工具书，影视、网络，报告会、演讲会、辩论会、研讨会、戏剧表演，社会生活与实践，博物馆、图书馆、纪念馆、展览馆、布告栏、各种标牌广告等，文化遗产、风俗民情；自然资源如自然风光、天地万物、四季变迁等。这些资源中有显性的语文课程资源和潜在的语文课程资源。显性的语文课程资源可以直接作为语文学习的素材，潜在的语文课程资源则需要通过联结和转化，才能成为语文学习的素材。

**【例句】**

高中语文课程要满足多样化和选择性的需要，必须增强课程资源意识。各地区都蕴藏着自然、社会、人文等多方面的语文课程资源，应积极利用和开发。〔中华人民共和国教育部制订，《普通高中语文课程标准（实验）》，人民教育出版社 2003 年版，第 26 ~ 27 页〕

## 语文课程资源共享机制

**【释义】**

语文课程资源共享机制，即语文教师、跨学科教师、校内教师、校际教师，地区内教师、跨地区教师、学段内教师、跨学段教师等共建共用课程资源的过程、方式、方法与保障等。

**【例句】**

充分挖掘课程资源，建立课程资源共享机制。〔中华人民共和国教育部制订，《普通高中课程方案（实验）》，人民教育出版社 2003 年版，第 7 页〕

## 课外读物

**【释义】**

课外读物,即在课堂学习之外使用的各种阅读材料。《义务教育语文课程标准(2011年版)》要求学生在9年之内阅读400万字以上课外读物,这些课外读物包括童话、寓言、故事、诗歌、散文作品、长篇文学名著、科普科幻作品等。《普通高中语文课程标准(实验)》要求学生课外自读文学名著五部以上,努力扩大阅读视野,要阅读文化经典著作、小说、诗歌散文、剧本、语言文学理论著作、当代文学作品、科学与人文方面的各类课外读物,课外阅读总量不少于150万字。

**【例句】**

课外读物包括适合高中学生阅读的各类图书和报刊。〔中华人民共和国教育部制订,《普通高中语文课程标准(实验)》,人民教育出版社2003年版,第28页〕

## 语文课程的工具性

**【释义】**

语文课程的工具性,即把语言文字作为交流沟通的凭借或载体等的课程属性与特征。

**【例句】**

语言文字是人类社会重要的交际工具和信息载体,是人类文化的重要组成部分。〔中华人民共和国教育部制定,《普通高中语文课程标准(2017年版)》,人民教育出版社2017年版,第1页〕

## 语文课程的人文性

**【释义】**

语文课程的人文性,即内容涵盖人类社会各种文化现象,以及尊重人、关心人的价值取向等的课程属性与特征。

**【例句】**

工具性与人文性的统一,是语文课程的基本特点。〔中华人民共和国教育部制定,《普通高中语文课程标准(2017年版)》,人民教育出版社2017年版,第1页〕

## 语文课程的综合性

### 【释义】

语文课程的综合性,即语文课程目标、内容、资源和语文素养的习得途径、策略等要素,相互融合,彼此渗透,共同构成的语文课程的整体功能。语文课程的综合性主要表现在三个方面:一是语文知识和语文能力各要素有机联系;二是知识与能力、过程与方法、情感态度与价值观"三维目标"是一个整体,不可截然分开;三是语文课程与生活、其他学习领域关系密切。强调语文课程的综合性,就是强调语文课程的整体性和教学内容的整合性。

### 【例句】

教学中努力体现语文课程的实践性和综合性。〔中华人民共和国教育部制定,《义务教育语文课程标准(2011 年版)》,北京师范大学出版社 2012 年版,第20 页〕

## 语文课程的实践性

### 【释义】

语文课程的实践性,即语文课程内容、学习过程、学习资源与评价等所具有的生活联系、社会参与、行为体验等固有特征。首先,语文课程内容与社会生活实践密切相关,课程内容具有实践性。其次,语文课程的学习过程需要不断联系书本知识与社会生活实践,促进彼此转化与互动发展,整个学习过程具有实践体验的特征。再次,语文课程的学习资源主要来自于社会生活和学生的个人成长,语文课程资源具有很强的生活性,语文学习的实践机会无处不在。最后,语文学习质量的评价需要在语文实践活动中展开。《义务教育语文课程标准(2011 年版)》明确要求:"语文课程应注重引导学生多读书、多积累、重视语言文字运用的实践,在实践中领悟文化内涵和语文应用规律","重视学生读书、写作、口语交际、搜集处理信息等语文实践,提倡多读多写,改变机械、粗糙、繁琐的作业方式,让学生在语文实践中学习语文,学会学习"。

### 【例句】

教学中努力体现语文课程的实践性和综合性。〔中华人民共和国教育部制定,《义务教育语文课程标准(2011 年版)》,北京师范大学出版社 2012 年版,第20 页〕

## 语文必修课程的基础性

**【释义】**

语文必修课程的基础性,即语文必修课程在语文学习方面的根本性作用与起点性属性。语文必修课程在目标和内容上,强调学生未来学习和生活必须具备的基础性的语文素养,语文学习应以必修课程为起点,打好运用语言文字和学习其他学科知识的基础。

**【例句】**

(语文)必修课程要突出课程的基础性和均衡性。〔中华人民共和国教育部制订,《普通高中语文课程标准(实验)》,人民教育出版社 2003 年版,第 4 页〕

## 语文必修课程的均衡性

**【释义】**

语文必修课程的均衡性,即语文必修课程在目标、内容、资源等方面的平衡与协调程度。在课程目标上,注重语文知识、能力、方法、习惯、情感等方面的协调发展;在课程内容上,要求"共同基础"中的语文素养各要素所占比重大致平衡;在课程资源上,强调课内课外、国内国外、本地外地等协调整合。《普通高中语文课程标准(实验)》强调:"学生通过必修课程的学习,应该具有良好的思想文化修养和较强的运用语言文字的能力,在语文的应用、审美和探究等方面得到比较协调的发展。"

**【例句】**

纵观世界各国不同时期的宏观教育政策,凡是刚性过强则弹性不足,急于矫枉过正而偏于一隅缺乏均衡性的政策,其执行起来好像风风火火,但运行一段时间则必须调整,这似乎成了宏观教育政策的历史宿命。〔张恩德:《基础教育课程内容"难、繁、偏、旧"的产生与规避》,《课程·教材·教法》2014 年第 9 期,第 9~14 页〕

## 语文课程的时代性

**【释义】**

语文课程的时代性,即语文课程反映时代进步及其与时代发展互动共生的特性。语文课程目标应关注时代发展所需要的不同语文素养;语文课程内容应及时更新,从多方面反映时代进步和社会发展的新现象;语文课程的实施应以社会生活为课堂,把动态发展的世界当成语文教科书。

【例句】

教科书选文具有时代性和典型性,富于文化内涵,文质兼美,丰富多样,难易适度,能激发学生的学习兴趣,开阔学生的眼界。〔中华人民共和国教育部制订,《普通高中语文课程标准(实验)》,人民教育出版社 2003 年版,第 26 页〕

## 语文课程的民族性

【释义】

语文课程的民族性,即语文课程所具有的体现中华民族或中国某一民族的共同心理、核心思想、传统习俗、生活方式等文化样式的属性。《义务教育语文课程标准(2011 年版)》要求"语文课程应特别关注汉语言文字的特点对学生识字写字、阅读、写作、口语交际和思维发展等方面的影响",《普通高中语文课程标准(实验)》要求"高中语文课程必须充分发挥自身的优势,弘扬和培育民族精神,使学生受到优秀文化的熏陶,塑造热爱祖国和中华文明、献身人类进步事业的精神品格"。

【例句】

很多的汉语修辞现象受本身的民族文化影响,深刻地反映出民族性。〔田婷:《中学语文汉语修辞教学的民族性研究》,重庆师范大学硕士学位论文,2016 年〕

## 语文课程的共同基础

【释义】

语文课程的共同基础,即所有学生都应具备的、基础性的语文知识、能力、方法、习惯、情感、态度等的总和。

【例句】

高中语文课程应遵循共同基础与多样选择相统一的原则,精选学习内容,变革学习方式,使全体学生都获得必需的语文素养。〔中华人民共和国教育部

制订,《普通高中语文课程标准(实验)》,人民教育出版社 2003 年版,第 3 页〕

## 语文课程的多样选择

### 【释义】

语文课程的多样选择,即语文课程为促进学生特长和个性发展而进行的多层次、多类别的课程设置,使不同需求的学生能够选择适合自己的学习内容的课程设置思路与实施特征。

### 【例句】

遵循共同基础与多样选择相统一的原则,构建开放、有序的语文课程。〔中华人民共和国教育部制订,《普通高中语文课程标准(实验)》,人民教育出版社 2003 年版,第 3 页〕

## 学习领域

### 【释义】

学习领域,即学习的范围。《普通高中课程方案(实验)》把高中课程设置为语言与文学、数学、人文与社会、科学、技术、艺术、体育与健康、综合实践活动八个学习领域。在高中课程中设置学习领域,能够打破学科封闭的现状,反映现代科学的综合化趋势。以学习领域的视野和框架研究课程标准、规划课程内容、设置课程模块与学分,更有利于提升学生的综合素养,促进学生全面而均衡地发展。

### 【例句】

普通高中课程由学习领域、科目、模块三个层次构成。〔中华人民共和国教育部制订,《普通高中课程方案(实验)》,人民教育出版社 2003 年版,第 2 页〕

## 语文学习模块

### 【释义】

语文学习模块,即相对独立而又彼此关联的语文课程单元。《普通高中语文课程(实验)》要求必修课程和选修课程都按模块组织学习内容,必修课程由"语文 1"至"语文 5"五个模块组成,选修课程的五个系列可设置多个模块的课程。

**【例句】**

每一科目由若干模块组成,模块之间既相互独立,又反映学科内容的逻辑联系。每一模块都有明确的教育目标,并围绕某一特定内容,整合学生经验和相关内容,构成相对完整的学习单元,每一模块都对教师教学行为和学生学习方式提出要求和建议。〔中华人民共和国教育部制订,《普通高中课程方案(实验)》,人民教育出版社 2003 年版,第 3 页〕

## 语文学习方式

**【释义】**

语文学习方式,即学生学习语文时采用的学习方法与形式。语文学习方式非常丰富,新时期的语文课程改革特别倡导自主学习、合作学习和探究学习三种学习方式。

**【例句】**

语文课程必须根据学生身心发展和语文学习的特点,爱护学生的好奇心、求知欲,鼓励自主阅读、自由表达,充分激发他们的问题意识和进取精神,关注个体差异和不同的学习需求,积极倡导自主、合作、探究的学习方式。〔中华人民共和国教育部制定,《义务教育语文课程标准(2011 年版)》,北京师范大学出版社 2012 年版,第 3 页〕

## 语文教学方式

**【释义】**

语文教学方式,即语文教师在语文教学过程中所采用的有关组织引导、资源利用、内容呈现、活动展开、手段使用等的方法、技术与形式。语文教学方式受语文学习方式的制约,有效的语文教学方式多是为优化和落实新型学习方式服务的。

**【例句】**

积极开发、合理利用课程资源,灵活运用多种教学策略和现代教育技术,努力探索网络环境下新的(语文)教学方式。〔中华人民共和国教育部制定,《义务教育语文课程标准(2011 年版)》,北京师范大学出版社 2012 年版,第 19 页〕

## 双语教育教学

### 【释义】

双语教育教学,即利用两种语言进行教育教学或把两种语言作为教育教学任务的教育教学活动与形式。我国民族教育领域的双语教学,是指用民族语言和汉语进行的教学。国家为保证各少数民族使用和发展本民族语言文字的权利,民族自治地方在中小学采用民族语和汉语双语教学,逐步形成了"民族语授课为主,加授汉语""汉语授课为主,加授民族语"两种教学模式。

### 【例句】

当前,少数民族双语教师普遍存在数量不足、国家通用语言水平低、教学能力欠缺的问题,直接影响双语教育教学质量,成为制约双语教育发展的瓶颈。加强双语教师培训,提高双语教师教育教学能力,建设一支合格的双语教师队伍,是贯彻落实教育规划纲要、提高双语教师整体素质的重要举措,对提高双语教育教学质量具有重要的意义。〔《教育部办公厅关于做好少数民族双语教师培训工作的意见》(教民厅〔2011〕7 号)〕

## 少数民族汉语教学

### 【释义】

少数民族汉语教学,即在少数民族地区,对少数民族学生进行汉语听说读写能力培养的教学活动。

### 【例句】

《中国少数民族中小学汉语课程标准》(试行草案),是 1999 年 3 月由国家教育部办公厅颁布的,它体现了全国基础教育课程改革的总体目标和要求:明确了学科性质,注重了学生汉语实际运用能力和交际能力的培养;加强了课程内容与学生生活及现代社会的联系;改革了评价体系,充分体现了全国基础教育课程改革的精神,是一部比较适合少数民族学生学习第二语言的《汉语课程标准》。〔金花:《对〈中国少数民族中小学汉语课程标准〉的学习与思考》,《中国民族教育》2002 年第 2 期,第 40 页〕

## 汉语国际教育

### 【释义】

汉语国际教育,即把汉语作为第二语言对国际学生进行的汉语识、读、写的教育教学活动。

**【例句】**

汉语国际教育硕士专业学位是与国际汉语教师职业相衔接的专业学位。主要培养具有把熟练的汉语作为第二语言教学技能和良好的文化传播技能、跨文化交际能力,适应汉语国际推广工作,胜任多种教学任务的高层次、应用型、复合型、国际化专门人才。〔全国汉语国际教育硕士专业学位教育指导委员会:《2017 年全日制汉语国际教育硕士专业学位研究生指导性培养方案》〕

## 语文综合性学习

**【释义】**

语文综合性学习,即综合运用语文知识,发现、提出、探究和解决学习与生活等方面的问题的实践性学习活动。这一学习活动一般包括如下环节:发现学习或生活中的问题;收集与问题相关的资料,提出综合运用语文知识、能力等解决这一问题的方案;根据方案自主探究解决问题的方法,合作探讨解决问题的最佳策略;展示解决问题的成果;反思、调整和完善已有的活动方案和解决问题的策略。综合性学习的各环节均强调问题的发现与解决能力、实践体验能力、综合运用语文知识的能力,以及探究精神与合作态度等。

**【例句】**

(语文)综合性学习的评价,应着重考察学生的语文综合运用能力、探究精神与合作态度。〔中华人民共和国教育部制定,《义务教育语文课程标准(2011年版)》,北京师范大学出版社 2012 年版,第 31 页〕

## 语文实践能力

**【释义】**

语文实践能力,即在学习或社会实践活动中运用语文知识发现、探究、解决和表达问题的能力。《义务教育语文课程标准(2011 年版)》强调:“联系生活中的实际问题开展学习活动,在实现语文学习目标的同时,提高对自然、社会现象与问题的认识,追求积极、健康、和谐的生活方式,增强抵御风险和侵害的意识,增强在与自然、社会和他人互动中的应对能力。”

【例句】

重视培养学生的创新精神和实践能力。〔中华人民共和国教育部制定,《义务教育语文课程标准(2011 年版)》,北京师范大学出版社 2012 年版,第 20 页〕

## 语文综合应用能力

【释义】

语文综合应用能力,即在某一场合或情境中综合运用语文知识完成具体任务时所具备的能力。《义务教育语文课程标准(2011 年版)》要求:"要注重激发学生的好奇心、求知欲,发展学生思维,培养想象力,开发创造潜能,提高学生发现、分析和解决问题的能力,提高语文综合应用能力。"

【例句】

注重跨领域学习,拓展语文学习的范围,通过广泛的实践,提高语文综合应用能力。〔中华人民共和国教育部制订,《普通高中语文课程标准(实验)》,人民教育出版社 2003 年版,第 7 页〕

## 语文课程的审美教育功能

【释义】

语文课程的审美教育功能,即语文课程在实施过程中,对学生追求美、发现美、感知美、理解美、欣赏美和创造美等意识与能力的养成和发展所产生的积极作用。

【例句】

语文具有重要的审美教育功能,高中语文课程应关注学生情感的发展,让学生受到美的熏陶,培养自觉的审美意识和高尚的审美情趣,培养审美感知和审美创造的能力。〔中华人民共和国教育部制订,《普通高中语文课程标准(实验)》,人民教育出版社 2003 年版,第 2 页〕

## 口语交际

【释义】

口语交际,即用口头语言进行人际沟通和社会交往等活动。《义务教育语文课程标准(2011 年版)》明确了义务教育四个学段的口语交际能力发展目标,这些能力主要包括使用普通话、倾听、理解、复述转述、有效表达、尊重对方、文明得体等意识、态度、习惯与能力等。《普通高中语文课程标准(实验)》提出了"在口语交际中树立自主,尊重他人,说话文明,仪态大方,善于倾听,敏捷应对"等要求。修订后的《普通高中语文课程标准》提出的口语交际能力发展目标是:能凭借语感和语言运用规律有效地进行交流;根据具体的语言情境和不同的对象,运用口头和书面语言文明得体地进行交流和沟通;能将具体的语言作品置于特定的交际情境和历史文化情境中理解、分析和评价。

**【例句】**

具有日常口语交际的基本能力,学会倾听、表达与交流,初步学会运用口头语言文明地进行人际沟通和社会交往。〔中华人民共和国教育部制定,《义务教育语文课程标准(2011 年版)》,北京师范大学出版社 2012 年版,第 7 页〕

## 语文知识

**【释义】**

语文知识,即语言文字及其应用的规则、规范、经验等的总和。《义务教育语文课程标准(2011 年版)》在语法修辞知识方面要求学生掌握和运用词的分类、短语的结构、单句的成分、复句的类型、常见修辞等语文知识。

**【例句】**

语文知识的学习重在运用,其概念不作为考试内容。〔中华人民共和国教育部制定,《义务教育语文课程标准(2011 年版)》,北京师范大学出版社 2012 年版,第 29 页〕

## 语文能力

**【释义】**

语文能力,即运用语文知识解决某一问题、完成某项任务的能力。《义务教育语文课程标准(2011 年版)》认为语文能力主要是"适应实际生活需要的识字写字能力、阅读能力、写作能力、口语交际能力,正确运用祖国语言文字";《普通高中语文课程标准(实验)》强调了语文应用、语文审美和语文探究三种能力;修订后的《普通高中语文课程标准》强调了"语言""思维""审美""文化"四个方面的能力;《普通高等学校统一招生考试大纲语文(2018 年版)》强调了识记、理解、分析综合、鉴赏评价、表达应用和探究六种能力。

**【例句】**

　　教科书要适应高中学生身心发展的特点,符合语文能力形成和发展的规律,要有助于培养学生的实践能力和创新精神,有助于形成学生良好的个性和健全的人格。〔中华人民共和国教育部制订,《普通高中语文课程标准(实验)》,人民教育出版社 2003 年版,第 26 页〕

## 基本字表

**【释义】**

　　基本字表,即最为常用的、出现频率最高的、其中许多能作为其他字字形构件的汉字的列表。《义务教育语文课程标准(2011 年版)》列出了 300 个汉字的识字、写字教学基本字表,这些文字字形简单,但先学习这些文字,可以更好更快地打牢识字、写字基础,提高识字写字的学习效率,是义务教育第一学段的重点教学内容。

**【例句】**

　　本表是识字、写字教学的基本字表。这些字构形简单,重视率高,其中的大多数能成为其他字的结构成分。先学这些字,有利于打好识字、写字的基础,有利于发展识字、写字能力,提高学习效率。〔中华人民共和国教育部制定,《义务教育语文课程标准(2011 年版)》,北京师范大学出版社 2012 年版,第 42～43 页〕

## 常用字表

**【释义】**

　　常用字表,即在日常生活、口语交际和书面读写中出现频率较高的汉字的列表。《义务教育语文课程标准(2011 年版)》中的《义务教育语文课程常用字表》收录了 3500 个常用汉字,分为“字表一”和“字表二”。“字表一”收录最为常用的 2500 个常用汉字,是义务教育第三学段识字教学的重点内容。“字表二”收录 1000 个常用汉字,是义务教育第四学段识字写字教学的重点内容。

**【例句】**

　　第三学段要求学生会写 2500 个字。对学生写字学习情况的评价,当以本标准附录 5“义务教育语文课程常用字表·字表一”为依据。〔中华人民共和国教育部制定,《义务教育语文课程标准(2011 年版)》,北京师范大学出版社

2012 年版,第 28 页〕

## 小学低段

### 【释义】

小学低段,即义务教育阶段的第一个学段,即 1～2 年级。《义务教育语文课程标准(2011 年版)》按 1～2 年级、3～4 年级、5～6 年级、7～9 年级把义务教育分为四个学段,明确了每一个学段的学习目标。

### 【例句】

从课程标准看,小学低段语言知识测评主要集中在汉语拼音、识字、写字、查字典、识字写字兴趣与习惯等方面。〔张伟:《语文学业成就测评有效技能训练》,暨南大学出版社 2012 年版,第 28 页〕

## 小学中段

### 【释义】

小学中段,即义务教育阶段的第二个学段,即 3～4 年级。《义务教育语文课程标准(2011 年版)》按 1～2 年级、3～4 年级、5～6 年级、7～9 年级把义务教育分为四个学段,明确了每一个学段的学习目标。

### 【例句】

从课程标准的要求看,义务教育阶段古诗文测评的重点是诵读、积累、理解大意、体会感情、想象与描绘画面、利用工具书等,在开展具体的古诗文测评活动时,要善于根据教材安排的古诗文内容适当拓展,明确每一阶段诵读、积累的主要篇目,并形成梯度积累目标:在小学低中段以教材篇目为主,适当补充课外古诗文;高段要进一步加大课外阅读量,拓展学生古诗文的阅读视野;初中阶段要进一步拓展阅读范围,增加积累。〔张伟:《语文学业成就测评有效技能训练》,暨南大学出版社 2012 年版,第 133 页〕

## 小学高段

### 【释义】

小学高段,即义务教育阶段的第三个学段,即 5～6 年级。《义务教育语文课程标准(2011 年版)》按 1～2 年级、3～4 年级、5～6 年级、7～9 年级把义务教育分为四个学段,明确了每一个学段的学习目标。

【例句】

制定出这一测评框架表,就确定了小学高段现代诗文的总体测评目标与内容,这还不够,因为两年时间可以分为不同学习阶段,不同阶段的测评目标与内容应有循序渐进的发展。〔张伟:《语文学业成就测评有效技能训练》,暨南大学出版社 2012 年版,第 69 页〕

## 初中

【释义】

初中,即义务教育阶段的第四个学段,即 7～9 年级。《义务教育语文课程标准(2011 年版)》按 1～2 年级、3～4 年级、5～6 年级、7～9 年级把义务教育分为四个学段,明确了每一个学段的学习目标。

【例句】

我们建构及实施的初中语文课程,不光在课程的整体设计上突破了以教材为中心的局限,而且分别从课文教学、课外阅读、写作教学三大方面辐射展开,逐步形成整体框架。〔倪岗:《初中语文课程内容建构及实施》,《课程·教材·教法》2016 年第 10 期,第 69～74 页〕

## 高中

【释义】

高中,即高级中学的简称,也指在高级中学中进行的学习阶段。高级中学分为职业高中和普通高中两大类。

【例句】

目前,我们可以先尝试在高中语文开设逻辑学选修课程(或列为必选的选修课程),传授"同一律、矛盾律、排中律"和"三段论",辨析概念的内涵外延、概念之间的关系,讲解科学的判断、推理,即训练理性的、逻辑的思维方式;运用逻辑知识辨析、修改病句,阅读教学中注重质疑意识、能力,不止步于理解性阅读,积极开展批判性阅读;在议论文写作教学中结合逻辑思维训练。〔俞发亮:《高中语文应开设逻辑学选修课程》,《语文建设》2013 年第 9 期,第 11～12 页〕

# 语文教材

## 一、教材编写

### 编写方案

**【释义】**

编写方案,即教材编写启动时主编撰写的大纲性文件,用于指导编写者形成统一思想、整体理解教材编写目标,方便组织编写事宜等。一般包括教材的编写背景或缘起、整体思路和原则、框架结构、主编及编写团队的组成、教材出版时间及阶段性时间控制等。

**【例句】**

根据教育部制订的《普通高中各科课程标准(实验)》,人民教育出版社课程教材研究所中学语文课程教材研究开发中心与北京大学中文系语文教育研究所合作编写普通高中课程标准实验教科书,并邀请部分中学语文教师、教研员参加编写工作。

### 指导思想

**【释义】**

指导思想,即编写教材时依据的思想和理论原则。一般包括教材编写的思想依据、所要达成的目标、教材的特点等。

**【例句】**

编写这套《教师教学用书》的指导思想是:在继承人教版高中语文《教师教学用书》编写传统的基础上,力求创新,充分体现《普通高中语文课程标准》的基本精神和指导思想,为一线教师教学服务,帮助教师更好地理解教科书的编写意图,完成教学任务,提高教学质量。〔人民教育出版社出版(简称"人教版")《普通高中课程标准实验教科书 语文1(必修)教师教学用书》说明〕

## 教材

**【释义】**

教材,即教师和学生进行教学活动时依据的材料。有广狭二义,狭义的教材就是指教科书,通常又称课本;广义的教材除指教科书外,还包括教学参考书、课外自读课本、识字卡片及相关图表等。随着科技的发展,教材还包括音像制品及电子教材。

教材一般按各科门类和年级顺序分册编写。教材的编写必须依据课程标准的要求,涵盖教学内容,尊重不同年级学生的接受能力和特点,循序渐进,并注意本科知识的纵向衔接与各科知识的横向衔接。

**【例句】**

教材编写应依据课程标准,全面有序地安排教学内容,设计教学活动,并注意体现基础性和阶段性,关注各学段之间的衔接。〔中华人民共和国教育部制定,《义务教育语文课程标准(2011 年版)》,北京师范大学出版社,第32 页〕

## 教科书

**【释义】**

教科书,亦称课本、教本。根据课程标准(或教学大纲)编写的教学用书。是师生教学的主要材料,考核教学成绩的主要依据,学生拓展学习的重要基础。一般按学年或学期分册,由单元或章节组成。具体包括课文、注释、练习、插图等内容。其采用或认可制度有国定制、审定制、自由制。印制要求卫生、实用、定价低廉等。

**【例句】**

教科书,看似容易成艰辛。在有限的篇幅里,选出有代表性的课文,依据课程标准,设计有效的练习,引导达成教学目标,这里面有很多讲究。

## 课本

**【释义】**

课本,即教科书,是教科书的通俗名称。

# 教材改革

## 【释义】

教材改革,即为了配合社会发展、教育需求,依据课程标准而对教材进行的改革。从 1903 年(清朝末年)我国开始办新式学校,编印语文教材,至今一百多年中,教材进行了多次改革。从 1903 年到 1919 年五四运动前,语文教材全部选用文言文,选的多是历代名篇名著,着重培养学生阅读和写作文言文的能力。五四运动后,语文教材开始选用白话文。由文言白话合编,到文言白话分编,采用单元编排方式,增添语法、修辞、文章作法等内容。1949 年到 1966 年期间,有两次较大的教材改革。1956 年至 1958 年,文学和汉语分科,编写了《文学》《汉语》教材。1961 年至 1966 年,在对国家六十年语文教材研究基础上,制订了新的中学语文教学大纲,编写了新的六年制中学语文教材。1979 年后,各地出现实验教材。1986 年,人教版全国通用教材研究了各地实验教材的长处,采用了综合型编排体系,将阅读、作文、听说等训练综合编排在一套教材中,课文分讲读、课内自读、课外自读三种,把课文的单元编排和教学计划结合起来,组成教学单元。全国根据九年义务教育初中语文教学大纲,组织编写多套义务教育的初中语文教材,经全国中小学审定委员会审定后,向全国各中学推荐使用,进入一纲多本阶段。2000 年后,为配合新的课程标准的要求,多套新课标教材出现,更强调语文素养的培养,高中阶段分为必修教材和选修教材,选修教材大大拓宽了语文教学的外延,涉及影视欣赏、新闻与传记阅读等领域。2015 年,教育部部编本语文教材在小学一年级和初中七年级开始使用,部编本教材更强调阅读的引导和对传统文化的重视。

# 必修教材

## 【释义】

必修教材,即依据《普通高中语文课程标准(实验)》(简称"课标"),对必修课程提出的要求而编写的教材。课标在课程设计思路中提出,高中语文课程包括必修课程和选修课程两部分。必修课程包括"阅读与鉴赏""表达与交流"两个方面的内容,组成"语文 1"到"语文 5"共五个模块,每个模块 2 学分,每半个学期(约 36 学时)完成一个模块的学习。5 个模块的学习可在高一至高二两个半学期里完成,也可根据情况灵活安排。学生修满 10 学分即视为已经完成语文课程的基本学业,达到高中阶段的最低要求。如人教版高中语文必修教材包括《语文 1》到《语文 5》,共 5 册。

**【例句】**

必修课教科书,可以将课程内容综合设计成五个模块;也可以按"阅读鉴赏""表达与交流"的目标分编,供学校在教学中自行组合成五个模块。〔中华人民共和国教育部制订,《普通高中语文课程标准(实验)》,人民教育出版社2003 年版,第 26 页〕

## 选修教材

**【释义】**

选修教材,即依据《普通高中语文课程标准(实验)》对选修课程提出的要求而编写的教材。课标在课程设计思路中提出,高中语文课程包括必修课程和选修课程两部分。选修课程包括 5 个系列:诗歌与散文、小说与戏剧、新闻与传记、语言文字应用、文化论著研读。学校根据本校的课程资源和学生需求,有选择地设计模块,开设选修课。学生可从 5 个系列的选修课程中任意选修 4 个模块,获得 8 学分;对于语文学习兴趣浓厚,希望进一步深造的学生,再任意选修3 个模块,共获得 24 学分。例如人民教育出版社曾组织编写出版了 15 种选修教材,包括诗歌与散文系列的《中国古代诗歌散文欣赏》《中国现代诗歌散文欣赏》《外国诗歌散文欣赏》,小说与戏剧系列的《中国小说欣赏》《外国小说欣赏》《中外戏剧名作欣赏》《影视名作欣赏》,新闻与传记系列的《新闻阅读与实践》《中外传记作品选读》,语言文字应用系列的《语言文字应用》《演讲与辩论》《文章写作与修改》,文化论著研读系列的《先秦诸子选读》《中国文化经典研读》《中国民俗文化》。

**【例句】**

选修课教科书,可以根据五个系列的课程目标,在每个系列中设计若干选修模块进行编写。〔中华人民共和国教育部制订,《普通高中语文课程标准(实

验)》,人民教育出版社 2003 年版,第 26 页〕

## 实验教材

**【释义】**

实验教材,广义上一般把用于教学实验和研究,在部分地区使用的教材称为实验教材。狭义上指 2001 年后依据新的课程标准而编写的小学、初中、高中教材。

**【例句】**

《义务教育课程标准实验教科书语文》是根据《全日制义务教育语文课程标准(实验稿)》编写,后来又依据《义务教育语文课程标准(2011 年版)》进行修订的一套语文实验教材。

## 纸质教材

**【释义】**

纸质教材,即用纸来作为教材内容呈现载体的教材,与音像、电子教材等相对。

**【示例】**

语文课程资源包括课堂教学资源和课外学习资源,例如:教科书、相关配套阅读材料、其他图书、报刊、工具书、教学挂图,电影、电视、广播、网络,报告会、演讲会、辩论会、研讨会、戏剧表演,生产劳动与社会实践场所、图书馆、博物馆、纪念馆、展览馆、布告栏、报廊、各种标牌广告,等等。

## 电子教材

**【释义】**

电子教材,即以数字化模式作为教材内容呈现载体的教材,与纸质教材相对,一般可以在电脑上应用、展示。电子教材一般包括电子化文档,PDF 格式的电子教材,也包括用于听的音频格式的教材等。

## 音像教材

**【释义】**

音像教材,即采用数字或模拟信号把声音和图像记录下来,可在视听设备和电脑上播放使用的教材。音像教材一般制作成 DVD 或者 CD,配合纸质教材使用,可使教学活动更加形象生动。

## 立体教材

**【释义】**

立体教材,即以各种载体全方位呈现的教材,一般包括纸质教材、电子教材、音像教材,甚至包括互联网平台互动及作业提交、批改等形式。立体教材形式活泼多样,包含的内容丰富广博,使用起来方便迅捷,教学效果比较好。

**【示例】**

人教版语文教材不仅包含小学、初中、高中各个学段的纸质教材,附有教学光盘,更有专门的人民教育出版社官方网站配合,上面有与纸质教材配套的电子教材及教学资料等,是一套立体化的教材。

## 通用教材

**【释义】**

通用教材,亦称统编教材、部编教材,是由国家教育行政部门统一组织编写、通用于全国各地学校的教材。1902 年中国政府颁布《京师大学堂编书处章程》,是筹划统一编辑教科书之始。1906 年学部设编译图书局,编写了部编教材。中华人民共和国成立后到 20 世纪 80 年代初,教育部先后委托人民教育出版社出版了 7 套中小学各学科的通用教材。

## 一纲多本

**【释义】**

1949 年新中国成立后,我国的中小学教科书一直实行国家统一编写、统一供应的制度,即一纲一本的形式。一纲,指的是由教育部组织编写和印发的"语文教学大纲"。依据和配合这些教学大纲,由教育部统一编写和出版相应的中小学语文教材。国家教委在 1986 年 9 月召开的"全国中小学教材审定委员会"上,决定教科书编、审分开,1987 年 10 月颁布了《全国中小学教材审定委员会工作章程》《中小学教材审定标准》《中小学教材送审办法》。从此,我国的教科书制度就由过去的统编制("国编制")改为编审制。在一个教学大纲的指导下,出现了各家出版社编写出版的多套语文教材,还包括校本教材、实验教材等,即

"一纲多本"。

　　如1989年至1997年,全国中学语文实验教材审查委员会先后审查通过了如下出版社的十多套初中语文教材,分别为:人民教育出版社(三年制、四年制共两套,刘国正、顾振彪主编),江苏教育出版社(洪宗礼主编),广东教育出版社(曹础基主编),北京师范大学出版社(张鸿苓主编),辽宁教育出版社(欧阳代娜主编),北京教育出版社(沈心天主编),四川教育出版社(潘述羊主编),四川教育出版社(颜振遥主编),教育科学出版社(郑祥五、孟宪和主编),广西教育出版社(耿法禹主编,1~4册审查通过,5~6未审查),北京大学出版社(张志公主编)。

## 多纲多本

### 【释义】

　　多纲多本,即出现多个课程标准或教学指导纲要,多套教材并行的情况。根据国家教委的规划,上海和浙江承担整体改革实验。1991年10月18—25日,全国中小学教材审定委员会第二届第一次全体会议审查通过了上海市教委制订的《上海市九年义务教育各学科课程标准》和浙江省教委制订的《浙江省义务教育各学科教学指导纲要》。上海编写了两套初、高中语文教材(分别为S版、H版),浙江也编写了初中语文教材(王尚文主编)。2001年7月,教育部颁布《国家基础教育课程改革纲要(试行)》《全日制义务教育课程设置实验方案》和《全日制义务教育语文课程标准(实验稿)》。在国家基本要求指导下,先后有如下几家出版社的8套课程标准七至九年级(初中)实验教材通过教育部审查,分别是:人民教育出版社(顾振彪主编),江苏教育出版社(洪宗礼主编),语文出版社(史习江主编),湖北教育出版社(王先霈、徐国英主编),河北大学出版社(王富仁、傅中和主编),北京师范大学出版社(孙绍振主编),作家出版社、中华书局(郭预衡、章培恒、陈平原主编)。长春版(张翼健主编)也作为地方教材通过了教育部的审查。

　　2003年4月,教育部公布《普通高中课程方案(实验)》和《普通高中语文课程标准(实验)》。2004年至2006年,先后有如下出版社的6套高中语文教材通过教育部审查,分别是:人民教育出版社(袁行霈主编),江苏教育出版社(丁帆、杨九俊主编),语文出版社(史习江、张万彬主编),广东教育出版社(陈佳民、柯汉林主编),山东人民出版社(谢冕主编),北京师范大学出版社(童庆炳主编)。此外,北京版(顾德希主编)也作为地方教材通过了教育部的审查。

## 综合型教材

**【释义】**

综合型教材,语文教学从学术角度看,有语言和文学之分;从教学活动看,有听、说、读、写之分;从课型看,有阅读课和写作课之分。在教材中,将语文教学中的这些区别整合起来,在同一套教材中体现出来的,即为综合型教材,与分编型教材相对。

**【示例】**

必修课程包括"阅读与鉴赏""表达与交流"两个方面的内容,组成"语文1"到"语文5"五个模块,每个模块2学分,半个学期(约36学时)完成一个模块的学习。每个模块都是综合的,体现"阅读与鉴赏""表达与交流"的目标和内容。

## 分编型教材

**【释义】**

分编型教材,即在国家课程标准和教学大纲指导下,依据语文教学中教学目标或教学内容的不同,而分开编写的教材,与综合型教材相对。如阅读教材和写作教材,又如选修教材中的《中国古代诗歌与散文欣赏》与《中国小说欣赏》等,都属于分编型教材。

**【例句】**

20世纪80年代,人民教育出版社曾经出版过一套将阅读与写作分开的分编型教材,就是在学术界重视语言与文学的区分度的研究背景下编写出来的。这套教材,编写精要,相对教学要求比较高,难度系数略高。

## 教学挂图

**【释义】**

教学挂图,即为方便和配合教学活动而编绘制作的、可以悬挂观看的图。图上的内容一般字体较大,画面直观。如小学阶段使用的拼音挂图、书法挂图等。

**【例句】**

课标要求一到二年级的学生要学会汉语拼音。能读准声母、韵母、声调和整体认读音节;能准确地拼读音节,正确书写声母、韵母和音节;认识大写字母,熟记《汉语拼音字母表》。所以在这个阶段的教学中,很需要有拼音挂图这样的教学挂图。

## 教辅图书

**【释义】**

教辅图书,即对教学活动具有辅助作用的图书。传统上主要指练习册、习题集一类的书,现在扩展到教材精讲、串讲、学案、历届真题集之类的书。

**【例句】**

教辅图书的设计和使用,都应经过谨慎讨论和科学研究,否则事倍功半。

## 教师教学用书

**【释义】**

教师教学用书,即为了方便教师开展教学活动而编写的与教材配套的书,亦称教学参考用书,简称教参。一般包括教材编写思路和达成目标的说明,单元整体及重点内容的概括,课文作者、写作背景、主题等的简介,课后习题的分析及答案等,有时还附录相关赏析文章。教师教学用书在教师备课、教学设计和教学研究过程中,能提供重要的文献依据和教学帮助。

## 教师手册

**【释义】**

教师手册,即为帮助教师进行教学工作而编写的工具书。一般分学段、分学科编写,如《高中语文教师手册》。教师手册主要是从整体上概述相应学段、相应学科的内容,提示教学重点和难点,使教师可以迅速了解教材整体情况,更好地进行教学准备工作。

## 教案

**【释义】**

教案,即教师为了更好地进行教学工作,在授课之前编制的教学实施方案。主体是教学设计,即如何展开课堂教学。有的教案比较简洁,只包括基本的要点,如导入、教学重点、考查方式等纲要性文字;有的教案则比较完备,相关教学资料都一一放在教学环节内。在电子教案盛行后,完备的教案越来越多,大大提高了教师的教学水平。

## 学案

**【释义】**

学案,即学生在学习中使用的一种辅助材料,集课文介绍与相关练习于一体。一般包括对课文的基本介绍、概括,提出一些重点问题引导学生思考,练习题等内容,方便教师布置课前预习及课后作业等。

## 单元说明

**【释义】**

单元说明,即语文教材每个单元的前面所列出的说明。一般介绍本单元课文组成、主要内容、学习重点,在学习之前可以带什么问题进入等。单元说明有助于帮助学生了解单元整体概貌,引起学生的学习兴趣,具有导引的功能。

**【示例】**

浓浓亲情,动人心弦。亲情是人间真挚而美好的感情,描写亲情的诗文往往最能打动人。本单元这几篇课文,以不同的生活为背景,抒发了同样感人至深的亲情。学习本单元,要正确流畅地朗读课文,整体把握文章内容。要结合阅读提示和课后练习,抓住重点难点问题,深化理解;也要结合自己的生活经验和情感体验,体会课文所表达的丰富多样的情感。〔人教版《义务教育课程标准实验教科书　语文·七年级上册》第一单元,单元说明〕

## 课文说明

**【释义】**

课文说明,即对课文的简要说明。一般放在课文前面,有助于学生在学习前对课文获得基本的认知和了解,以及学习后验证自己的认识和理解是否正确和深刻。

**【示例】**

一家人一起散步本来是很平常的事情,然而这平常的小事,体现了温馨的亲情。一家三代人散步时,出现了矛盾,终归于和谐。这个故事,是对中华传统美德中"孝敬""慈爱"观念的形象诠释。〔人教版《义务教育课程标准实验教科书 语文·七年级上册》第一单元《散步》课文说明〕

## 教材样张

**【释义】**

教材样张,即在编写教材时,先编写出一个来作为示范的章节。样张一般包含教材所涉及的各个栏目,如单元说明、课文说明、课文、课文注释、课后练习、写作指导、单元活动等。通常由主编约请几位有经验的编者先行写出样张,然后请所有编写者进行细致讨论,统一思路,统一体例,以使此后的编写工作顺利进行。

## 教材选文

**【释义】**

教材选文,即教材中用作课文或补充知识等而选用的文章。教材选文首先要符合单元内教学目标、教学重点的需要,其次要思想积极健康,用词准确规范,文笔生动形象,篇幅适当,适合中小学生阅读和学习。

## 课文

**【释义】**

课文,即语文教科书的主要组成部分,教学活动中主要使用的部分。课文是根据教学的需要而编写选用的,一般都是优美的文章。课文分多种类型,如小学阶段偏重看图学文,课文多由短文和图画组成;中学阶段课文分教读课文、自读课文等。

## 传统课文

**【释义】**

传统课文,即因为表达的思想情感有共通性,文笔优美,篇幅适当,多年来多次被多套语文教科书选为课文的一些优美文章。传统课文中既包括古代诗文,也包括现当代的文学作品、科技文等。

**【例句】**

杜甫的《望岳》《春望》,郁达夫的《故都的秋》,这些诗文,因为表达出了内心深处的情感,描写景物生动而别有新意,多次被选入教科书中,成为传统课文。

# 时文

**【释义】**

时文,即教材选文中,写作时间为现当代,内容和形式都比较新的作品,与传统课文相对。

**【例句】**

人教版《普通高中课标实验教科书 语文1(必修)》第五单元是学习新闻和报告文学,其中《别了,"不列颠尼亚"》《飞向太空的航程》等新闻作品,都属于时文。

# 单元

**【释义】**

单元,即语文教科书按不同的教学内容划分出来的部分。语文教科书一般以单元的方式来组织架构,每一单元集中三到五篇课文,相对突出某个主题或者某个重要教学内容,如学习如何发表观点、如何写作议论文等。

**【例句】**

课文分单元编排,单元的组成兼顾文体和人文内涵。每册由4个单元组成,学习重点各有不同:有的侧重于对形象性较强的文学作品进行品味和鉴赏,有的侧重于对思辨性较强的说理文章进行思考和领悟,有的侧重于应用性较强的文章的阅读理解,意在全面提高你们的语言运用能力。〔人教版《普通高中课程标准实验教科书 语文1(必修)》致同学们〕

# 知识短文

**【释义】**

知识短文,即语文教科书中,为配合教学的需要而在合适的地方插入的知识性短文。知识短文一般介绍一些语法知识、修辞方法,以及其他与语文相关的知识。

**【示例】**

比喻:比喻就是打比方,是用本质不同却有相似点的事物描绘事物或说明道理的修辞方法。比喻里,被比方的事物称为"本体",用来打比方的事物称为"喻体",联系二者的词语叫作"比喻词"。比喻的作用主要有:一是使概括的东西形象化,给人鲜明的印象;二是使抽象的事物具体化,叫人便于接受;三是使深奥的道理浅显化,让人加深体会。〔人教版《义务教育课程标准实验教材书语文·七年级上册》,第 67 页〕

## 补白

**【释义】**

教科书在编写排版时,有的页面会出现较大空白,版面会有浪费并显得难看,这时编写者会编写一些与单元课文相关的内容,插入到空白处,以使版面匀称,同时丰富课文信息,这些插入的内容即被称为补白。

**【示例】**

《大堰河——我的保姆》最突出、最宝贵的特点,就是说真话、抒真情,情深辞切,感人肺腑。诗人无所顾忌、无所掩饰地袒露着他纯洁的心灵,他勇敢坦直地声言:"我是地主的儿子,也是吃了大堰河的奶而长大了的大堰河的儿子。"诗中描写了他在父母家里的怏怏不安和对大堰河感情上的依恋,反映了诗人叛逆性格和反抗精神的萌芽。诗中,没有剑拔弩张之势,没有咄咄逼人之威,他对大堰河深厚的感情,都表现在娓娓动听的陈述之中,像是自然流淌的感情的河。〔人教版《普通高中课程标准实验教科书　语文 1(必修)》,第一单元《大堰河——我的保姆》课后补白:张同吾《艾青的诗〈大堰河——我的保姆〉》〕

## 助学系统

**【释义】**

助学系统,即教材中帮助学生理解课文、思考问题,提升阅读、表达、写作等能力,促成教学目标达成的部分。一般包括课文说明、注释、课后练习、插图、相关活动等。

**【示例】**

注释:《智子疑邻》节选自《韩非子·说难》,题目是编者加的。韩非(约公元前 280—前 233),战国末期著名思想家。他的著作收在《韩非子》里。智,聪明,这里的意思是"认为……聪明"。〔人教版《义务教育课程标准实验教科书

语文　七年级上册》,《寓言四则》"智子疑邻"注释〕

## 教读课文

**【释义】**

　　教读课文,即根据教学的需要,语文教科书中分出的课文类型之一。语文教科书每一个单元内一般包含教读课文和自读课文。教读课文是由教师在课堂上精讲,学生在理解课文的基础上,学习相关的语文知识及阅读和表达的方法。通常单元内前两三篇课文是教读课文,最后一篇课文是自读课文,但教师也可以根据自己的教学安排,确认哪些作为教读课文。文言文及古诗单元,因为整体数量少,理解上有难度,一般都会作为教读课文。

**【例句】**

　　人教版《义务教育课程标准实验教科书　语文·七年级上册》第三单元主要学习写景诗文,有4篇课文,前两篇朱自清的《春》、老舍的《济南的冬天》适合作为教读课文,而后两篇贾平凹的《风雨》、何其芳的《秋天》适合让学生自读。

## 自读课文

**【释义】**

　　自读课文,即根据教学的需要,语文教科书中分出的课文类型之一。语文教科书每一个单元内一般包含教读课文和自读课文。自读课文是提供给学生自读使用的课文,有利于提升学生独立阅读理解水平。通常教师会提出一些要求或问题,指导学生进入阅读,并在自读后写读后感或与同学进行交流。

## 课外阅读

**【释义】**

　　课外阅读,即为了拓宽学生的阅读视野,提升学生的阅读能力,语文教材及教师教学中,鼓励学生利用课外时间进行的阅读。课外阅读的提示,一般会在语文教材的课后练习或单元活动中提出。

**【示例】**

　　四、课外阅读《西游记》的相关部分,了解这场战斗的结局。〔人教版《义务教育课程标准实验教科书　语文·七年级上册》,第六单元第26课《小圣施威降大圣》研讨与练习第四题〕

## 整本书阅读

### 【释义】

整本书阅读,指因语文课本篇幅有限,课堂上教师精讲的课文也有限,语文教材及教师教学中鼓励学生利用假期或其他课外时间,对经典作品进行的全文整体性阅读。整本书阅读使学生获得更为完整的了解和感受,进一步提升阅读水平。

### 【示例】

通常我们讲中国传统文化,包含的内容很广,课文中许多古诗文名篇,都有助于大家了解传统文化……《论语》等书是读书人求仕做官的必修课本,成了士大夫知识分子的思想言行基础,而且影响到整个社会生活,伦理道德渗透到政教体制、民间习俗和心理习惯中。由此看来,要了解中国文化,有必要读一读《论语》。〔人教版《普通高中课程标准实验教科书 语文1(必修)》,名著导读《论语》部分〕

## 精彩选篇

### 【释义】

精彩选篇,即为激励学生广泛阅读、深入阅读、整本书阅读经典作品,语文课本中选编的经典作品的精彩片段。精彩选篇供教师教学或者学生自读使用,可以使学生对经典作品有一个基本了解,并引起进一步阅读的兴趣。

### 【例句】

人教版《义务教育课程标准实验教科书 语文 九年级 上册》的第五单元主要学习古代白话小说,由于篇幅的限制,本单元所选课文都是节选片段,《智取生辰纲》《杨修之死》《范进中举》《香菱学诗》分别是《水浒》《三国演义》《儒林外史》《红楼梦》的精彩选篇。

## 研讨与练习

### 【释义】

研讨与练习,即根据课文的内容及教学重点,设计的一系列问题及练习,供学生课前预习、教师课中提问、学生课后思考等阶段使用。研讨与练习,一般是根据教学的逻辑规律设计,由浅及深,由前至后,由分而总。各版本的教材对"研讨与练习"用法不同,人教版不同时期的教材也有变化。

【示例】

研讨与练习:一、有感情地朗读这首诗,讨论下面的问题。1. 雨"说"的话主要表达了什么意思? 2. 副标题为什么取作"为生活在中国大地上的儿童而歌"? 二、诗中有两节写到了雨要"教你们勇敢地笑",你怎样理解这"笑"的内涵? 找出这两节诗中几个生动传神、极富想象力的诗句加以品评,与同学交流心得。三、以"雨的自述"为题,将这首诗改写成一篇三五百字的小散文,体会这两种体裁在语言表达上的区别。〔人教版《义务教育课程标准实验教科书　语文·九年级上册》,第一单元第 2 课《雨说——为生活在中国大地上的儿童而歌》课后〕

## 延伸拓展

【释义】

延伸拓展,即语文教材在一般的课后练习之后所设置的一些与课文相关、有延伸拓展性质的话题。延伸拓展的目的是提升学生的思考和实践能力。延伸拓展会包括一些能在课内解决的问题,而更多的是要利用课外时间来进行。

【示例】

课外延伸:许多汉字都与典故、轶事联系在一起。学习汉字的同时如果能了解一些与之相关的典故、轶事,不但妙趣横生,而且能提高我们的文化修养。请以"趣话汉字"为题,开一次讨论会,或写一篇短文。〔人教版《普通高中课程标准实验教科书　语文 1(必修)》,"梳理探究"之《优美的汉字》课后〕

## 积累运用

【释义】

积累运用,即语文教材中的一个栏目,主要目的是引导学生注意平时点滴积累及其运用、拓展等。一般放在每课练习中,如 2015 年教育部组织编写的义务教育教科书(简称"部编本")初中教材的"积累拓展";或放在单元综合部分中,如人教课标版小学语文教材"回顾·拓展"中的"日积月累",部编本小学语文教材"语文园地"中的"日积月累"。

**【示例】**

积累拓展:四、朗读第3、4段,看看作者分别从哪些方面描写了鸟的美。摘录精彩的语句,体会文章句式多变所形成的那种舒缓自如的韵味。五、仿照《猫》和《鸟》中描写动物外形、动作、声音等的方法,为你所熟悉的动物写一个"素描"。〔部编本《义务教育教科书 语文·七年级上册》,第五单元第18课《鸟》课后〕

## 读读写写

**【释义】**

读读写写,即语文教材中课后练习的一种,目的是帮助学生打好认字、识字和写字的基础。一般在课文里选出一些相对生僻、表达中又会用到的字词,让学生读一读,写一写。

**【示例】**

读一读,写一写:沙哑 发窘 抽噎 出风头〔人教版《义务教育课程标准实验教科书 语文·九年级上册》,第三单元第12课《心声》课后〕

## 阅读鉴赏

**【释义】**

2003年版《普通高中语文课程标准(实验)》中在课程设计思路中提出必修课程包含"阅读与鉴赏""表达与交流"两个方面的目标和内容;并对阅读鉴赏部分提出了具体目标。如不断充实精神生活,完善自我人格;发展独立阅读能力;注重个性化阅读,能阅读论述类、实用类、文学类等多种文本,了解诗歌、散文、小说、戏剧等文学体裁的基本特征及主要表现手法等。人教版必修教材据此设计了阅读鉴赏、表达交流、梳理探究、名著导读4个部分。阅读鉴赏是教科书的主体。它包括所有课文及相关导读及练习,课文以名家名篇为主,也有反映当今时代特色的作品。

**【示例】**

这个单元主要学习现代新诗。新诗是五四前后才出现的。新诗的"新",是相对古典诗歌而言,新在用白话写诗,摆脱古典诗词严整格律的束缚,比较适合表达现代人的思想感情。新诗继承古典诗词的优良传统,但为了探求适合现代生活的表现形式,诗人更多地是目光向外,不断接受外来影响并努力融化在民族风格中……鉴赏诗歌应在反复朗读的基础上,着重分析意象,同时品味语言,发挥想象,感受充溢于作品中的真情。诗歌与青年有天然的联系,少男少女喜欢用诗的语言来表达丰富的情感。有兴趣的话,不妨动动笔,学习写写新诗。〔人教版《普通高中课程标准实验教科书　语文1(必修)》,"阅读鉴赏"第一单元,单元说明〕

## 表达交流

**【释义】**

2003 年版《普通高中语文课程标准(实验)》中在课程设计思路中提出必修课程包含"阅读与鉴赏""表达与交流"两个方面的目标和内容。表达与交流课程的具体要求,包括让学生学会多角度地观察生活,对自然、社会和人生有自己的感受和思考;能考虑不同的目的要求,以负责的态度陈述自己的看法,表达真情实感,培育科学理性精神;书面表达要观点明确、内容充实,感情真实健康等。人教版语文必修教材据此设计的四个部分,其中一个即"表达交流"。它包括写作与口语交际两个部分。全套必修教材写作共 20 个专题,每个专题包含一个相对集中的写作话题和写法指导,还有丰富多彩的写作练习。口语交际共 5 次活动,每册围绕一个重点进行。

**【示例】**

"表达交流"之"心音共鸣:写触动心灵的人和事"的话题探讨部分:生活是丰富多彩的,可是,我们作文时却常常感到生活平平淡淡,没有什么东西可写。究其原因,是缺乏对生活的敏感。事实上,人们的生活并没有多大差别,即使是那些著名作家,也不都有不同于常人的特殊生活,只是他们的心灵比常人敏感,能够从生活中感受到那些令人心动的东西。我们要有意识地培养这种敏感……写法借鉴:先看黄方国《父亲》一文的片段……在发掘感动点时,要注意抓住细节,把它形象地再现出来。要善于从触动你心灵的人和事中提炼出有价值的东西。〔人教版《普通高中课程标准实验教科书　语文1(必修)》,"表达交流"〕

## 梳理探究

**【释义】**

2003 年版《普通高中语文课程标准(实验)》在基本理念中提出语文课程应注重语文应用、审美与探究能力的培养,促进学生均衡而有个性地发展。高中语文教学应在继续提高学生观察、感受、分析、判断能力的同时,重点关注学生思考问题的深度和广度,使学生增强探究意识和兴趣,学习探究的方法。人教版普高课标实验语文必修教材据此设计了"梳理探究"板块内容。全套共 15 个专题,有的侧重对以前所学的语言、文学、文化等方面的知识进行梳理和整合,有的则通过自主思考或合作调研,培养探究能力。

**【示例】**

奇妙的对联:对联,既是一种特殊的艺术品种,又是一种特殊的文学体裁。对联兼诗歌、散文之长,内容涉及地理、历史、宗教、民俗、名胜等等,包罗万象……一、对联常识。对联,也叫楹联、楹贴、对子……对联由骈文和律诗的形式演变而成,形成于唐宋,盛行于明清……张贴时,要按照传统习惯,上联在右边,下联在左边……二、对联欣赏。昆明翠湖海心亭有一副对联:有亭翼然,占绿水十分之一;何时闲了,与明月对影而三……三、对联作法。〔人教版《普通高中课程标准实验教科书 语文1(必修)》,"梳理探究"〕

## 名著导读

**【释义】**

2003 年版《普通高中语文课程标准(实验)》在课程目标中提出学生应该根据自己的学习情况,选读经典名著和其他优秀读物,与文本展开对话。在阅读鉴赏中努力扩大阅读视野,学会正确、自主地选择阅读材料,读好书,读整本书,丰富自己的精神世界,提高文化品位。课外自读文学名著(5 部以上)及其他读物,总量不少于 150 万字。课标还附录有《关于诵读篇目和课外读物的建议》。人教版据此设计了"名著导读"板块,共选 10 部中外名著,每册两部。导读内容包括背景介绍、作品导读、思考与探究 3 个部分。以此引导学生阅读名著,培养阅读习惯,提高思考能力和欣赏水平。

**【示例】**

《三国演义》背景介绍:《三国演义》是我国现存最早的章回小说之一……

这部小说的编撰者为罗贯中……历史演义是一个重要的门类,产生的作品差不多覆盖了中国古代史的各个重要阶段,而《三国演义》则是其中杰出的代表……《三国演义》的情节从东汉灵帝建宁二年(169年)起,到西晋武帝太康元年(280年)全国统一为止,前后一百余年。作者围绕以刘备为代表的蜀国、曹操为代表的魏国和孙权为代表的吴国,展开了三方角逐的宏大场面,表现了对建立一个仁德爱民、统一强大的政权的向往。

作品导读:小说一开始,描写汉末大乱,各路英雄陆续登场。刘备、关羽、张飞桃园结义,开始了“上报国家,下安黎庶”的伟大事业;董卓进入洛阳,祸国殃民,终被消灭;曹操与袁绍展开争斗,官渡之战成为高潮。在这一段落,张飞怒鞭督邮、关羽温酒斩华雄及青梅煮酒论英雄等精彩的片段,展示刘、关、张不同的英雄风采……

思考与探究:鲁迅在《中国小说史略》中,曾这样评价《三国演义》中的人物:“刘备之德近乎伪,孔明之智近乎妖”,对此,你怎么看?〔人教版《普通高中课程标准实验教科书　语文5(必修)》,“名著导读”〕

## 《开明国文读本》

### 【释义】

1932年,王伯祥主编《开明国文读本》,由开明书店出版。本书依据当时教育部新颁课程标准编辑,供初级中学生国文科精读使用。全书共6册,每册选文42篇,文言文与语体文兼有,第一、二册注重文章之体裁,第三、四册注重文章之组织及风格,第五、六册侧重历代名著选读。引导学生由基本习得叙事抒情技能,到明白作文技术及欣赏文艺之兴趣,进而了解我国古代典籍之一斑。全书没有译文,前后有机联络,与学习进程对应,并顾及授读期间时令气候,使读者得以低徊景物、启发灵感。与本书配套的还有参考书6册。2015年大象出版社出版“民国教育史料丛刊”第776卷(一到三册)、777卷(四到六册),为此书再版。

## 《开明国文讲义》

### 【释义】

1931年日本入侵上海,“一·二八”战役之后,失学的青少年越发增多,开明书店开班函授学校,帮助他们自学普通中学的全部课程和一些谋生必需的技能(如珠算和应用文)。1933 年,夏丏尊、叶圣陶、宋云彬、陈望道合作编写《开明国文讲义》,作为开明书店举办的函授学校的讲义,供青少年自学使用。共 3 册,选文 140 篇,第一、二册注重文章的类别和写作的技术方面,第三册注重文学史的了解方面。每篇选文后附有解题(述说文章来历及其他相关事项)、作者传略以及难词难句的注释。第一、二册中,每四篇后有一篇文话,用谈话式体裁,述说关于文章的写作、欣赏方面的内容,风格活泼、精密。每隔几篇有文法或者修辞,注重理解和实用,避免机械术语和过细分析。其后有练习,为引导读者细读及发展思考能力而设置。第三册中,每隔三篇选文有一篇文学史话,注重文学的时代和社会的背景,结合选文,穷源知委,明了大概。1991 年人民教育出版社重新排印出版此书,将繁体字改为简体字,异体字改为通用字,注音字母改为汉语拼音,标点符号按现在通行的方法处理,并抽掉了个别课文。

## 《开明新编国文读本》

### 【释义】

《开明新编国文读本》于 1946 年 8 月由开明书店陆续出版,初版甲种本 6 册,乙种本 3 册。其编纂者是叶圣陶、周予同、郭绍虞、覃必陶。本套国文读本的最新特点是将白话、文言分开教学,甲种本专选白话文(包括外国作品译文),乙种本专选文言文(包含外国作品译文,如严复译述的耶方斯著《以类为推》)。乙种本侧重明清作品,多为短篇记叙文,另有王国维、章炳麟、蔡元培、胡适、鲁迅、钱基博、俞平伯等近现代作家、学者的文言短篇,凸显文学性和情趣性,引导读者在了解掌握中学语文基础知识的同时,深入领略国文之美。

## 《国文百八课》

### 【释义】

《国文百八课》是由夏丏尊和叶圣陶合编的一套初中语文课本,拟编 6 册,每册 18 课,共 108 课。由开明书店出版,从 1935 年到 1938 年先后印出 4 册,第五、六册因抗日战争爆发,没能继续编印,实际只有 72 课。本书特点是"拟给予国文科以科学性,一扫玄妙笼统的观念"。其内容安排为"每课为一单元,有一定的目标,内含文话、文选、文法或修辞、习问四项,各项打成一片"。文话是编排的纲领,文选配合文话,文法修辞又取材于文选,每一课为一个单元,全书成为文话、文选学习的有机整体,且选入应用文作为课文学习,为当时国文课本所不多见。人民教育出版社 1985 年版的《国文百八课》将繁体字转为简体字,异体字改为通用字,注音字母改为汉语拼音,标点符号按现在通行的方式处理,并抽掉了个别课文。

## "中外母语教材比较研究"

### 【释义】

"中外母语教材比较研究"是由江苏省泰州中学特级教师洪宗礼、南京大学教授柳士镇主持的课题,是全国教育科学"九五"规划教育部重点课题。1997年以来,国内大学学者、中学教师和海外专家计 75 人参加了该项工作。他们对美、英、法、德、俄、日、韩等国母语教材、课程标准等做了对比研究。课题前期成果包含在"中外母语教材比较研究"丛书中,主要有《外语文教材评介》《中外母语教材选粹》《汉语文教材评介》《中外母语课程标准译编》等书,2000 年由江苏教育出版社出版。另柳士镇、洪宗礼主编的《中外母语教材比较研究论集》,2001 年由江苏教育出版社出版,也是此课题的一个重要成果。在此基础上,作者又出版了十卷本《母语教材研究》,2007 年由江苏教育出版社出版。

## 百年中国语文人博物馆

### 【释义】

2016 年 11 月 22 日,我国首个"百年中国语文人博物馆"在江苏省连云港市新海高级中学落成。该博物馆占地近千平方米,展线长 260 米。集中展示了200 位"中国语文人"的图片、生平简介、学术观点、著作及多个年代的语文教材,并收藏陈列一套《四库全书》。展览中有在语文教育发展史上做出突出贡献的人物,如张百熙。1904 年,他与张之洞、荣庆一起合订《奏定学堂章程》,为"国文"单独设科奠定了基础,成为具有现代意义的语文教育的开端;其中还有专门研究语文教育、语言文学的学者,如胡适、叶圣陶、吕叔湘、张志公、刘国正等;还有中小学著名语文教师、语文报刊人物和教材编著者,如于漪、魏书生、李吉林等。

## 《叶圣陶语文教育论集》

### 【释义】

1980 年,教育科学出版社出版《叶圣陶语文教育论集》。叶圣陶先生从 1912 年起从事语文方面的教学、编辑、出版工作,对于 1912 年至 1980 年这半个多世纪里我国语文教育工作中的利弊得失深有体察和研究思考,写下了很多文章。本书由这些文章结集而成,分别从语文教育理念、语文教学方法、文章作法、教材编法、读书评论、文本解读等六个方面阐述了教育思想和主张,从阅读教学到写作教学,从理论到具体做法,涉及语文教育的方方面面,在当下仍然有深刻的现实借鉴意义。2015 年由教育科学出版社再版。

## 《叶圣陶文集》

### 【释义】

《叶圣陶文集》,即叶圣陶著作汇集。人民文学出版社 1958 年出版,共 3 卷。收入《隔膜》《火灾》《线下》《城中》《未厌集》《四之集》等 6 部短篇小说集,长篇小说《倪焕之》,以及短篇小说 11 篇。

## 《新中国中小学教材建设史 1949—2000 研究丛书》"小学语文卷" "中学语文卷"

### 【释义】

"新中国中小学教材建设史 1949—2000 研究丛书"共 18 卷,由课程教材研究所编,2010 年人民教育出版社出版。包括总论、政治、小学语文、中学语文、英语、俄语、日语、历史、地理、数学、物理、化学、生物、自然·社会、体育、音乐、美术和出版管理。

"小学语文卷""中学语文卷"是其中两卷,依据翔实可靠的史料以及历史事件,回顾了新中国成立后 50 年中教材改革发展历程,梳理了中小学各套教材编写的时代背景、指导思想、编辑原则、体系、特点、使用情况与评价、值得借鉴和反思的主要问题,以及出版管理工作概况,总结经验和教训,研究各套教材特点和教学实施中的问题,有很好的文献价值,对今后的教材建设有重要的借鉴意义。

【示例】

"小学语文卷"目录如下：

第一章　总论

一、回顾

二、总结

三、展望

第二章　1949—1953 年期间的小学语文教材

一、1950 年前后修订华北区和华东区小学国语课本

(一)教材修订的背景

1. 中央人民政府政务院提出,全国中小学课本由国家统一供应

2.《人民日报》发出"为语言的纯洁和健康而斗争"的号召

(二)教材修订的依据

1.《中国人民政治协商会议共同纲领》提出新中国文化教育的任务

2. 全国教育工作会议提出建设新民主主义教育的任务

(三)教材的主要特点

1. 采用随课文识字的编排方法

2. 采用国语、常识两科合编的体式

(四)教材修订的基本情况

1. 修订华北区初级、高级小学国语课本

2. 修订和改编华东区初级、高级小学国语课本

二、1951—1952 年编写五年一贯制小学语文课本

(一)教材编写的背景

1. 取消"四二"分段制,实施五年一贯制

2. 学科名称用"语文"取代"国语"

(二)教材编写的依据

1.《小学语文课程暂行标准(草案)》

2.《小学暂行规程(草案)》

(三)教材编写的指导思想

(四)教材的主要特点

1.体现新民主主义教育的精神,重视思想教育内容安排的系统性

2.扩大课文篇幅,容纳文艺作品

3.写字内容与阅读内容分开编排

4.练习题的设计与编排体现科学性和启发性

(五)教材编写、出版的基本情况

(六)对教材的评价

1.教材内容丰富,思想性强

2.编排形式多样,清新活泼

三、1953年修订、新编小学语文课本

(一)教材修订、新编的背景

1.1953年5月中共中央政治局会议讨论教育工作

2.1953年11月中央人民政府政务院发布整顿和改进小学教育的指示

(二)教材修订、新编的依据

(三)修订、新编小学语文课本的情况

1.初级小学语文课本

2.高级小学语文课本

四、对1949—1953年期间的小学语文教材的反思

(一)编写语文教材的初步经验

1.既要学习以往语文教材的编写经验,又要立足创新

2.教材编写要坚持百花齐放、百家争鸣

(二)需要研究的两个问题

1.小学语文课本第一册的编写起点

2.关于国语、常识合并编写的问题

第三章　1954—1959年期间的小学语文教材

第四章　1960—1965年期间的小学语文教材

第五章　1966—1976年期间的小学语文教材

第六章　1977—1985年期间的小学语文教材

第七章　1986—2000年期间的小学语文教材

第八章　五十年教材编写过程中的讨论与争鸣

参考文献

附录

后记

"中学语文卷"目录如下(有省略):

本卷前言

第一章　1951年改编出版总署的中学语文教材——人教版全国通用的第一套中学语文教材

第一节　出版总署编审局编写中学语文教材

第二节　人民教育出版社改编出版总署的中学语文教材

第三节　课本目录和单元内容选录

第二章　1954年至1956年自编文学、汉语分科教材——人教版全国通用的第二套中学语文教材

第一节　中共中央政治局决定全国中学实行文学、汉语分科教学

第二节　编写文学、汉语教材的指导思想

第三节　丰富的教学内容和独特的编排体系

第四节　文学、汉语分科教学的中断和评价

第五节　课本目录

第三章　1958年"大跃进"版中学语文教材——人教版全国通用的第三套中学语文教材

第一节　"教育大革命"形势下编写教材的指导思想

第二节　教材内容

第三节　语文知识短文的编写和编排

第四节　课本目录

第四章　1961年新编十年制中学语文教材

第五章　1963年新编十二年制中学语文教材

第六章　1978年十年制中学语文教材

第七章　1982年十二年制中学语文教材

第八章　1987和1990年十二年制中学语文教材

第九章　六年制重点中学语文教材

第十章　1993年九年义务教育初级中学语文教材

第十一章　1997年全日制普通高级中学语文教材

# 《小学语文教材简史》

**【释义】**

《小学语文教材简史》，编著者李伯棠，1985年由山东教育出版社出版，大32开，共291页。李伯棠时为华东师范大学教育系教授，为1981年新开设的选修课"小学语文教材研究"编写讲义，后正式出版。编著者把旧中国的小学语文教材分为蒙学读本、国文教科书、国语教科书前期和后期四个部分，做了相关资料搜集和研究论述。虽然因为当时可查的资料有限，编著者采取了略古详今的写法，但对于梳理、观察整个小学语文教材的历史，还是提供了一个相对完整、清晰的脉络和分析。编著者在最后的总结中特别提到，教材编写要注意"三化两性"：编排体系的科学化，语言的规范化，形式的多样化；相对稳定性，因地制宜的灵活性。这些都是后来的教材编写者可资借鉴的宝贵经验。

**【示例】**

目录

第一章　绪论

第二章　小学语文教材的历史演变

一、旧中国的小学语文教材

二、中央苏区和抗日根据地的小学语文教材

三、新中国的小学语文教材

第三章　小学语文教材发展史上的几次论争

一、文白之争

二、读经与否之争

三、鸟言兽语之争

四、刘（御）吴（研因）之争

五、文道之争

第四章　小学语文教材与文字改革

一、简化形体

二、统一读音

三、标点符号

第五章　小学语文教材的字汇研究

## 《中国古代语文教育史》

**【释义】**

《中国古代语文教育史》是"中国语文教育丛书"之一,由张隆华和曾仲珊所作,丛书由刘国正、顾黄初、章熊主编,2000 年四川教育出版社出版,共 426页。阐述了中国古代语文教育的历史,并引以适当的评论。书中既论述了主要的语文教育情况,又介绍了一些主要思想家、教育家的语文教育思想和语文教学实践,使读者能比较全面地了解古代语文教育史的面貌。

## 《中国现代语文教育史》

**【释义】**

《中国现代语文教育史》是"中国语文教育丛书"之一,由李杏保和顾黄初所作,丛书由刘国正、顾黄初、章熊主编,2001 年四川教育出版社出版。本书对清末民初直至 20 世纪 90 年代初中国语文教育的发展作历史的勾勒,为当今语文教育的改革提供可资借鉴的历史资料。全书内容的重点在中学,同时也兼顾到小学。

**【示例】**

全书目录:绪论

第一章　清末民初社会大变革与中国现代语文教育史发端

第二章　"五四"新文化运动与国语教育的蓬勃兴起

第三章　20 世纪 30 年代国语国文课程教材教法研究的深入

第四章　抗日后国统区的文化苦旅和国语国文教育

## 《中国语文现代化百年记事(1892—1995)》

### 【释义】

《中国语文现代化百年记事(1892—1995)》由费锦昌主编,王凡等编写,1997 年语文出版社出版。本书记叙的时间从 1892 年卢戆章的《一目了然初阶(中国切音新字厦腔)》出版起始,到 1995 年 12 月截止。

本书反映的"中国语文现代化"仅以汉语文现代化的内容为限,取周有光先生的说法,中国的"语文现代化"即指语言共同化、文体口语化、文字简便化、表音字母化。本书又加上"一化"——语言文字信息处理电脑化。这"五化"既指作为交际工具的语言文字本身的演进,也指社会语文生活的进步。本书是在语文出版社 1985 年编写出版的《建国以来文字改革工作编年记事》基础上延伸拓宽而成。在时间上向前后延伸,在内容上向左右拓宽。凡跟语文现代化有关的重要人物、著作、会议、活动、文件等,在语言文字基础研究和理论研究方面的重大事情,本书均斟酌收录。也收录台港澳地区的语文现代化大事,但限于资料,多有漏收。

## 《国文国语教育论典》

### 【释义】

《国文国语教育论典》由上海师范大学李杏保教授领衔主编,2014 年语文出版社出版。我国语文教育史研究通常把 1904 年看作是语文独立设科的标志性时间,本书在 2014 年语文学科独立发展 110 周年之时编成,是语文教育史研究的重要事件,也是现代语文教育思想研究的重大收获。全书分上、下两册,近 80 万字,共选辑了近代语文教育经典论文 88 篇(另有 13 个作为附录的篇、段)。每篇选文前配加"文章导引",由李杏保、徐林祥、方有林分工合作,呈现我国语文独立设科之初至新中国成立这一段时间母语教育、教学研究的历史成果。以文献题目作为编目线索,对作者生平、文章以"小引"的方式概括呈现。所有文献均注明原始出处。本书具有很强的文献性、学术性和现实针对性,可以作为语文课程与教学研究的专业参考书。

【示例】

《国文国语教育论典》(上册)目录(节选):

序　陶本一

导论　李杏保

1 学务纲要(节录)(1904)张百熙

2 论教育之宗旨(1906)王国维

[附]教育小言(节录)(1906)王国维

　　文学小言·文学与教育(1905)王国维

3 国文阴阳刚柔大义绪言(1906)唐文治

4 论小学校以上教授国文(1909)蒋维乔

[附]论小学校之教授国文(节录)(1909)沈颐

5 国文教授私议(1914)钱基博

6 小学各科教授法(节选)(1914)徐特立

7 纯正教育之真义(1916)经亨颐

8 中国文之新教授法(1916)黄炎培

9 中国教育之前途与教育家之自觉(1917)梁启超

10 自习主义读法预习法(1917)天民

11 中学国文科教授之商榷(节录)(1918)夏宇众

12 应用文之教授(1918)刘半农

13 缀法教授之根本研究(1919)范祥善

[附]小学作文教授法(节录)(1915)姚铭恩

　　初中作文教学法之研究(节录)(1925)孟宪承

14 中学校之读文教授(1919)孙本文

15 我之国语教育观(1919)张一麐

[附]言文教授论(节录)(1912)庾冰

　　论教授国文当以语言为标准(节录)(1912)潘树声

16 对于中等学校国文教授的意见(1919)仲九

### 《20 世纪后期中国语文教育论集》

**【释义】**

《20 世纪后期中国语文教育论集》，顾黄初、李杏保主编，2000 年四川教育出版社出版。论集共收新中国成立以来语文教育研究重点论文 156 篇，以时间先后排列，从 1949 年到 1999 年，整整半个世纪。所收论文内容丰富，研究角度独特，论据确凿，观点新颖。本书对研究当代语文教育史有很高的文献价值和学术参考价值。

# 二、语文能力

## 识字

**【释义】**

识字，指学生认识掌握常用汉字，作为生活中使用及语文读写的基础。识字包括会读、会写，懂字义，会查字典；学会拼音字母，读准字音；掌握汉字的基本笔画和常用的偏旁部首，能按笔顺规则用硬笔写字；了解字义，理解字在词语中的意思，学会辨析形近字、同音字、多音字等。能借助字典辞书，用音序检字法和部首检字法等多种方法独立识字。《义务教育语文课程标准(2011年版)》规定小学阶段认识常用汉字1600个(以前为2500字)左右,其中800个左右会写。初中阶段累计认识常用汉字3500个左右。人教版小学语文教材设有专门的识字课,集中教学生认字、写字,另外在课文阅读学习部分,也有对识字的引导学习。

【示例】

拼音教字:识字2

练书法　画图画　下象棋　弹钢琴　拉二胡　唱京戏　栽花草　喂鸽子养金鱼　做航模　学电脑　观天气

我会认:棋　弹　钢　琴　胡　戏　喂　鸽　养　航　模

我会写:胡　棋　观　琴　戏　钢　弹　养〔人教版《义务教育课程标准实验教科书　语文·二年级上册》〕

## 写字

【释义】

写字,识字能力的一部分,按照正确的笔顺,学习汉字的笔画,把一个字写得正确、端正,结构合理,美观大方。《义务教育语文课程标准(2011年版)》规定小学要求用硬笔按笔顺写字,初中阶段要求在用硬笔熟练地书写正楷字的基础上,学写规范、通行的行楷字。临摹名家书法,体会书法的审美价值。

【示例】

《小小的船》:月、儿、头、里四个字按笔画顺序书写,并有田字格留白。〔部编本《义务教育教科书　语文·一年级上册》〕

## 字形

【释义】

字形,即汉字的形貌特征、组成结构。汉字由一些基本的笔画组成,这些笔画组成各种形式,形成汉字。有的汉字繁复,如馨、翰、赢、懿;有的汉字差别细微,如茶与荼、狼与狠、强与疆,需要认真辨析。字形大致有几种结构,如左右结构(如江、河、海),上下结构(如学、家、童),半包围结构(包、阅、过),全包围结构(如国、围)。

【示例】

语文园地五

我的发现:花 草 莲 苹 树 林 桃 桥(很多木字旁的字都和树木有关)〔部编本《义务教育教科书　语文·一年级上册》〕

## 字音

**【释义】**

字音,即字的读音。字音学习要求掌握声母、韵母、声调,及多音字的读音等。通过字音,有助于认识汉字,用音序法查字典认识更多的汉字,阅读注音读物,学习普通话。

**【示例】**

语文园地三

用拼音:读一读,把音节读准〔部编本《义务教育教科书　语文·一年级上册》〕

## 字义

**【释义】**

字义,即汉字的意义,即汉字所记录的语素或词的意义。汉字作为单音词,这时字义就是词义;有时和别的字构成复音词,这时字义就是语素义;有时复音词是联绵词,这时单个汉字就没有字义。汉字一字多义的情况比较多,在不同词语里,同一个字的意义有所不同。

**【示例】**

第,有七个义项:1.次序,等级。原本以"弟"为次序意,后作"第"。2.科举时代应试合格的等次,又指科举考试被录取。及第。3.官僚贵族的住宅,门第。4.副词,只,姑且。5.连词,但是。6.数次前缀,第一。〔商务印书馆《古今汉语词典》〕

## 默读

**【释义】**

默读,即通过视觉和思维活动,默默地、不出声地阅读、理解文字作品的方式,称为默读。默读比朗读速度快,省却发音器官的活动,提升大脑迅速吸纳、理解文字的能力,尤其适合阅读篇幅较长的内容。小学低年级以朗读训练为主,而中年级以上则以默读训练为主。

**【示例】**

课后练习:默读课文,给三个故事加上小标题,并分别说说主要内容,再说说这三个故事之间的联系。〔人教版《义务教育课程标准实验教科书　语文·五年级下册》,第五组第 18 课《将相和》课后〕

## 诵读

**【释义】**

诵读,即朗诵、朗读,有感情地、出声地读,是通过视觉、听觉和思维活动,将文字符号转变为有声语言的阅读方法。诵读对于理解、欣赏作品内容,认字、识字,流畅地表达,语音训练,丰富想象和陶冶情感等,都有较好的效果。诵读基本要求包括读音准确,读得流畅,有感情,掌握好停顿、重音、速度等,能正确理解作品的内容及基调。训练方式一般有教师或学生范读、领读,分角色读,齐读、轮读等。

## 背诵

**【释义】**

背诵,即在理解课文的基础上反复熟读,并最终能够记住课文。背诵能够促使学生反复学习、吟诵课文,并能将经典的内容熟记在心,对训练学生记忆、加深理解,及以后的表达化用,都有帮助。背诵方法上,先理解,引起背诵的兴趣和目的;再划分,将长篇幅分成短的层次,理出一些逻辑关系,比如某段的中心或者某句的中心,诗歌上下联间的意思或写景与抒情部分的转折承接等;再熟读,再背诵。避免不理解、盲目地死记硬背。

## 速读

**【释义】**

速读,即快速地读。速读能够在较短时间内把握较长读物的文意,提取有效信息,提升阅读效率,是阅读中重要的方法。训练速度的方法,一般是根据学生的接受能力,渐渐加长阅读的内容,并在规定时间内完成对读物的分析或问题。速读要摆脱有声朗读和指读等习惯,练习使用扫读(扩大视读广度,减少眼停次数,达到每行只停一次,在纵向阅读中迅速捕捉重点信息的能力)。

【例句】

目前在高考语文试卷中,阅读理解部分需要阅读的语文材料内容很多,如果速读技巧掌握得不好,就无法在阅读理解这部分获得满意成绩。而面对信息化时代,不能迅速浏览相关信息,并做适当提取和思考,在生活和工作中,都会面临"落伍"的危险。

## 浏览

【释义】

浏览,大致翻阅文章,看标题,看简介、梗概,筛选出准备细读的内容。运用跳行阅读、速读、选读、倒读等,捕捉重点。浏览的能力,对于信息化时代的信息掌握、筛选及时间、精力的恰当分配,有关键作用。

【示例】

课外延伸:搜集资料,探讨一下新词新语与流行文化之间的关系。〔人教版《普通高中课程标准实验教科书　语文1(必修)》,"梳理探究"之《新词新语与流行文化》〕

## 精读

【释义】

精读,即对一篇课文进行细致、深入的阅读理解、分析,借此学习语言知识、阅读方法,加深对文章、社会、人性的理解,提升阅读能力。精读一般包括如下几个阶段,首先通读,解决生字词及一般的问题。学生发现问题并提出问题。其次,将学生发现问题归类,老师可以补充问题,带着问题再读。讨论,回答问题。细读,逐字、逐句、逐段地阅读,理解言外之意,学习修辞手法,补充写作背景,提升对主题或者人物的理解。化用读,阅读很重要的一个功能是对学生的写作有帮助,好的课文,通过对比、仿写等各种形式,了解为什么这样写效果好,能迅速提升写作能力。

【示例】

研讨与练习:一、通读全文,感受作者的情怀,并简要了解海伦·凯勒的生平经历,讨论:为什么海伦称莎莉文老师为"再塑生命的人"?二、仔细阅读课文第1~5段,看看作者在安妮·莎莉文老师出场前铺垫了哪些内容,这样写有什么好处。三、文中有不少描写"我"学有所获后的动作行为或心理活动的语句,画出这些语句,体味"我"学习的艰辛和收获的快乐。〔人教版《义务教育课程标准实验教科书　语文·七年级上册》,第二单元第7课《再塑生命的人》课后〕

## 略读

**【释义】**

略读,即运用精读中学习到的阅读技巧、理解方法,来阅读更多作品,以训练独立阅读能力、扩大阅读面、吸纳相关知识。略读的特点,速度快,用省略、跳读等方法迅速了解作品内容、特点。叶圣陶说:"就教学而言,精读是主体,略读只是补充;但是就效果而言,精读是准备,略读才是应用。"所以,略读练习是提升阅读能力的重要训练。

**【示例】**

单元说明:在这学期的语文学习中,我们结识了不少作家笔下的人——顾全大局的蔺相如,足智多谋的诸葛亮,在咆哮的洪水中舍小家顾大家的党支部书记,在长征路上为照顾小战士饥饿而死的老班长……这些人物有着鲜明的性格特点,在我们心中留下了深刻的印象。本组课文,作家又为我们刻画了一个个呼之欲出的人物形象。学习本组课文,感受作家笔下鲜活的人物形象,体会作家描写人物的方法,并在习作中学习运用。

课文说明:感受了中国文学作品中的一些人物形象,让我们再来看看外国作家笔下的人。下面这篇课文节选自美国著名作家马克·吐温写的短篇小说《百万英镑》。认真读读课文,想想可以用哪些词语概括老板和托德的特点,课文的哪些描写突出了这样的特点。

回顾·拓展七:本组课文运用了多种方法刻画人物。如"'凤辣子'初见林黛玉",作者通过对王熙凤语言、外貌、动作的描写,把王熙凤的性格特点淋漓尽致地表现了出来。你在学习和运用描写人物的方法上有什么心得?〔人教版《义务教育课程标准实验教科书　语文·五年级下册》〕

## 理清思路

**【释义】**

文章一般都有自己的思路,即写作时按照一个什么样的顺序或结构来组织文字、表达思想、抒发感情,找到这个思路并理清其中的逻辑规律,是阅读和理解课文或作品的重要环节。文章的思路,大致类型有:按事情发生、发展、结束的顺序来写;按观点的表述逻辑来写,如总的观点,分层论述观点,总体概括观点,又简称之为总—分—总;说明性的文章,则一般按照要说明的事物的特点,或者按由远及近、由外到内的顺序,或者按外表、内在等的顺序。倒叙、插叙、蒙太奇(多种时空交错进行)等手法则时常穿插在大的文脉思路中。引导学生理清思路的教学,一般是在学生通读的基础上,对文章的首、中间各段、尾进行分析,然后再渐次找到文脉的过程。

**【示例】**

研讨与练习:一、反复阅读课文,想一想,作者先后谈论了哪几个问题。文中说"我深信人类合理的生活总该如此",用自己的话说说"人类合理的生活"应该是怎样的。二、文中在谈到"有业之必要"时,举了孔子和百丈禅师的两个例子加以说明;谈到"凡职业都是有趣味的"时,列举了四个原因加以说明。〔人教版《义务教育课程标准实验教科书　语文·九年级上册》,第二单元第5课《敬业与乐业》课后〕

## 揣摩语言

**【释义】**

语言是表达观点、抒发情感的重要载体,阅读训练中学会揣摩语言是提升阅读能力、表达能力的重要环节。揣摩语言一般包括:通读作品,感受作品的整体语言风格;深入分析精彩篇章,就其用字、修辞、段落层次安排等方面仔细揣摩,可以用换字、对比、仿写、归纳等各种方法来发现和体味语言之妙。

**【示例】**

研讨与练习:二、在下面的两段文字里,作者调动了听觉、视觉和触觉来感受故都的秋,使写景状物有声有色、有动有静,并融入了深沉而细腻的感受、情思。细细品味,做一些勾画圈点、评议赏析。

1. 在北平即使不出门去吧,就是在皇城人海之中,租人家一椽破屋来住着,早晨起来,泡一碗浓茶,向院子一坐,你也能看得到很高很高的碧绿的天色,听得到青天下驯鸽的飞声。从槐树叶底,朝东细数着一丝一丝漏下来的日光,或在破壁腰中,静对着像喇叭似的牵牛花(朝荣)的蓝朵,自然而然地也能感觉到十分的秋意。

2. 像花而又不是花的那一种落蕊,早晨起来,会铺得满地。脚踏上去,声音也没有,气味也没有,只能感出一点点极微细极柔软的触觉。〔人教版《普通高中课程标准实验教科书　语文2(必修)》,第一单元第2课《故都的秋》课后〕

## 把握文意

【释义】

把握文意,即把握文章大意。每篇文章都有自己的大意,阐述了什么,表达了什么观点,抒发了什么情感,阅读文章,能够准确把握文章大意,是提升阅读能力的基本要求。把握文意的训练一般由浅入深,由短到长,由段及篇,由篇及全部。在小学阶段,一般能流畅通读课文,简单说出课文的意思即可。在初高中,则要求学生对课文的表面叙述与深层理解有所关注,尤其是高中,可以引入多元化理解和探究式品读,对作品进行分析和个性化解读。长篇作品、经典名著,因为人物众多、情节复杂,主题及情感也因此会多元化,引导学生在把握基本大意的基础上,继续深入探究,提升对作品的理解能力。

【示例】

研讨与练习:一、把握文章大意,回答下列问题,并背诵全文。1.文章第1、2段概述了兰亭集会的情况,说说作者为什么会有"信可乐也"的感受? 2.用自己的话概括课文第3段议论的中心问题,想一想,作者的感情怎样由"乐"转而为"痛"? 3."一死生为虚诞,齐彭殇为妄作"表达了作者怎样的生死观?〔人教版《普通高中课程标准实验教科书　语文2(必修)》,第三单元第8课《兰亭集序》课后〕

# 语言文学

# 一、语言知识

## 母语

### 【释义】

母语,一般指一个人最初学会的本民族标准语或某一种方言。1951 年,联合国教科文组织对母语做出如下定义:"母语是指一个人自幼习得的语言,通常是其思维与交流的自然工具。"母语是一个人自幼就开始接触、并持续运用到青少年或之后的语言。一个人所受的家庭或正式教育中,尤其是早期,有相当部分是通过母语接受的,因此母语在教育过程中处于核心的地位。

### 【例句】

绝大多数中国人的母语是汉语。

## 汉语

### 【释义】

汉语是汉民族的语言,是世界主要语言之一,也是世界上使用人口最多的语言。汉语在语言分类上属汉藏语系,同中国境内的藏语、壮语、傣语、侗语、黎语、彝语、苗语、瑶语等,中国境外的泰语、缅甸语等都是亲属语言。现代汉语的标准语被称为"普通话",它是"以北京语音为标准音,以北方话为基础方言,以典范的现代白话文著作为语法规范的现代汉民族共同语"。汉语方言可分为官话方言、晋方言、吴方言、湘方言、赣方言、闽方言、粤方言、客家方言、徽州方言等大方言,各大方言中又各有许多小方言。汉语从古至今,经历了漫长的发展历史。古代汉语和现代汉语比较,语音差别最大,词汇差别较大,语法差别则较小。

**【例句】**

汉语是汉民族的语言,是我国的主要语言。现代汉语的标准语是普通话。〔中国社会科学院语言研究所词典编辑室编,《现代汉语词典(第 5 版)》,商务印书馆 2005 年版,第 511 页〕

# 汉字

**【释义】**

汉字是汉民族用来记录汉语的书写符号系统,已有六千年左右的历史,它在中国悠久的历史文化中有着伟大的贡献。现存最早有文献可考的汉字是殷商时期的甲骨文和稍后的金文,往后又有篆书、隶书、楷书等书体陆续出现,汉隶是古今文字的分水岭。与英文等的表音文字相对,汉字属于表意文字。汉字在演变过程中,形体上逐渐由图形变为笔画,象形变为象征,复杂变为简单,但始终保持着原始的绘画或表意符号的基本格局。汉字主要的造字法有象形、指事、会意和形声。一般来说,从语音上看,一个汉字代表汉语中的一个音节,从音义结合的角度看,一个汉字通常代表一个语素。

**【例句】**

时代在发展,汉字的样子也在不断变化,大部分都越来越不"象形"了。〔人教版《普通高中课程标准实验教科书　语文(选修)·语言文字应用》,第 40 页〕

# 词汇

**【释义】**

词汇是一种语言里所有的词和固定短语的总和,也指某一个人或某一作品中所使用的词和固定短语的总和。词汇是语言的三要素之一,是构成语言的建筑材料,语言就是用一个个的词按照有关的语法规则组合起来并造出种种句子,从而进行交际的。相较于语音、语法要素,词汇是最能反映社会发展,也是随之变化最大的要素。词汇包括基本词汇和一般词汇。基本词汇比较稳固,能产性强,而一般词汇则敏感地反映社会的发展和人类活动的变化,处在经常变动的状态中。随着社会的发展,新词不断产生,旧词不断消亡,词汇也不断丰富和充实。

**【例句】**

"词汇"是个集合名词,不能用数量词修饰,比如我们可以说"一个词",但不能说"一个词汇"。

## 语法

**【释义】**

语法是词、短语、句子等语言单位的结构规律,是人们在说话时所遵守的词句排列组合的规则。语法是语言三要素之一,如果说词汇是沙子、石子、水泥等建筑材料,那么语法就是把它们建成大楼的建筑法式。语法跟语音、词汇相比,具有更明显的抽象性、稳固性和民族性。语法也指语法研究,包括词法和句法,词法研究词的结构规律,句法研究短语和句子的结构规律。

**【例句】**

语法就是正常人的语言习惯。〔叶圣陶《给少年儿童写东西》〕

## 修辞

**【释义】**

"修辞"一词有三个含义:第一,指运用语言的方法、技巧和规律;第二,指说话和写作中积极调整语言的行为;第三,指以加强表达效果的方法、规律为研究对象的修辞学。通常情况下,修辞被理解为对语言的修饰和调整,可从以下三方面加以说明:第一,运用恰当的语言手段,既包括同义手段的选择,也包括某一手段的变异使用;第二,适应特定的题旨情境,修辞要讲究提高语言表达效果,就不能不看清接受对象,就不能不与特定的语言环境相适应;第三,追求理想的表达效果。以上三个方面是紧密联系,不可分割的。语言手段要适应题旨情境,表达效果又要通过语言手段来达到。如果忽视或取消了某一方面,就不能达到修辞的目的。在这三个方面中,运用恰当的语言手段是关键。可以这样说:修辞是在特定的题旨情境中,运用恰当的语言手段,积极调动各种语言因素,追求理想的表达效果。

**【例句】**

修辞的目的,是要把情意确切地表达出来。情意是由于接触到外界事物所激发的,因此情意同景物往往交结在一起,要把情意确切地表达出来,离不开写景物,这就是所谓"状难写之景如在目前,含不尽之意见于言外"。〔《描写中的修辞》,选自《周振甫讲修辞》,江苏教育出版社 2005 年版〕

# 标点符号

## 【释义】

标点符号,是辅助文字记录语言的符号,用来表示停顿、语气、词语的性质或作用。标点符号和文字符号是现代书面语言的两大组成部分。常见的标点符号有 16 种,分成点号与标号两大类。点号主要表示语句的各种停顿,句末的点号兼表语气,有 7 种:即句号〔。〕、问号〔?〕、叹号〔!〕、逗号〔,〕、顿号〔、〕、分号〔;〕、冒号〔:〕;标号标明词语或句子的性质和作用,有 9 种:引号〔" "〕、括号〔( )〕、破折号〔——〕、省略号〔……〕、着重号〔.〕、专名号〔＿〕、书名号〔《 》〕、连接号〔—、-或~〕和间隔号〔·〕。

# 语言运用

## 【释义】

语言运用,指人们在具体语境中对语言的实际运用。语言运用涉及语言的语音、词汇和语法等多个要素,具体体现在修辞活动之中,既有对词语的锤炼、对句式的选择,也有各种辞格的运用。语言运用的水平是一个人综合语言能力高低的直接反映。

## 【例句】

能具体明确、文从字顺地表达自己的见闻、体验和想法。能根据需要,运用常见的表达方式写作,发展书面语言运用能力。〔中华人民共和国教育部制定,《义务教育语文课程标准(2011 年版)》,北京师范大学出版社 2012 年版,第 7 页〕

# 中国传统语言学

## 【释义】

中国传统语言学,指用中国古典方法研究古代语言文字的学问。它既包括文字学、音韵学、训诂学及校勘学、文献学的研究,也包括名实关系、言意关系、方言和共同语的关系、口语和书面语的关系、文学语言的加工和规范等一般语言理论问题,以及修辞、辞章、文体、风格、语文教育、翻译等问题的探讨和研究。因此,它的研究领域比习称的"小学"要宽广。科学地总结中国传统语言学的历史经验,对于中国现代语言学的发展是有益的。

## 小学

**【释义】**

中国古代把传统的语言文字学称为"小学"。根据《汉书·艺文志》记载,古人八岁入小学,识字是小学里的事,所以把识字的学问——文字之学称为"小学"。后来,"小学"的范围扩大了,隋唐以后成为文字学、训诂学、音韵学的总称。清代是"小学"的极盛时期。

**【例句】**

太炎先生曾教我小学。〔鲁迅《书信集·致曹聚仁》〕

## 文字学

**【释义】**

文字学,即研究文字的起源、发展、性质、体系及其形、音、义的关系,以及正字法、文字的规范和改革等的学科,是中国传统语言文字学的一个分支,与音韵学、训诂学总称"小学"。汉字历史悠久,结构复杂,因此中国的文字学特别发达。

## 音韵学

**【释义】**

音韵学,即分析研究汉字字音及其历史变化的一门学科,是中国传统语言学的一个分支。它专门研究汉语的语音系统,而且主要研究中国古代各个历史时期的汉字声母、韵母、声调及其发展演变,所以属于历史语音学范畴,已有一千余年的历史。研究汉语音韵学,可以清晰准确地了解古代汉语和古汉字,更深入地了解现代汉语的语音和词汇,对于调查方言、推广普通话以及语音规范化也是有利的。

# 训诂学

## 【释义】

训诂学,即中国传统语言学中解释字词意义的一门学科。"训诂"的起因是因为时代变迁,要用通行的语言解释不易为人所懂的古字古义,正如清代陈澧《东塾读书记·小学》所说:"诂者,古也。古今异言,通之使人知也。盖时有古今,犹地有东西,有南北,相隔远则言语不通矣。地远则有翻译,时远则有训诂。有翻译则能使别国如乡邻,有训诂则能使古今如旦暮,所谓通之也,训诂之功大矣哉!"黄侃《文字声韵训诂笔记·训诂笔记上·训诂学定义及训诂名称》:"诂者,故也,即本来之谓;训者,顺也,即引申之谓。训诂者,用语言解释语言之谓。"训诂学的主要研究对象是古书的字句。

## 语法学

### 【释义】

语法学,即研究、描写、解释语法结构的规律及其演变的学科,是对客观存在着的语法系统的认识和说明。语法学分词法和句法两个部分,词法的研究范围包括词类和各类词的构成、词形变化;句法的研究范围是短语、句子的结构规律和类型。

## 语言史

### 【释义】

语言史,即一种语言发展的历史,具体到汉语就是汉语发展的历史。汉语从上古、中古、近代以至现代,在语音、词汇、语法诸要素上都经历了巨大的变化。研究汉语这些变化而形成的一门科学叫汉语史。中国最早的汉语史著作是王力的《汉语史稿》,后来王力又专门写了《汉语语音史》《汉语语法史》和《汉语词汇史》。

## 六书

### 【释义】

六书,指汉代学者分析汉字的造字方法而归纳出来的六种类型,即象形、指事、会意、形声、转注、假借。"六书"之称始见于《周礼·地官·保氏》,为"六艺"之一,但无"六书"具体名称。其后郑玄《周礼》注引郑众说,六书为象形、会意、转注、处事、假借、谐声;班固《汉书·艺文志》所记六书为象形、象事、象意、象声、转注、假借。许慎《说文解字叙》则详细地进行了释义:"周礼八岁入小学,保氏教国子先以六书:一曰指事,指事者,视而可识,察而见意,'上、下'是也;二曰象形,象形者,画成其物,随体诘诎,'日、月'是也;三曰形声,形声者,以事为名,取譬相成,'江、河'是也;四曰会意,会意者,比类合谊,以见指㧑,'武、信'是也;五曰转注,转注者,建类一首,同意相受,'考、老'是也;六曰假借,假借者,本无其字,依声托事,'令、长'是也。"许慎的释义两千年来影响至深。但由于汉字在形、音、义三方面的演变,今天一般人对汉字的造字类型很难了解。尤其是现代汉字,在很大程度上丧失了"六书"的原则。但从历史角度看,汉字的形式赖此而得到统一,其意义是很大的。一般认为,转注、假借是用字法,不是造字法。

## 象形

### 【释义】

象形,古代"六书"之一,是以描摹事物形状或主要特征来表示字义的造字法。用象形法造的字就是象形字。许慎《说文解字叙》释为:"象形者,画成其物,随体诘诎,'日、月'是也。"诘诎即屈曲,"日"、"月"即象形字,像太阳、月亮的整体轮廓。也有的象形字像事物的主要特征,如"牛"像牛角上弯,"羊"像羊角下弯。象形这种造字法接近图画,但有的事物、抽象的概念无法象形,所以单靠这种方法造的字较少,但它是汉字的基础。

## 指事

### 【释义】

指事,古代"六书"之一,是用象征性符号或在象形字上加提示符号来表示字义的造字法。用指事法造的字就是指事字。许慎《说文解字叙》释为:"指事者,视而可识,察而见意,'上、下'是也。""上""下"古文字分别用一长横表示界限或方位,然后在横线上加一点或一短横表示"上",在横线下加一点或一短横表示"下","上""下"就是指事字。"本""末""刃"等也都是指事字。

## 会意

### 【释义】

会意,古代"六书"之一,用两个或几个部件合成一个字,把这些部件的意义合成新字的意义。用会意法造的汉字叫会意字。许慎《说文解字叙》释为:"会意者,比类合谊,以见指㧑,'武、信'是也。"会意字属于合体字,由两个或两个以上意符合成,多表示抽象的、复杂的概念。如"武",从戈从止,止是趾的本字,戈下有脚,表示人拿着武器走,有征伐或显示武力的意思。再如"好""伐""炙""美"等都是会意字。由于字形变迁,许多会意字到后来不容易被一般人所了解。

## 形声

**【释义】**

形声,古代"六书"之一,由形符和声符合成新字的造字法。按这种方法所造的字叫作形声字,形声字都是合体字。许慎《说文解字叙》释为:"形声者,以事为名,取譬相成,'江、河'是也。""江""河"的形旁"氵"表字的意义类属,和水有关;声旁"工""可"表示读音。但由于古今语音的演变等原因,现行汉字大约有 3/4 的形声字的声旁同整个字的读音不完全相同,所以声旁的表音作用在今天很有限。在汉字的造字过程中,形声是最能产的造字法,《说文解字》中所收的形声字数量占绝对优势,为全部收字的 82.3%,现行汉字中 90% 以上的汉字是形声字。

## 转注

**【释义】**

转注,古代"六书"之一。许慎《说文解字叙》释为:"转注者,建类一首,同意相受,'考、老'是也。"由于许慎给"转注"的定义比较模糊,"类"和"首"到底指什么不清楚,加上《说文》中没有具体注明哪些字为转注,"考""老"二字又分别属于形声、象形结构,所以后来人们对转注的解释众说纷纭。其中较有影响的有互训说和引申说。清人段玉裁说:"转注,犹言互训也。"意思是说"考"可训"老","老"可训"考",所以"考"和"老"是转注。清人朱骏声持引申说,他修改了《说文解字》的定义,说:"转注者,体不改造,引意相受,令长是也。"朱氏所谓转注,就是引申。自清代戴震以后,人们通常把古代"六书"的转注看作是用字之法,不看作造字之法。

## 假借

**【释义】**

假借,古代"六书"之一。许慎《说文解字叙》释为:"假借者,本无其字,依声托事,'令、长'是也。"意思是本来没有这个字,依声记事,借别的字来表示。许慎举"令""长"两字为例,则是不妥的。因为"令"本是"命令"的"令",后来用作"县令"的"令"(即一县之长),"长"本是"长辈"的"长",后来用作"县长"的"长",意义上有联系,是引申而非假借。假借又分"本无其字"的假借和"本有其字"的假借。前者如"难"本是鸟名,假借为"困难"的"难";"易"本指"蜥蜴",假借为"容易"的"易"。后者如"蚤",本指跳蚤,在古书中却借用为"早上"的"早",这种"本有其字"的假借以音同音近为前提,一般称为"通假"。"六书"中的假借,主要指"本无其字"的假借。假借只是一种字形上的借用,并不造出新字,因而清代戴震以后,人们通常把古代"六书"的假借看作是用字之法,不看作造字之法。

## 本义

### 【释义】

本义,即汉字造字时所着眼并赋予所造字的意义。汉字属表意体系的文字,其特点是字形在一定程度上表示字义,二者是有一定关联的,如从鱼、鹿、本、末等字的字形可以推知字的本义。如"涉"的本义是蹚着水过河,古文字字形左边是水,右边是前后两只脚,中间是一道河,表示"涉水";"行"的古文字形像四通八达的大路,其本义指大路。许慎的《说文解字》就是这样一部由字形入手探求字的本义的字典。由于古今汉字在形体和意义方面的演变,多数汉字的本义今天如果不借助字典就很难探求了。

## 引申义

### 【释义】

引申义,即由本义派生出来的意义。引申义相对"本义"而言,由词的"本义"派生出来的意义都是引申义。例如,"涉"的本义是"蹚水过河",引申为一般意义上的"过河",后来又引申为"牵涉""经历"义;再如"解",根据字形此词的本义是"用刀分割牛的身体","和解""理解"都是其引申义。但是,引申义不一定都是从最初的本义直接引申而来,它还有间接引申,即从引申义再引申出新的意义来,就像枝上生枝,连绵不断。

## 假借义

**【释义】**

假借字的意义是假借义,是某字被假借后具有的与本义无关联的意义。例如,本义为"日暮"的"莫"假借为表"没有谁"的"莫",本义为"难鸟"的"难"假借为"难易"的"难","没有谁"和"困难"等意义就是"莫"和"难"字的假借义。古人有时为本义另造一字,如"日暮"的"莫"后来写作"暮","莫"与"暮"构成一组古今字。

## 通假义

**【释义】**

通假字的意义即通假义。通假字指字音与本字相同或相近,用来代替本字的字。例如"蚤"借为"早"、"政"借为"征"、"县"借为"悬"、"距"借为"拒"等。严格地说,通假与本无其字的假借不同,它是本有其字而不用,拿另外一个同音字替代。

## 单音词

**【释义】**

单音词,也叫单音节词,在语音形式上只有一个音节的词,与复音词相对。在汉语里,一个汉字一般代表一个音节,所以由一个字构成的词也就是单音词。古代汉语以单音词为主,发展到现代汉语大多已变成了双音词,原词往往成为双音节词里的一个构词成分,如:形——体形、形状,貌——容貌、面貌,妻——妻子,等等。

## 双音词

**【释义】**

双音词,也叫双音节词,在语音形式上是两个音节,在书写形式上用两个汉字代表,与单音词相对。双音词必须表示一个完整的意义,双音词中有单纯词,如"葡萄""糊涂""咖啡"等,两个汉字在一起表示一个语素;也有合成词,如"身体""笔直""桌子""阿姨"等,每个汉字表示一个语素。从汉语史的角度说,汉语词汇经历了一个双音化的过程,古汉语单音词更多,发展到现代汉语,双音词在数量上已占绝对的优势。

## 多音词

### 【释义】

多音词,又叫多音节词,在语音形式上由三个或三个以上的音节构成,与单音词、双音词相对举。"单身汉""自行车""嘉陵江""热腾腾""稀里糊涂""西双版纳""布尔什维克"等都是多音节词。

## 外来词

### 【释义】

外来词,也叫借词,指的是从外族语言里借来的词。例如"麦克风"(英语 microphone)、"沙龙"(法语 salon)、"菩萨"(梵语 bodhisattva)、"萨其马"(满语 sacima)等。音译词是外来词的一种,"科学"最初音译为"赛恩斯",是外来词,后来改为"科学",就不是外来词,因为构词成分和构词法都是汉语的;再如"电话"最初音译为"德律风",是外来词,后改为"电话",就是地道的汉语了。王力《汉语浅谈》把外来词分为"借词"(译音词)和"译词"(译意词)两类,并指出别的语言中的外来词一般是借词占大多数,而汉语的外来词则是译词占大多数。到《汉语词汇史》一书中,王力不采取外来词语包括借词和译词两种的说法,认为只有借词才是外来词。

## 比喻

### 【释义】

比喻就是打比方,是用本质不同又有相似点的事物描绘事物或说明道理的辞格。比喻里被比方的事物叫本体,用来打比方的事物叫喻体,联系二者的词语叫喻词。构成一个完整的比喻有三个要素和两个基本条件。三个要素是:本体、喻体和喻词。两个基本条件是:①本体和喻体必须是本质上极其不同的两种事物;②本体和喻体之间必须有一个相似点。根据本体、喻体、喻词三部分隐现情况,比喻可分为明喻、暗喻和借喻三种基本类型。比喻的作用是使深奥的道理浅显化,抽象的东西具体化,概括的东西形象化。

【示例】

我们有些同志喜欢写长文章,但是没有什么内容,真是"懒婆娘的裹脚,又长又臭"。〔毛泽东《反对党八股》〕

# 借代

【释义】

借代是不直接点出人或事物的名称,而借用与它有密切关系的事物或名称来代替的一种辞格,又叫换名。被代替的人或事物叫本体,代替本体的事物或名称叫借体。借代重在事物的相关性,也就是利用客观事物之间的各种关系巧妙地形成一种语言上的艺术换名。借代可以突出事物的某种特征,引起人们的联想,增加语言的形象性,使语言富于变化和幽默感,还可以使表达简洁精练。借代的方式有以特征或标志代本体、以专名代泛称、以具体代抽象、以部分代整体和以结果代原因等几种。

【例句】

有些人倒吊起来肚子里滴不出几滴墨水,因为家里有钱,捐了个县丞,县丞虽然是微轶,究竟是朝廷命官,磨够了资格,就做了县令、知府,也是有的。〔鲁迅《阿 Q 正传》〕

# 比拟

【释义】

根据想象把物当人写或把人当物写,或把甲物当乙物写,这种辞格叫比拟。被比拟的事物称为本体,用来比拟的事物称为拟体。比拟是物的人格化和人的物化的一种表达方式,它的特点是把原属于甲种事物或人的行为、性格、特征巧妙地移植于乙种事物或人,具有思想上的跳跃性。本体和拟体之间的可拟性,是比拟的基础,联想和想象是比拟的翅膀。通过比拟,静的变成动的,呆板的变成活泼的,抽象的变成具体的,无性格的变成个性鲜明的,使人获得异乎寻常的形象感和生动感。比拟分为拟人、拟物两种类型,拟人是把物赋予人的动作行为、思想感情、音容笑貌;拟物是把人当作物写,使他具有物的情态、动作和特征,或把此物当作彼物来描写。

**【例句】**

鸟儿将巢安在繁花嫩叶当中,高兴起来了,呼朋引伴地卖弄清脆的喉咙,唱出婉转的曲子,与轻风流水应和着。〔朱自清《春》〕

## 夸张

**【释义】**

故意言过其实,对客观的人或事物作扩大、缩小或超前的描述,这种辞格叫夸张。夸张能强烈地表现出作者鲜明的感情和态度,给人以突出的印象,从而引起丰富的想象和共鸣。通过夸张,更有利于揭示事物的本质。夸张从性质内容上分,有扩大夸张,缩小夸张和超前夸张三种。扩大夸张是故意把一般事物往大(高、强、快、重、长、深、远……)处说;缩小夸张是故意把一般事物往小(少、低、弱、慢、轻、短、浅、近……)处说;超前夸张是故意把后出现的事说成是先出现的,或同时出现的。

**【例句】**

白发三千丈,缘愁似个长? 不知明镜里,何处得秋霜!〔李白《秋浦歌》〕

## 设问

**【释义】**

无疑而问,自问自答,以引导读者注意和思考问题,这种辞格叫设问。设问的特点是明知故问,无疑而问,自问自答。设问一般是先提出问题以引起注意和思考,然后再正面阐明自己的意见和态度。这样能使语言波澜起伏,使读者思维活跃,启发思考。设问与疑问的区别在于:疑问是有疑而问,一般需要别人(不是作者自己)作明确的回答;设问是无疑而问,一般是作者自问自答或只问不答。

**【例句】**

我用什么方法来报答母亲的深恩呢? 我将继续尽忠于我们的民族和人民,尽忠于我们的民族和人民的希望——中国共产党,使和母亲同样生活着的人能够过快乐的生活。〔朱德《母亲的回忆》〕

## 反问

**【释义】**

用疑问的形式来表达确定的意思以加强语气,这样的辞格叫反问,又叫反诘、激问。反问的特点是正话反说、只问不答。肯定句用反问语气说出来,就表达否定的内容,否定句用反问语气说出来,就表达肯定的内容。反问和设问两者相同之处都是无疑而问、明知故问;不同之处在于设问是自问自答,问句不含答案,反问是只问不答,答案就在问句里。

**【例句】**

这时候,光亮的不仅是太阳、云和海水,连我自己也成了光亮的了。这不是很伟大的奇观么?〔巴金《海上日出》〕

## 反复

**【释义】**

为了突出某个意思、强调某种感情,特意重复使用某个词语、句子或句群,这种辞格叫反复。运用反复可以强调、突出重点,抒发强烈的思想感情,也可以增强叙述的条理性和生动性。唱词、诗歌往往通过反复咏唱,增强旋律美和节奏美。反复分连续反复和间隔反复两种。连续反复是连续使用相同的词语、句子和句群,中间没有其他的词语或句子隔开;间隔反复是把相同的词语或句子间隔开来使用。

**【例句】**

沈从文先生的一生是静悄悄的。他的书是静悄悄的。他去世的日子也是静悄悄的。先生和他的书是这样静悄悄地走进了历史。历史是静悄悄的,正如人生。〔蔡测海《太阳底下静悄悄》〕

## 对偶

**【释义】**

把两个字数相等、结构相同或相似、意义上密切相连的短语、句子,对称地排列在一起,这种辞格就叫对偶。从形式上看,音节整齐匀称,节律感强;从内容上看,凝练集中,概括力强。它有鲜明的民族特点和特有的表现力,便于诵记,因而在诗词歌赋等韵文和抒情、议论等文章中都被广泛使用。对偶根据上下联在意义上的联系,大致可以分为正对、反对、串对三类。汉语中有众多的单音词和双音词,为组成整齐匀称的句式提供了有利条件;汉语又是声调语言,这就使我们能在句子中协调平仄,把句子组合得节奏鲜明、和谐悦耳。

【例句】

两个黄鹂鸣翠柳,一行白鹭上青天。〔杜甫《绝句》〕

## 排比

【释义】

把三个或三个以上结构相同或相似、语气一致、意义密切关联的句子排列起来,使内容和语势增强,这种辞格叫排比。排比句式整齐,节奏分明,表现力充沛,气势磅礴,恰当运用排比进行说理或抒情,可以增强语言的严密性、感染力和旋律美。

【例句】

西去列车的这几个不能成眠的夜晚啊,我已经听了很久,看了很久,想了很久……〔贺敬之《西去列车的窗口》〕

## 呼告

【释义】

在说话或文章中,突然撇开听者或读者,直接对所说所写的人或物呼名说话,这种辞格叫呼告。呼告所表现的情感通常比较剧烈,直接呼出关联对象的名称,具有很强的现场感和即视感,因而感染性较强。如残雪《黄泥街》诗句:"哦,黄泥街,黄泥街,或许你只在我的梦里存在? ……哦,黄泥街,黄泥街……"

【例句】

宝玉抢着钓竿等了半天,那钓丝儿动也不动。刚有一个鱼儿在水边吐沫,宝玉把竿子一幌,又吓走了。急得宝玉道:"我最是个性儿急的人,他偏性儿慢,这可怎么样呢? 好鱼儿! 快来罢! 你也成全成全我呢!"说得探春、岫烟、李纹、李绮四人都笑了。〔《红楼梦》第八十一回〕

## 拟人

【释义】

根据想象把物当作人来说来写叫拟人,它和拟物一起构成比拟的两个基本类型。拟人是物的人化,赋予"物"(也可以是抽象概念)以人的言行或思想感情。表现喜爱的事物时,可以把它写得栩栩如生,让人倍感亲切;表现憎恨的事物时,可以把它写得丑态毕露,给人以强烈的厌恶感。

【例句】

矮小而年高的垂柳,用苍绿的叶子抚摸着快熟的庄稼;密集的芦苇,细心地护卫着脚下偷偷开放的野花。〔郭小川《团泊洼的秋天》〕

## 消极修辞

【释义】

消极修辞,即陈望道在《修辞学发凡》中划分的修辞现象的两大分野之一,与"积极修辞"相对。这种修辞大体是抽象的、概念的;内容上要求明确、通顺,形式上做到平匀、稳密地将内容表达出来。也称"规范修辞""一般修辞"。消极修辞的总目标是明白,语言风格是抽象、普通、平实,而非感性、华丽、奇特。文学作品中用的大多是积极修辞,应用文用的大多是消极修辞。

## 积极修辞

【释义】

积极修辞,即陈望道在《修辞学发凡》中划分的修辞现象的两大分野之一,与"消极修辞"相对。积极修辞要使人受到"感染",这种感染是通过语言或文字的力量实现的,积极利用所有的感性因素,带有体验性、具体性,能在接受者的心里唤起一定的具体的影像。辞格就是积极修辞经常采用的方法。应用文用的大多是消极修辞,文学作品中用的大多是积极修辞。

## 修辞格

【释义】

修辞格也叫辞格,是具有特定的构成方式和相应的表达效果的格式,是异乎寻常的表达形式及其表达效果的结合。比如拟人、夸张、反问、排比等。每种修辞格都有自己的构成方式,都有自己独特的表达效果,并且两者之间是相对应的,缺一不可。

# 二、语言文字规范

## 《新华字典》

### 【释义】

《新华字典》是中国第一部现代汉语字典,最初的版本由人民教育出版社于1953 年出版,后由商务印书馆出版。《新华字典》是新中国成立后出版的第一部以白话释义、用白话举例的字典,也是第一本按汉语拼音音序排列的小型字典,同时也是迄今最有影响、最权威的一部小型汉语字典,堪称小型汉语语文辞书的典范。《新华字典》历经几代上百名专家学者 10 余次大规模的修订,重印达 200 多次。《新华字典》第 11 版已于 2011 年 7 月出版发行。2016 年 4 月 12 日,吉尼斯世界纪录有关负责人正式确认《新华字典》是世界"最受欢迎的字典"和"最畅销的书"。

## 《现代汉语词典》

### 【释义】

《现代汉语词典》由中国社会科学院语言研究所编纂,著名语言学家吕叔湘、丁声树曾先后主持编纂工作,由郭沫若先生题签,商务印书馆出版。《现代汉语词典》1956 年由国家立项,1958 年正式开始编写,1960 年印出"试印本"征求意见,1965 年印出"试用本"送审稿,1973 年内部发行,1978 年正式发行第一版,2016 年《现代汉语词典》第 7 版问世。《现代汉语词典》是我国第一部规范性的语文词典。这部词典以规范性、科学性和实用性为主要特点,在社会主义文化建设中发挥了重要作用,深受广大读者欢迎,在海内外享有很高声誉,先后荣获国家图书奖、中国社会科学院优秀科研成果奖和国家辞书奖。

## 《古汉语字典》

### 【释义】

《古汉语字典》,又叫《王力古汉语字典》,北京大学教授王力主编,2000 年由中华书局出版。他编写这部书的目的在于纠正一些字典辞书的错误,编写原则是力求释义准确,特别注意词义的时代性以及本义与引申义的关系。在王力先生亲自写的序言中,他论述了本字典有八个特点:第一是扩大词义的概括性;第二是僻义归入备考栏;第三是树立历史观点,注意词义的时代性;第四是标明古韵部;第五是注明联绵字;第六是在每部的前面先写一篇部首总论;第七是辨析同义词;第八是列举一些同源字。王力先生认为以上八点是《古汉语字典》革新的尝试。

## 《标点符号用法》

### 【释义】

《标点符号用法》是关于标点符号使用的国家标准。标点符号是书面语中用来表示停顿、语气以及词语性质和作用的符号,是书面语的有机组成部分。正确使用标点符号,对准确表达文意、改进工作、提高效率,对推动语言的规范化,都有积极的意义。原《标点符号用法》于1951年9月由中央人民政府出版总署制订公布,同年10月中央人民政府政务院下达指示,要求全国遵照使用。后来,文字书写和书刊排印渐渐由竖排改为横排,标点符号用法也有了某些发展变化。1990年,国家语言文字工作委员会和新闻出版署发布了修订后的《标点符号用法》。1995年《标点符号用法》一书中国标准出版社出版,作为一部国家标准,规定了标点符号的名称、形式和用法,对汉语书写规范有重要的辅助作用。该标准适用于汉语书面语(包括汉语和外语混合排版时的汉语部分),外语界和科技界也参考使用。新修订的《标点符号用法》标准于2011年12月30日发布,2012年6月1日开始实施,是现行标准。

## 《通用规范汉字表》

### 【释义】

《通用规范汉字表》是贯彻《中华人民共和国国家通用语言文字法》,适应新形势下社会各领域汉字应用需要的重要汉字规范。制定和实施《通用规范汉字表》,对提升国家通用语言文字的规范化、标准化、信息化水平,促进国家经济社会和文化教育事业发展具有重要意义。2013年6月5日国务院以"国发〔2013〕23号"文件的形式公布了《通用规范汉字表》。本表收字8105个,分为三级:一级字表为常用字集,收字3500个,主要满足基础教育和文化普及的基本用字需要。二级字表收字3000个,使用度仅次于一级字。一、二级字表合计6500字,主要满足出版印刷、辞书编纂和信息处理等方面的一般用字需要。三级字表收字 1605 个，是姓氏人名、地名、科学技术术语和中小学语文教材文言文用字中未进入一、二级字表的较通用的字，主要满足信息化时代与大众生活密切相关的专门领域的用字需要。本表对于《简化字总表》所收的简化字有所变动。

## 《普通话异读词审音表》

### 【释义】

《普通话异读词审音表》是由国家语言文字工作委员会、国家教育委员会和广电部于 1985 年 12 月发布的。它是关于异读词读音规范的法定标准，是我们规范异读字读音的主要依据。本表所审对象为异读词，主要包括普通话有异读的词和有异读的作为"语素"的字，包括单音节词和多音节词。为全面贯彻《国家通用语言文字法》，国家语委于 2011 年 10 月启动了新的普通话审音工作，主要内容是研制普通话审音原则，根据当前语言生活发展需要对 1985 年发布的《普通话异读词审音表》进行修订，建立健全普通话语音规范标准体系。此项修订工作在广泛听取各界意见的基础上，已于 2016 年 5 月完成，形成《普通话异读词审音表(修订稿)》。

### 【示例】

壳 { (一)ké(语) ～儿 贝～儿 脑～ 驳～ 枪
{ (二)qiào(文)地～ 甲～ 躯～

## 《简化字总表》

### 【释义】

《简化字总表》公布于 1964 年，收录 1956 年国务院公布的《汉字简化方案》中的全部简化字，如"穀"简化为"谷"，"鷄"简化为"鸡"，"轟"简化为"轰"。1977 年曾推出过《第二次汉字简化方案(草案)》，即所谓的"二简字"，1986 年 6 月该草案被废止，"二简字"停止使用。1986 年 10 月，国家语委经国务院批准重新发布了《简化字总表》，并对其中的简化字作了个别调整("叠""覆""像"不再作"迭""复""象"的繁体字处理)。调整后的《简化字总表》，实收 2274 个简化字及 讠[言]、饣[飠]、纟[糹]、钅[金]等 14 个简化偏旁，不仅精简了汉字系统的字数(有不少字"简化"时被合并，比如稻谷的"谷"和山谷的"谷"，本来是两个字)和许多字的笔画,而且为人们确立了一个明确的字体规范。社会用字应以《简化字总表》为标准:凡是在《简化字总表》中已经被简化了的繁体字,应该用简化字而不用繁体字;凡是不符合《简化字总表》规定的简化字,包括《第二次汉字简化方案(草案)》的简化字和社会上流行的各种简体字,都是不规范的简化字,应当停止使用。

## 《暂拟汉语教学语法系统》

### 【释义】

《暂拟汉语教学语法系统》是我国第一个统一的教学语法系统,是 1956 年教育部编中学《汉语》课本时所使用的,制定目的是在汉语教学中对语法体系达成比较一致的意见。新中国成立时,语法体系存在很大分歧,不同的学者持有不同的观点,对于同一个语言现象所做的解释和使用的术语也不同,因此给中学语法教学带来很大困扰,需要建立一个为大多数教师和学者接受的语法体系。在专家学者的广泛参与下,《暂拟汉语教学语法系统》结束了我国普通教育教学语法系统长期分歧的状况。它是一个综合性的语法体系,尽量采用一般人,特别是中学语文教师熟悉的内容,尽量做到通俗易懂,是语法学界集体智慧的结晶。"暂拟汉语语法教学系统"重视词法,详细描述了词的构成方式和各个词类的语法特点,使汉语词类划分具有科学的基础;在确定主语和宾语时,从话语运用上的主题和句法结构上的主语联系起来加以考虑,不以施受意义确定主宾语;重视句子结构的分析;材料丰富,语法现象归纳全面,描写分析深入细致。该系统的问世,极大地方便了中学语文教学。

## 《中学教学语法系统提要(试用)》

### 【释义】

1984 年,经教育部批准,《中学教学语法系统提要(试用)》公布,该提要是在《暂拟汉语教学语法系统》的基础上修订而成的。《提要》在以下三点对《暂拟系统》做了改进:一是在分析句子的方法方面吸取了层次分析法的长处,较好地做到了中心词分析法和层次分析法的结合。二是《提要》突出了短语的地位和作用。它把"词组"改称为"短语",另外,它还肯定了短语能够以整体充当句子成分,并且把短语根据语法功能分为名词性短语、动词性短语和形容词短语等类型。三是《提要》对《暂拟系统》进行了删减、改换和增补。取消动词、形容词名物化的说法,取消合成谓语的术语和讲法等;把能愿动词和动词的组合改换为动词短语的一种;增补了"语素"的说法以及有关句群的讲解等。

# 三、文学知识

## 文学

**【释义】**

文学是社会意识形态的一种表现形式,以语言文字作为媒介和手段塑造艺术形象,反映现实生活,表现人们的精神世界,通过审美的方式发挥其教育功用、政治功能、文化价值等多方面的社会功用,文学可以从不同角度加以分类。按体裁来分,有小说、散文、戏剧、诗歌等;按地域来分,有中国文学、外国文学,外国文学又有欧美文学、非洲文学、印度文学等;按载体来分,有口头文学、书面文学、网络文学三大类;按创作风格来分,有浪漫主义文学、现实主义文学等。中国文学有数千年的悠久历史,以特殊的内容、形式和风格构成了具有鲜明的民族文化特色和审美理想的文学形式,并具有自生性起支配作用的思想文化传统和理论批判体系。它以悠久的历史、多元的形式、优秀的作家、丰富的作品、独特的风格、鲜明的个性,成为世界文学宝库中光彩夺目的瑰宝。中国文学根据时间分为古典文学、现代文学与当代文学。

## 文学教育

**【释义】**

文学教育,指教育者与受教育者之间,经由文学文本的阅读、讲解与接受,丰富情感体验,获得审美愉悦,培养语文能力,进而传授人文知识、提高文化素养、陶冶情操的一种教育行为。

**【例句】**

中国古代的文学教育源远流长,形成了生生不息的优良传统,对中国古代文学的生成、发展及传播,对促进中华民族学术文化的繁荣和发展,激励民族精神的传承和发扬,起到了重大作用。〔郭英德:《中国古代文学与教育之关系研究》,北京大学出版社2012年版,第1页〕

## 美育

### 【释义】

美育,又称美感教育,即培养人们认识美、体验美、感受美、欣赏美和创造美的能力,从而使我们具有美的理想、美的情操、美的品格和美的素养。美育的主要任务包括培养和提高学生感受美的能力,培养和提高学生鉴赏美的能力,培养和提高学生表现美、创造美的能力,培养和提高学生追求人生趣味和理想境界的能力。美育可以分为艺术美育、社会美育、自然美育和教育美育等种类,从不同的角度培养人们对美的感受能力。

## 中国古代文学

### 【释义】

中国古代文学是指从上古一直到五四运动前后这一时期的文学。它是中华文明的重要组成部分,历史悠久,产生出一代又一代的杰出作家和数不清的优秀作品,出现了多姿多彩的体裁、题材、风格、流派,形成了各种各样的文学现象、文学流派和文学理论,内容极其丰富。从文学史的角度看,可分为上古、中古、近古三个时期,每个时期都有代表性文学形式,如先秦散文、两汉辞赋、魏晋南北朝诗歌、唐诗、宋词、元曲、明清小说。在世界民族文学之林,我国古代文学以自己无比辉煌的成就和无比鲜明的独特风貌,占有重要的地位,是一笔无比宝贵的文化遗产。

## 中国现代文学

### 【释义】

中国现代文学发端于五四新文学运动和文学革命,是在中国社会内部发生历史性变化的条件下,广泛接受外国文学影响而形成的新的文学。从时间跨度上看,自 1917 年到 1949 年新中国成立,分为三个“十年”:开拓期(1917—1927)、丰收期(1927—1937)、转折期(1937—1949)。它不仅用现代语言表现现代科学民主思想,而且在艺术形式与表现手法上都对传统文学进行了革新,建立了话剧、新诗、现代小说、杂文、散文诗、报告文学等新的文学体裁,在叙述角度、抒情方式、描写手段及结构组成上,都有新的创造,具有现代化的特点,从而与世界文学潮流相一致,成为真正现代意义上的文学。中国现代文学三十年间,涌现出数不清的名家,如鲁迅、郭沫若、茅盾、巴金、老舍、曹禺等,留下的传世名作更是灿若繁星,难以尽数。

## 中国当代文学

### 【释义】

中国当代文学是指新中国成立以来的文学,大致分为三个时期,社会主义革命和建设时期的文学、"文化大革命"时期的文学、社会主义新时期的文学。这期间产生了许多文学流派和优秀作家,如以孙犁为首的荷花淀派,以赵树理为代表的山药蛋派,以刘心武为代表的伤痕文学派,以王蒙为代表的反思文学派,以张洁为代表的改革文学派,以韩少功和王安忆等为代表的寻根文学派,以马原、余华和苏童等为代表的先锋文学派,以池莉、方方和刘震云等为代表的写实小说派。中国当代文学描写生活的领域和创作题材不断扩大,人物形象更加丰富多彩,越来越多的作家风格独特,少数民族文学绚丽多彩。

## 外国文学

### 【释义】

外国文学是指除中国文学以外的世界各国的文学。世界文学史上的优秀作品,是人类共同的精神财富,人类几千年文学艺术发展的历史证明,不同国家、不同民族之间的文学交流,促进了世界各国人民之间的友情,也繁荣了各国文学艺术的发展。而自觉吸收外来民族的文学营养,正是本民族文学能够不断进步的重要条件。学习外国文学是我们了解世界、陶冶情操、提高艺术鉴赏水平的重要途径。外国文学对我们来讲存在着民族差异,学习它必须遵循"古为今用""洋为中用"和批判继承的原则,以辩证唯物主义和历史唯物主义观点为指导。

## 诺贝尔文学奖

### 【释义】

1900 年,以瑞典著名的发明家和化学家阿尔弗雷德·伯恩哈德·诺贝尔(Alfred Bernhard Nobel)的部分遗产(约 3100 万瑞典克朗)作为基金,瑞典政府建立了"诺贝尔基金会",负责把基金的年利息按五等分授予,文学奖就是其中之一。根据创立者诺贝尔的遗嘱,诺贝尔文学奖奖金授予"最近一年来""在文学方面创作出具有理想倾向的最佳作品的人",1900 年经瑞典国王批准的基本章程中改为"近年来创作的"或"近年来才显示出其意义的"作品,"文学作品"的概念扩展为"具有文学价值的作品",即包括历史和哲学著作。文学奖金由斯德哥尔摩诺贝尔基金会统一管理,由瑞典文学院评议和决定获奖人选,文学奖的公布时间一般是在每年 10 月份的第一个星期四,有时定在第二个星期四。2012 年,中国作家莫言获此殊荣。

【例句】

瑞典文学院将 2012 年诺贝尔文学奖授予中国作家莫言。瑞典文学院在一份新闻公报中说:"从历史和社会的视角,莫言用现实和梦幻的融合在作品中创造了一个令人联想的感观世界。"

## 文艺学

【释义】

研究文学及其规律的科学统称为文艺学,它是一门以文学为对象,研究文学的性质和特点及其发生、发展规律的科学,属于社会科学的范畴。文艺学有三个主要组成部分:文学理论、文学史、文学批评。文学理论从美学、认识论、社会学、心理学等各种角度研究文学的内在构成和外在关系的基本规律;文学史研究以往文学的发生、发展的历史过程及其自身继承、革新的内在联系;文学批评则对文学作品、文学的创作和接受以及文学运动中的各种问题进行历史的和美学的评判。文艺学这三个部分既相互独立又相互联系、相互渗透,组成一个有机整体。文艺学几乎同文字的历史一样长,中国从先秦,西方从古希腊开始,有文献可查的文艺学历史就有数千年。19 世纪中叶马克思主义的诞生为文艺学开辟了新篇章,马克思主义文艺学正在世界范围内不断发展和完善。

## 文艺理论

【释义】

文艺理论是一门研究文艺的本质性质和规律的学科,它是在总结大量文艺创作、文艺实践和文艺评论的基础上提炼概括出的带有整体性、系统性的成果,具体包括有关文艺的本质、特征、分类、发展规律、社会作用以及价值评定标准等问题的原理、原则。文艺理论只有植根于具体文学作品和文学现象中研究，才可能对文学的准则、范畴和技巧做出有根据的阐述。文艺理论与文学实践互相渗透、互相作用，其发展受到哲学、美学、心理学、社会学、人类学等社会科学乃至自然科学思潮的影响。

## 文学作品

### 【释义】

文学作品是以语言为工具，以各种文学形式形象地反映生活、表达作者对人生、社会的认识和情感，以唤起人的美感，给人以艺术享受的作品。文学作品是文学创作成果的标志，它使文学创作凝聚为话语体系形式。文学作品的基本特点：首先，它是一种社会意识形态，是在一定的社会经济基础上形成发展起来的，是一定时代社会生活的反映；其次，它是用具体生动感人的形象，而不是像哲学、社会科学那样用抽象的概念去反映社会生活；再次，它是语言的艺术，它以语言为工具来塑造艺术形象，反映社会生活。题材和主题是构成文学作品内容的要素，结构、语言以及文学体裁等是构成文学作品形式的要素。文学作品的内容与形式是相互依存的关系，作品的内容决定着作品的形式，作品形式又对内容具有积极的反作用。优秀的文学作品，总是内容与形式完美的统一。

## 诗歌

### 【释义】

诗歌是语言凝练、结构跳跃、富有节奏和韵律、高度集中地反映生活和表达思想感情的文学体裁。在各种文学样式中，诗歌出现最早。它的基本特点是抒情性、凝练性、跳跃性和音乐性。诗歌在长期的历史发展中，形成了许多种类，从形式上分，有格律诗、自由体诗、散文诗、民歌等；从内容上分，主要有抒情诗和叙事诗。

## 散文

### 【释义】

散文有广义和狭义之分。广义的散文既包括诗歌以外的一切文学作品，也包括一般科学著作、论文、应用文章。狭义的散文即文学意义上的散文，是指与诗歌、小说、剧本等并列的一种文学样式，包括抒情散文、叙事散文、杂文和游记等。文学散文是一种题材广泛、结构自由灵活、注重书写真实感受和境遇的文学体裁。散文具有记叙、议论、抒情三种功能，与此相应，散文可分为记叙性散文、议论性散文和抒情性散文三种。

## 小说

### 【释义】

小说是一种侧重刻画人物形象、叙述故事情节的文学样式。它的基本特征是深入细致的人物刻画，完整复杂的情节叙述，具体充分的环境描写。我国古典小说是从古代神话、传说、先秦诸子中的寓言故事和史传文学的基础上发展起来的。六朝志怪是我国小说的雏形，唐代传奇标志我国小说的成熟，但还是文言小说；宋、元以后出现了话本小说和章回小说，明清是我国古典小说艺术成就的高峰时期；小说在近现代文学中极为发达。小说可以分为长篇小说、中篇小说、短篇小说和小小说，文言小说与白话小说等。

## 戏剧

### 【释义】

戏剧，指以语言、动作、舞蹈、音乐、木偶等形式达到叙事目的的舞台表演艺术的总称。文学上的戏剧概念是指为戏剧表演所创作的脚本，即剧本。剧本是一种侧重以人物台词为手段，集中反映矛盾冲突的文学体裁。它的基本特征是浓缩地反映现实生活，集中地表现矛盾冲突，以人物台词推进戏剧动作。剧本按类型可分为悲剧、正剧和喜剧，按题材可分为历史剧、现代剧等，按场次可分为独幕剧和多幕剧等。戏剧的表演形式多种多样，常见的包括话剧、歌剧、舞剧、音乐剧、木偶戏等，是由演员扮演角色在舞台上当众表演故事情节的一种综合艺术。

## 豪放派

### 【释义】

豪放派，是宋词的一个流派，与婉约派并为宋词两大词派。第一个用"豪放"评词的是苏轼（《答陈季常书》），他受北宋诗文革新运动的影响，一改五代以来绮罗香泽之态，词风刚健遒劲，逸怀浩气，创立了豪放词派。豪放派特点是创作视野较为广阔，气象恢宏雄放，喜用诗文的手法写词，语词宏博，用事较多，不拘守音律。豪放词派在内容上把传统诗歌所表现的内容引进词的创作，在形式上创造性地融合了诗歌、散文、辞赋的优长,丰富了词的表现手法和语言技巧,使词能像诗文一样地反映生活,即所谓"无言不可入,无事不可入",极大提高了词的文学地位,使得词与诗在中国文学史上双峰并峙。豪放词派不但震烁宋代词坛,而且广泛地影响了词林后学,从宋、金直到清代,历来都有标举豪放旗帜,大力学习苏轼、辛弃疾等的豪放词人。

## 浪漫派

### 【释义】

浪漫派分广义与狭义两种。广义浪漫派包括一切奉行浪漫主义创作方法的文艺流派,基本特征为从作家主观情感出发表现生活,善于抒发对理想世界的热烈追求。狭义浪漫派则专指 18 世纪末至 19 世纪初产生于欧洲的一种文艺思潮,亦分积极与消极两派,积极一派渴望斗争、自由和解放,具有进步倾向,其代表作家有英国的拜伦、法国的雨果、德国的歌德、俄国的普希金等;消极一派则鼓吹逃避现实斗争,宣扬神秘主义,歌颂忍耐和驯服,代表作家有法国的拉马丁、德国的诺瓦利斯、英国的柯勒律治等。

## 文学体裁

### 【释义】

文学体裁是指文学作品的具体样式,指表达一定内容的具体的文学作品类别,它是文学形式的因素之一,简称"文体"。常见的有诗歌、小说、散文、戏剧、寓言等。由于社会生活和人们艺术创作经验日益丰富,文学体裁也越来越丰富,越来越多种多样。各种文学体裁在产生和发展的过程中,逐步地形成了各自的特点,这些特点具体地表现在形象塑造、情节构想和语言运用等方面。历来对文学体裁的分类,有各种不同的分类法。我国最早的是两分法,即把文学体裁按有韵无韵分为韵文与散文两大类。五四运动以来最常见的是"三分法"和"四分法"。"三分法"就是把文学体裁依据塑造形象的不同方式划分为三个大类:叙事类,抒情类,戏剧类。这种分类标准在外国也相当流行。"四分法",就是把一切文学作品,根据它们在形象塑造、体制结构、语言运用和表现方法等方面的不同,分别归入四个大类:诗歌、小说、散文、戏剧文学。

## 主要表现手法

### 【释义】

主要表现手法是指文学艺术创作中塑造形象、描写生活、表达主题思想所运用的各种具体的表现手法。如文学创作中的叙述、描写、渲染、象征、隐喻、讽刺、夸张、变形等手法。叙述是对人物、事件和环境所做的讲述和呈现。根据叙述的时间安排，可分为顺叙、倒叙和插叙；根据叙述的角度，又可分为第一人称叙述方式、第二人称叙述方式和第三人称叙述方式。渲染即通过对环境、景物或人物的行为、心理作多方面的铺叙、形容或烘托，以突出描写的主要对象或主要方面，加强艺术表现效果。象征指通过某一特定的具体形象来暗示另一事物或某种较为普遍的意义，利用象征物与被象征物的类似和联系，使后者得到具体直观的表现。讽刺是用讥讽和嘲讽来揭露挖苦丑陋的落后事物和荒谬行为，是喜剧的重要构成因素之一，具有惩戒丑恶的力量。夸张以现实生活为基础，并借助丰富的想象，抓住描写对象的某些特点加以放大或缩小的描写形容，既超越实际又不脱离实际，既新异奇特又不违悖情理。变形指艺术中对表现对象的性质、形式、色彩和行为方式等方面的畸变，变形是一些传统艺术和许多现代派艺术普遍运用的一种重要手法。

## 阅读鉴赏

### 【释义】

阅读鉴赏是指读者在阅读文学作品时，借助语言的媒介，通过感知、想象和理解等一系列心理活动而形成对文学作品塑造的艺术形象的具体感受和体验，引起思想感情上的强烈反应，从而得到审美享受的一种认识活动。文学作品的审美特质和读者的心理审美功能决定了阅读鉴赏在本质上是一种审美享受和读者的再创造活动，其基本过程分为感受形象、审美判断和体味玩赏三个阶段。同一个文学作品，阅读鉴赏具有大体一致性，但由于读者在鉴赏对象、内容、格调、鉴赏的深广程度以及各自的生活经历、文化修养、审美趣味和鉴赏心境等的不同，又使阅读鉴赏具有差异性。阅读鉴赏在整个文学活动系统中具有重要的地位和作用，它不仅构成实现文学社会作用的中间环节，也是推动文学创作、促进文学批评和文学理论研究的重要动力。

## 审美体验

**【释义】**

审美体验指人在对审美对象的感受中所达到的精神超越和生命感悟,是一种极为强烈的人格、心灵的高峰体验。换言之,审美体验是审美主体对审美对象的体会、感受、领悟的过程,也是审美主体的情感生命与审美对象的精神意蕴逐步浑融合一的过程。审美体验的对象不是直接的客观实在物,而是一种在主体与客观意象性过程中所构建起来的新的东西,即审美意象。审美意象是审美主体与审美客体的沟通,正是审美意象使审美体验成为可能。人的审美体验是在一定的情境中产生的,注重审美体验就要创设情境体验美;文学作品又总是以形象为手段来感染审美主体,所以注重审美体验还要品味形象感受美。

## 感受形象

**【释义】**

感受形象指鉴赏主体通过自己的理解、想象、感觉、知觉等因素去感受文学作品的艺术形象,这是文学鉴赏过程的第一个阶段,也是文学鉴赏的基本起点和基础。读者从文学作品中看到、听到、嗅到、尝到、触到文字符号所代表的客观世界中的种种事物,或者知道时间的发展、空间的移动、事物的运动等,这就是形象感受。感受形象的过程是记忆联想和再造想象的过程,也是深入挖掘、引发情感、产生审美体验的过程。在这个阶段,鉴赏主体不只是在头脑中再现作品所描绘的具体形象,还包括在感受形象的过程中逐渐进入一个特殊的形象体系和艺术境界之中,并获得某种情感的体验,从而为进一步的文学鉴赏奠定基础。

## 品味语言

**【释义】**

品味语言就是对语句意义、情态、色彩、分寸和蕴涵的"言外之意"进行细致的揣摩、分析、鉴赏,即据言会意,依匠心安排,达到"此时无声胜有声"的效果。通俗地说,品味语言是在接受语言文字基本信息的同时,从词句组合搭配,词句的韵律、节奏和气势,以及词句出现的语境和表达的情境等方面,对其深层的和言外的意义,表达的有效性与合适性等方面获得全面的理解,是对语言艺术美的全面感知与体验。

## 领悟内涵

**【释义】**

领悟内涵是文学接受的高潮阶段的一种读者状况,是读者在共鸣和净化基础上进入的更高层次的潜思默想、宇宙洞悉、人生体悟和精神升华过程。领悟有两个特征:一是必须以读者对作品的主动或自觉思索和深刻理解为前提,从而具有明显的理性沉思特征;二是能借助主动的理性沉思而有效地丰富和扩充人生指向,或开拓新的人生境界。

## 记叙

**【释义】**

记叙是用文字叙述,它是作者对人物的经历和事件的发展变化过程以及场景、空间的转换所做的叙说和交待。它是写作中最基本、最常见,也是最主要的表达方式。记叙在写事文章中应用较为广泛,主要是把人物的经历和事物的发展变化过程表达出来的一种表达方式。记叙的顺序一般可分为顺叙、倒叙、插叙、补叙四种。

**【示例】**

然而她总如此,全不见有伶俐起来的希望。他们于是想打发她走了,教她回到卫老婆子那里去。但当我还在鲁镇的时候,不过单是这样说;看现在的情状,可见后来终于实行了。然而她是从四叔家出去就成了乞丐的呢,还是先到卫老婆子家然后再成乞丐的呢?〔鲁迅《祝福》〕

## 叙事

**【释义】**

简单地说,叙事就是用话语虚构社会生活事件的过程。文学叙事的基本特征包括以下两个方面:第一,叙事的内容是社会生活事件的过程,即人的社会行为及其结果;第二,叙事是话语的虚构。文学叙事是一种特殊的话语系统,同一般话语有一个重要的区别,即所指对象不同。一般的话语所指对象是在话语之外的世界中,而文学叙事的话语则不然,其中所指的对象仅仅存在于这个故事的叙事话语之中,我们不能也不必用作品话语之外的资料来验证其真假,只能看人物与行为在整个话语中的关系如何,是否合乎生活逻辑与情感逻辑。这个话语的世界虽不是直接联系着现实,但却可能在更本质的层次上揭示现实。

## 描写

### 【释义】

描就是描绘,写就是摹写,描写就是作者对人物、事件和环境所做的具体描绘和刻画。描写一般用生动形象的语言把表述对象栩栩如生地描绘出来,给读者身临其境的感觉。它是一种"形神兼备"的表述方法,是记人、叙事、写景类文章的主要表述方法之一。描写按内容可分为人物描写、环境描写;按角度可分为正面描写、侧面描写;按特征又可分为白描、细描、衬托、烘托、渲染、对比、情景交融等。

### 【示例】

喜欢海,不管湛蓝或是光灿,不管平静或是波涛汹涌,那起伏荡漾的,那丝丝的波动;喜欢听海的声音,不管是浪击礁石,或是浪涛翻滚,那轻柔的,那澎湃的;喜欢看海,不管心情是舒畅的或是沉闷的,不管天气是晴朗的或是阴沉的,那舒心的,那松弛的……〔路遥《平凡的世界》〕

## 抒情

### 【释义】

抒情即表达情思,抒发情感。具体是指以形式化的话语组织,象征性地表现个人内心情感的一类文学活动,它与叙事相对,具有主观化、个性化和诗意化等特征。抒情方式可分为借景抒情、触景生情、咏物寓情、咏物言志、直抒胸臆、融情于事和融情于理等。作为一种特殊的文学反映方式,抒情要真挚,要健康,要服从表现内容的需要,要具体生动。抒情主要反映社会生活的精神方面,并通过在意识中对现实的审美改造,达到心灵的自由。抒情是个性与社会性的辩证统一,也是情感释放与情感构造、审美创造的辩证统一。

### 【示例】

这时,我深切感到这个光彩夺目的黎明,正是新中国瑰丽的景象;我忘掉了为这一次看到日出奇景而高兴,而喜悦,我却进入一种庄严的思索,我在体会着"我们是早上六点钟的太阳"这一句诗那最优美、最深刻的含意。〔刘白羽《日出》〕

## 细节描写

**【释义】**

细节,指人物、景物、事件等表现对象的富有特色的细枝末节。它是小说、记叙文情节的基本构成单位。细节描写是指抓住生活中的细微而又具体的典型情节,加以生动细致的描绘,它具体渗透在对人物、景物或场面描写之中。任何一篇文学作品,无论是在人物个性的刻画,还是故事情节的展开、典型环境的描绘上,都需要通过入情入理、真实生动的细节描写,把它最细微、最本质的情状特点,鲜明而又逼真地呈现在读者面前。可以说,没有精湛的细节描写,就没有真切生动的艺术形象,更谈不上作品的真实性和艺术感染力。成功的细节描写会让读者印象深刻,提高文章的可读性。

**【示例】**

我看见他戴着黑布小帽,穿着黑布大马褂,深青布棉袍,蹒跚地走到铁道边,慢慢探身下去,尚不大难。可是他穿过铁道,要爬上那边月台,就不容易了。他用两手攀着上面,两脚再向上缩;他肥胖的身子向左微倾,显出努力的样子。这时我看见他的背影,我的泪很快地流下来了。〔朱自清《背影》〕

## 人物描写

**【释义】**

人物描写是以人为对象的描写,具体描写人的状貌、状态。人物描写是塑造人物形象的一种艺术手法,也是小说描写的中心环节。人物描写的目的是刻画人物性格,表现人物的精神面貌。人物描写应具体生动,做到绘声绘色地再现"人物",让读者如见其人,如闻其声。人物描写的基本方法可分为四种:肖像描写、语言描写、行动描写和心理描写。

**【示例】**

老头儿放下了钓丝,把它踩在脚底下,然后把鱼叉高高地举起来,举到不能再高的高度,同时使出全身的力气,比他刚才所聚集的更多的力气,把鱼叉扎进正好在那大胸鳍后面的鱼腰里,那个胸鳍高高地挺在空中,高得齐着一个人的胸膛。他觉得鱼叉已经扎进鱼身上了,于是他靠在叉把上面,把鱼叉扎得更深一点,再用全身的重量推到里去。〔海明威《老人与海》〕

## 肖像描写

### 【释义】

肖像描写即描绘人物的面貌特征,它包括人物的身材、容貌、服饰、打扮,以及表情、仪态、风度、习惯等特点。肖像描写的目的是以形传神,刻画人物的性格特征,反映人物的内心世界。好的肖像描写要求:和谐有序、抓住关键、突出细节、用词准确、符合人物身份。肖像描写不仅仅是用文字给我们描绘出一个人的外在形象,还应该通过人物的外在形象为我们展示出他的思想、性格和气质。

### 【示例】

五年前的花白的头发,即今已经全白,全不像四十上下的人;脸上瘦削不堪,黄中带黑,而且消尽了先前悲哀的神色,仿佛是木刻似的;只有那眼珠间或一轮,还可以表示她是一个活物。她一手提着竹篮。内中一个破碗,空的;一手拄着一支比她更长的竹竿,下端开了裂:她分明已经纯乎是一个乞丐了。〔鲁迅《祝福》〕

## 景物描写

### 【释义】

景物描写是指对自然环境和社会环境中的景致、事物的描写。景物描写的对象,概括地说可以分为风景描写、风俗描写和风物描写,描写顺序一般是空间顺序和时间顺序。景物描写的作用主要是:揭示作品的时代背景;渲染气氛,烘托人物心情;展示人物性格;推动情节的发展;达到借景抒情、情景交融的目的。

### 【示例】

时候既然是深冬;渐近故乡时,天气又阴晦了,冷风吹进船舱中,呜呜的响,从篷隙向外一望,苍黄的天底下,远近横着几个萧索的荒村,没有一些活气。我的心禁不住悲凉起来了。〔鲁迅《故乡》〕

# 议论

## 【释义】

议论作为一种主要的行文方式和文学创作的表现手法，是对人或事物所发表的评论性意见或言论。议论包括论点、论据、论证三个要素。它要求论点明确、论据充分、论证周密。议论分两大类，即"立论"和"驳论"。立论称"证明"式文章，驳论称"反驳"式文章。常见的议论方法有归纳论证、演绎论证、类比论证、对比论证、反证、因果互证等。议论的特点是以理服人，用说理的办法，以概念、判断、推理等逻辑形式，直接对客观事物进行分析、评论、证明，从而宣扬观点、阐明理论、影响读者。议论是议论文的基本表达方式，但在其他文体中也经常运用，只是具体运用的方式和作用不同。叙事性文章，议论可以深化叙事，升华情感；说明文与杂文中的议论可以使逻辑推理更加严密，表达思想更加深入。

## 【示例】

历史是一座不断生长的山峰，我们永远看不到它的顶端，只能向下看着前人的路和过往的风景。〔梵婀玲《白门柳记》〕

# 首尾照应

## 【释义】

首尾照应是文章照应方法的一种，又叫首尾呼应。一般在文章的开头与结尾，具体地说就是在文章开头提到一次相应内容，结尾时再呼应一次。首尾照应可以更强烈地突出中心，抒发作者的思想感情；可使文脉相通，结构紧凑，产生一种浑然一体的感觉。

## 【示例】

《一件珍贵的衬衫》开头写出："在我的家里，珍藏着一件白色的确良衬衫。"结尾写道："四年来，这件珍贵的衬衫，我精心地收藏着，没有舍得穿它一次。"抒发了强烈的感情，增添了文章感染力。

# 史传文学

## 【释义】

中国史传文学是中国历史文学的一部分，它具有历史文学的一般特性，兼有历史科学与文学艺术两种成分。从文学的角度看，它是以历史事件为题材，重在描写历史人物形象的文学作品;从史学的角度看,它是通过运用文学艺术的手段,借历史事件与历史人物的描述,来表达一定历史观的历史著作。史传文学的根本特征在于文学与史学的融合为一。史传文学的载体是史书,所以它具备历史著作的本体特征,如以史为镜的功能,惩恶劝善的职能,讲求实录的原则等。史传文学同时又是文学,它是用鲜明的人物形象和生动的情节解释和演绎历史,它将历史文学化、故事化,从这个角度看,史传文学无疑又是品位极高的文学作品。史传文学的发生、发展、高潮、衰落,经历了一个漫长的过程。中国史传文学总体的变化大致可以概括为先秦的传记萌动、两汉的古典辉煌、唐宋的史传嬗变和杂传繁荣、明清的传记趣味转向和现代传记内容形式的革新几个阶段。

# 宫廷文学

## 【释义】

宫廷文学是以帝王(包括诸侯)的宫廷为流行场所,由帝王本人及其御用文人、乐师和一些朝廷大臣创作,主要描写宫廷活动和宫廷生活,用以歌功颂德、点缀太平、娱乐享受和表达讽喻的文学作品,它集中体现了统治阶级的政治理想、生活情趣和审美意趣。具体地说,宫廷文学有三个标志:一是必须有帝王的宫廷为其活动的场所;二是必定是文人的创作;三是在帝王的宫廷里产生的文学有某种大体近似的风格,形成一个流派或准流派,对当时的文学创作有较大的影响。汉武帝时,由于他的提倡和奖掖,在他的宫廷里聚集了一批长于辞赋的侍从之臣,如司马相如、枚皋、东方朔等,辞赋成为当时宫廷文学的主要文体;在唐高宗、武后、唐中宗这段时间,君臣赋诗宴乐的盛况有增无减,李峤、沈佺期、宋之问都是当时著名的宫廷诗人;唐代以后的宫廷文学,值得一提的如宋太宗、宋真宗时的"西昆体"诸家共17人,领袖是杨亿、刘筠、钱惟演,后结集为《西昆酬唱集》;明代在永乐、弘治前后,诗坛上有以杨士奇、杨荣、杨溥为代表的"台阁体",他们先后官至大学士,写作了大量以应制、颂德为内容的宫廷诗歌。不容否定,宫廷文学在形式技巧方面对文学的发展做出了贡献,赋的兴起,近体诗的形成,对偶、声律、用典等技巧的成熟,莫不与这些宫廷文人的努力有关。

# 骈文

## 【释义】

骈文是魏晋以后产生的一种新文体,又称"骈俪文""骈体文""骈偶文",又因其常用四字、六字相间定句,又称"四六文"。其主要特点是以四六句式为主,讲究对仗,句式两两相对;在声韵上,讲究运用平仄,韵律和谐;在修辞上,注重藻饰和用典。由于骈文注重形式技巧,故容易导致内容贫乏空虚,形式单调呆板。但运用得当,也能增强文章的艺术效果。南北朝时期,就不乏内容深刻的作品,如庾信的《哀江南赋》。骈文起源于汉末,形成于魏晋,盛行于南北朝,代表作家有徐陵、庾信。唐以后,骈文的形式日趋完善,出现了通篇四、六句式的骈文,所以宋代一般又称骈文为四六文。直至清末,骈文仍十分流行,王闿运为清末著名骈文作家。

# 韵文

## 【释义】

韵文,文体基本样式之一,它是指讲究韵律的文学体裁,或用韵律格式写成的文章,与散文相对。有狭义和广义之分,狭义指押韵的散文。其特点是韵中有散,散中夹韵,长于抒情,不仅用韵宽泛,换韵不换韵、韵脚之间的距离等均较自由。广义的,除押韵的散文外,还包括辞赋、歌谣、诗、词、曲等。后世一般用狭义。韵文所押韵部因时代不同而不同。上古押上古韵,以《诗经》韵部为代表;中古押中古韵,以《广韵》音系为代表;近代押近代韵,以《中原音韵》音系为代表。

# 武侠小说

## 【释义】

武侠小说是以赞扬武功、豪侠义士及侠义精神为主要内容的小说流派,由"侠义小说"脱胎而来。

古今中外,侠义精神都被视为人类的美好天性之一。墨子被视为"侠"的源头,孟子的"杀身成仁、舍生取义"和墨家的侠义有很多契合点,即使是法家,批评的也只是"侠以武犯禁",也并未完全否定侠义精神。汉代司马迁写出《游侠列传》和《刺客列传》,对侠义精神的体现者进行了热情的讴歌。"侠义小说"之名始见于鲁迅的《中国小说史略》,论述了侠义小说在唐人传奇中已具雏形,至清代嘉庆以后流行一时,出现了《儿女英雄传》《三侠五义》等代表作品,达到了侠义小说的高峰。这些侠义小说以惩恶扬善、除暴安良为宗旨,表现了广大人民群众的利益和愿望,这也正是它们生生不灭、由小到大逐步发展成为一个重要的、不可忽视的小说流派的根本原因。清末民初,在时代发生剧变的背景下,侠义小说开始向武侠小说蜕变,至1923年平江不肖生《江湖奇侠传》发表,彻底改变了武侠小说的坎坷局面,引起了全国性的轰动与跟风。自清末民初至新中国成立,共出现武侠小说作者约200位,出版武侠小说作品约千余部。而自1954年梁羽生在香港《新晚报》发表《龙虎斗京华》开始,以梁羽生、金庸、古龙、温瑞安等为代表的新一代武侠小说作家又开创了武侠小说的新阶段。改革开放以后,梁羽生、金庸等的"新武侠小说"蜂拥而至,成为大陆的畅销书。特别是金庸热一浪高过一浪,征服了千千万万年轻的读者。20世纪90年代的中国大陆,事实上形成了一个武侠小说的热卖高潮。

## 通俗文学

### 【释义】

通俗文学指现实创作通俗化、大众化,以满足一般读者消遣娱乐为主要目的的文学作品,又称大众文学、俗文学。与严肃文学、雅文学相对而言。通俗文学最贴近人们的生活,最能迎合大众的口味,最能反映普通民众的喜怒哀乐,展现人民的审美观,也最能体现一个民族的人文精神。虽然不是所有的通俗文学都能成为名著,但绝大多数的名著在其诞生之初都是通俗文学。通俗是文学的生命力,是文学必然的发展方向。

## 《文心雕龙》

### 【释义】

《文心雕龙》为中国古代文学理论专著,南朝梁刘勰(约465—约532)著。"文心"指"为文之用心","雕龙"取战国时驺奭长于口辩、被称为"雕龙奭"典故,指精细如雕龙纹一般进行研讨。合起来,"文心雕龙"等于是"文章写作精义"。讨论的对象,是广义的文章,但偏重于文学。本书的本意虽是写作指导,但立论从文章写作的一系列基本原则出发,广泛涉及各种问题,结构严谨,论述周详,极具理论性质。它的系统性和完整性是前所未有的。全书50篇,分为

4 个部分。开始《原道》《征圣》《宗经》《正纬》《辨骚》5 篇为第一部分，讲"文之枢纽"，是全书的总纲。从《明诗》到《书记》20 篇，为第二部分，以文体为单位，分述各种文体的源流、特点和写作应遵循的基本准则。其中又有"文""笔"之分，自《明诗》至《谐隐》10 篇为有韵之文（《杂文》《谐隐》两篇文笔相杂），自《史传》至《书记》十篇为无韵之笔。从《神思》到《总术》为第三部分，统论文章写作中的各种问题，打破了文体之分，讨论一些共同性的东西，经纬交织。《时序》《物色》《才略》《知音》《程器》5 篇为第四部分，这 5 篇相互之间没有密切的联系，但都是撇开具体的写作，单独探讨有关文学的某些重大问题。最后一篇《序志》，作者说明了写作缘起与宗旨。

## 《诗品》

### 【释义】

《诗品》是古代最早的一部诗论专著，南朝梁钟嵘（约 468—518）著，三卷。《诗品》专论五言诗，据《序》说，作者因见当时人们对诗歌的评价漫无准的、意见分歧，所以作此书，意在通过对诗人的品评，建立可靠的准则。全书实际包含两个部分，《序》总论五言诗的起源和发展，表达作者对诗歌写作以及当代诗风的一些看法，正文部分将汉魏至齐梁的 120 家诗人分为上中下三品（每品一卷），显优劣，叙源流，指出各家利病。《诗品》讨论的对象比较单纯，具有显明浅切的特点。对于诗歌，《诗品》主要重视充沛的感情、华茂的辞采、典雅而明朗的风格，总的说来，和时代风气是一致的，但反对声律和用典，是独特的看法。

## 有我之境，无我之境

### 【释义】

"有我之境，无我之境"是文学理论术语。"有我之境"指诗人感情鲜明强烈，直接外露的境界，是一种移情入景而情主景役的境界；"无我之境"指诗人感情隐蔽含蓄，完全融化于景物之中而不易察觉的境界。前者近似壮美，后者同于优美。语出近代王国维《人间词话》："有有我之境，有无我之境。'泪眼问花花不语，乱红飞过秋千去''可堪孤馆闭春寒，杜鹃声里斜阳暮'有我之境也。'采菊东篱下，悠然见南山''寒波澹澹起，白鸟悠悠下'无我之境也。有我之境，以我观物，故物皆著我之色彩；无我之境，以物观物，故不知何者为我，何者为物。"此论受到康德、叔本华美学思想的影响,但也符合中国古代诗词创作的实际。

## 通感

### 【释义】

通感本是一种心理现象,指人的感觉相互作用或转移,由一种感觉引起另一种感觉,或一种感觉的作用借助另一种感觉而得到加强。如有些声音会使人产生"甜美"的感觉,有些色彩会引起人的"冷"或"暖"的感觉。在文艺创作中,作家、艺术家将通感作为一种表现手法,以突破对事物惯常的经验感受,从而增加作品的表现力和感染力。例如宋祁《玉楼春》词"红杏枝头春意闹"一句,钱锺书在《通感》一文中指出:"用'闹'字,是想把事物的无声的姿态描摹成好像有声音,表示在视觉里仿佛获得了听觉的感受。"正确运用这一手法,能使艺术形象更富有魅力。

## 意象

### 【释义】

意象,是指客观物象经过创作主体独特的情感活动而创造出来的一种艺术形象,是由主观的"意"和客观的"象"相融合而产生的具有某种特殊含义和文学意味的具体形象。简单地说,意象就是寓"意"之"象",运用意象就是借物抒情。意象不排拒理性,但更直接地诉诸情感,足以激发人们的想象,最终使形象得以丰富和完善。

## 诗眼

### 【释义】

诗眼,即诗词作品中点睛传神之笔。它有两种表现形式:一种是诗词句中最精炼传神的某个字,以一字为工;一种是全篇最精彩、最关键的句子,是一首诗词的主旨所在。正是有了这个"诗眼",整首诗显得形象鲜活,神情飞动,意味深长,引人深思,富于艺术魅力。诗眼的获得,需要提炼字句,务使其最能表现特定的生活情景,最能充分、真切地表达诗人的思想和情感。如贾岛"僧敲月下门"的"敲"字,王维《送杜少府之任蜀州》中的名句"海内存知己,天涯若比邻",都是人们耳熟能详的"诗眼"。

## 文眼

**【释义】**

文眼,就是全篇文章(通常是散文)的精要之处或点睛之笔,犹如一个人的眼睛,最能传达一篇文章的精神。尽管只有几个字或一两句话,但有了它,就可以映照前后,统摄全局,使文章的主旨豁然开朗,意蕴更加丰富深刻。如范仲淹《岳阳楼记》就是用了"先天下之忧而忧,后天下之乐而乐"这样的点睛之笔,才使其文章倍增光辉,传颂千古。文眼必须是经过锤炼的语句,应言简意赅,饱含哲理,才能具有警策意味。

# 四、文化知识

## 人名字号

**【释义】**

人名,指人的名字,如孔子名丘,孟子名轲。字指人的表字,与本名意义相关。如孔子字仲尼,"仲"表排行第二,"尼"取曲阜东之尼山。孟子字子舆,轲是"轴用两木接续的车",与"舆"有关。"字"往往是"名"的解释和补充,与"名"相表里,故又称"表字"。《白虎通》说:"闻其名即知其字,闻其字即知其名。"名字是人出生时家人师长所取,"字"是男女成年之后才取的,以示他们已开始受到别人的尊重。古人称呼尊长者用字,自称要用名。而号又称"别号",古代一般只有士大夫,特别是文人雅士才配称号。"号"与"名"大都没有意义上的联系,多为自取自号,也有他人所取。自号如陶渊明"五柳先生",李白"青莲居士",欧阳修"六一居士"。他人给取的号,称官职的如称杜甫为"杜工部",称籍贯的如称柳宗元为"柳河东",称封爵的如称诸葛亮为"诸葛武侯",称谥号的如称岳飞为"岳武穆",称排行的如称白居易为"白二十二",称元稹为"元九"。现代人"名""字"合一,只有"名",没有字和号了。

## 天文历法

**【释义】**

天文指日月星辰在宇宙间分布、运行、变化等现象。《易·系辞上》曰:"仰以观于天文,俯以察于地理;是故知幽明之故。"历法指推算日月星辰运行以定岁时节候的方法。根据年、月、日的时间长度和它们之间的关系,制定每年中月份和日期安排的法则。主要内容包括每月日数的分配,一年中月的安排和闰月、闰日的安插规则,节气的安排以及纪年、纪月、纪日的方法等。

## 典章制度

**【释义】**

典章指古代的法令规范。《隋书·牛弘传论》曰:"采百王之损益,成一代之典章。"制度指在一定历史条件下形成的法令、礼俗等规范。《易·节》曰:"天地节,而四时成。节以制度,不伤财,不害民。"

## 汉字书法

**【释义】**

汉字书法,即汉字的书写艺术,也指汉字书法作品。汉字经过几千年的发展,从甲骨文、金文、篆书,逐步演变出汉隶、草书、行书和楷书,汉字独特的结构、体势及其发展,是书法艺术产生并不断推陈出新的源泉。汉代至魏晋时期,汉字书法艺术完全从实用性书写中独立出来,成为一门文人雅士抒情达意的艺术,出现了中国书法史上最伟大的书法家:汉末张芝因擅长草书,被尊为"草圣";三国钟繇因擅长楷书,被尊为"正书之祖";东晋"二王"更以他们秀丽遒劲的行、草书体赢得中国书法史上至高无上的地位(王羲之被尊为"书圣",王献之则与其父并称为"二王")。其后,隋、唐、五代、宋、元、明、清"代有才人出",在甲、金、篆、隶、楷、行、草诸体上各擅其能,流传下来的书法作品成为中国传统文化宝库中一颗颗璀璨的瑰宝。书法和写字是两码事情,相通但有区别。写字的第一要义是实用性,属语言工具范畴;而书法则属于艺术的范畴。俗话说"字如其人",书法作为一门书写艺术,人们只追求汉字形体的相似是远远不够的,还必须加强内在的修养、情操和鉴赏力。

## 琴棋书画

**【释义】**

琴棋书画,指弹琴、下棋、书法、绘画四种技艺,古人用以代指一个人的文化素养或文艺特长,又称"雅人四好"。

# 真草隶篆

## 【释义】

真草隶篆,四种汉字字体的名称,即真书、草书、隶书、篆书。楷书,又称真书、正书,由隶书演变而成,形体方正,笔画平直,可作楷模,故名楷书。草书,最早为隶书通行后的草写体,书写便捷,又称草隶,汉章帝喜欢这种书体,后世称为"章草"。后来隶书笔意渐渐消失,用笔日趋圆转,笔画连属,笔画多有省简,就发展成了"今草"。东晋王羲之、王献之父子又创诸字上下相连的草体,至唐代张旭、怀素、宋代米芾等"今草"又发展为笔势恣纵、字字牵连、笔笔相通的"狂草"。隶书由篆书简化演变而成,始于秦代,普遍使用于汉魏。隶书把篆书圆转的笔画变成方折,改象形为笔画化,便于书写,奠定了楷书的基础,是汉字演进史上的一个重要转折。篆书有广义、狭义之分,狭义篆书指大篆和小篆。相传大篆是周代史籀所作,小篆是秦代李斯所作,小篆在大篆的基础之上增损而成,也叫秦篆。象形意味浓、笔画有转无折、起笔收笔都呈圆形是篆字的主要特征。

# 唱念做打

## 【释义】

唱念做打,指戏曲表演的四种艺术手段。唱指歌唱,念指念白,做指舞蹈化的形体动作,打指武打。唱念做打综合表演是中国戏曲的特点,在长期的发展中,逐渐融合而成,在明代传奇中渐趋完善,到清代地方戏,各种表演手段的综合统一臻于成熟。

# 十三经

## 【释义】

十三经,即十三部儒家经典。指《周易》《尚书》《毛诗》《周礼》《仪礼》《礼记》《左传》《公羊传》《谷梁传》《论语》《孝经》《尔雅》《孟子》。汉以《诗》《书》《礼》《易》《春秋》为五经。唐以《诗》《书》《易》三经并"三礼"(《周礼》《仪礼》《礼记》)、"三传"(《左传》《公羊传》《谷梁传》)为九经。唐开成石经又增列《孝经》《论语》《尔雅》,合称十二经。北宋初,复增《孟子》,称"十三经"。

# 二十四史

**【释义】**

二十四史,指二十四部纪传体史书。明有二十一史之目,清乾隆四年又增《明史》《旧唐书》和《旧五代史》,合称二十四史。总计 3243 卷。各史名称、卷数及作者(或领衔人)如下:①《史记》130 卷,汉司马迁著。②《汉书》100 卷,汉班固著。③《后汉书》120 卷,南朝宋范晔著。④《三国志》65 卷,晋陈寿著。⑤《晋书》130 卷,唐房玄龄著。⑥《宋书》100 卷,南朝梁沈约著。⑦《南齐书》59 卷,南朝梁萧子显著。⑧《梁书》56 卷,唐姚思廉著。⑨《陈书》36 卷,唐姚思廉著。⑩《魏书》114 卷,北齐魏收著。⑪《北齐书》50 卷,唐李百药著。⑫《周书》50 卷,唐令狐德棻著。⑬《隋书》85 卷,唐魏征著。⑭《南史》80 卷,唐李延寿著。⑮《北史》100 卷,唐李延寿著。⑯《旧唐书》200 卷,五代后晋刘昫著。⑰《新唐书》225 卷,宋欧阳修著。⑱《旧五代史》150 卷,宋薛居正著。⑲《新五代史》74 卷,宋欧阳修著。⑳《宋史》496 卷,元脱脱著。㉑《辽史》116 卷,元脱脱著。㉒《金史》135 卷,元脱脱著。㉓《元史》210 卷,明宋濂著。㉔《明史》332 卷,清张廷玉著。

# 正史

**【释义】**

正史,史书分类名目之一,指《史记》《汉书》等以帝王本纪为纲的纪传体史书,被认为是史书中最正规、最重要的。清乾隆时编辑《四库全书总目》,以纪传体史书为正史,并诏定《史记》至《明史》二十四种为正史,自此“正史”成为二十四史的专有名称。

# 野史

**【释义】**

野史,旧指私人著述的史书,与官方所修的“正史”相对而言。最早以“野史”作为书名的,是唐昭宗时沙仲穆所著《太和野史》十卷。

# 五、文章知识

## 记叙文

### 【释义】

记叙文,以记人、叙事、写景、状物为主要内容,以叙述、描写为主要表达方式的一种文体。记叙文的材料必须具有直观性,即具有可见、可闻、可感的特点,文章的中心思想蕴含在具体材料中,通过对人、事、物的生动描写来表现,力求避免概括、抽象。记叙文中记人、叙事、写景、状物,都与时间推移和空间转换联系在一起,所以其结构主要为时空结构。记叙文的表达方式是叙述和描写,所以它要求语言有形象性,使读者如见其形,如闻其声,如临其境,从而受到强烈的感染。记叙文所写的内容是多种多样的,但一般应在文章中交代清楚所记叙的人物、时间、地点,事件的起因、经过和结果,也就是我们常说的记叙文"六要素"。

## 议论文

### 【释义】

议论文,以议论说理为主要表达方式的一种文体。议论文以客观事物、客观事理为剖析对象,以明辨是非为主要目的,要直接表达作者的认识,作者对客观事物、客观事理的是非曲直要直截了当地发表自己的见解,提出自己的主张,而不能追求一种藏而不露的风格。一篇议论文要具备论点、论据和论证这三个要素。论点,是议论文中所表明的观点;论据,是用来证明论点的理由或根据;论证,是运用论据来证明论点的过程和方法。

## 说明文

### 【释义】

说明文,即以说明为主要表达方式来说明事物、阐明事理的一种文体,通过介绍事物的形状、构造、类别、关系、功能,解释事物的原理、含义、特点等给人们以知识。说明文实用性很强,它包括广告、说明书、提示、规则、章程、解说词等。说明文有的是以时间为序,有的是以空间为序;有的由现象写到本质,有的由主写到次;有的按工艺流程顺序来说明,有的按事物的性质、功用、原理等顺序来说明。

## 应用文

### 【释义】

应用文是各类企事业单位、机关团体和个人在工作、学习和日常生活等社会活动中,用以处理各种公私事务、传递交流信息、解决实际问题所使用的具有直接实用价值、格式规范、语言简约的多种文体的统称。应用文有其自身的特点:①写作目的明确;②语言表达规范;③格式体例稳定;④时间要素明确。

## 文体特征

### 【释义】

中学语文教学中,文体特征通常指文章体裁的特征。所谓"文体特征鲜明",就是指所写文章要符合自己选定文体的要求。以记叙文为例,它要记叙某个具体的生活内容,描述某个具体的事件或场面,其表达方式是叙述和描写,所以它要求语言要有形象性,使读者读其文如见其形,如闻其声,如临其境,从而受到强烈的感染。而散文是用凝练、生动、优美的文学语言来记人、叙事、写景、状物的一种文体。它最大特点是"形散神不散",中心必须明确而集中,要富有强烈的情感,结构上应有一条线索,把丰富的材料贯串成一个有机的整体。语言优美,自然舒畅,富有张力和蕴含力。

## 文体常识

### 【释义】

不同文体在应用范围、内容、语言形式、风格等方面有不同特点,这些特点就是文体常识。以古代文体为例,有散文、韵文两大类;散文又包括史传文、议论文、杂记文、应用文四小类;论说文又包括论、说、辨(辩)、原、寓言等更具体的文体。每种文体互有区别,有些文体间也有一定的交叉。如奏议是臣子给皇帝的书信,按应用范围可归到应用文中去,按表达方式可归到议论文中去,从语言形式上看,则有的是骈文,有的是散文。

## 曲艺

### 【释义】

曲艺,即各种说唱艺术的总称。中国曲艺历史悠久,流行于人民群众之中,富于地方色彩,有多种形式,如弹词、大鼓、琴书、道情、评话、相声、快板等。曲艺在演出时演员人数较少,一般只有一至三人,道具也很简单;大都有比较完整的故事情节,一般以叙事为主,穿插人物说白。语言大都来自生活,生动活泼,洗练精美,与各地方言和民间音乐有密切关系。

## 对联

【释义】

对联,即互相对偶的文句,由上联和下联组成。一般张贴、悬挂或镌刻在门、厅堂及柱子上。对联讲究上下联字数相等,对仗工整,意义贴切,上句末字声调必仄,下句末字声调必平。根据张贴位置与使用性质的不同,可以分为门联、楹联、寿联、挽联、春联等。也称"对""联""对句""对子"。起源于古代的桃符,民间从五代时期就广泛流传春节贴对联的习俗。

【例句】

"与国咸休安富尊荣公府第,同天并老文章道德圣人家"是曲阜孔府正门上的对联。

# 图书出版

## 编辑

**【释义】**

编辑，即一是指编辑工作，包括拟订选题、组稿、审稿、加工、发稿、读校等基本环节。二是指从事编辑工作的人。编辑介于作者和读者之间，把作者的文章、书稿编辑得质量更高，更有利于读者阅读、接受，这是编辑的重要价值所在。编辑需要有较高的理论水平、广博的知识和专业涵养，要有较高的文字水平和认真的工作态度。编辑职业的专业技术职务从高到低分为：编审，副编审，编辑，助理编辑。编审、副编审为高级专业技术职务，编辑为中级专业技术职务，助理编辑为初级专业技术职务。

**【示例】**

义务教育课程标准教科书《语文》（七～九年级）由教育部组织编写，北京大学中文系温儒敏教授担任总主编。人民教育出版社在组织编写、编辑制作、设计印刷等方面给予了全方位的协助，中语室全体同仁始终是教科书编写的中坚力量。〔人教版《义务教育课程标准实验教科书　语文·七年级上册》后记〕

## 责任编辑

**【释义】**

在一本图书的编写出版过程中，负责或督促全部流程的编辑，叫责任编辑。流程一般包括选题策划或讨论，约稿或组织编写，初审并编辑，与设计人员讨论设计风格，发稿，关注排版印制情况，配合市场部推荐宣传，搜集读者意见，组织撰写书评等工作环节。责任编辑将自己初步审读、编辑后的稿件及初审加工意见和问题，提交给复审、外审、终审，并及时将审读专家的意见核查、整理，用于处理稿件。责任编辑必须有编辑以上专业技术职务，并具有独立发稿能力，助理编辑可以在有经验的编辑的指导下，承担相关责任编辑的工作。公开出版的书稿出现任何问题,责任编辑都负有主要责任。

## 选题计划

### 【释义】

出版社一般会以年度选题计划或者季度、月度选题计划为模式来组织相关图书出版工作。选题计划保障出版的计划性、科学性和组织有序。一般先由编辑根据出版方针和出书范围等提出选题,经过编辑室讨论,筛选优质选题,提交选题策划方案到社总编室组织的选题论证会议,论证各选题是否可行,通过论证的选题由总编室报上级部门备案。

## 出版合同

### 【释义】

出版合同,即出版单位与作者签订的关于图书出版方面的协议。一般出版社都采用已经经过审查并确定要出版的稿件,或者出版单位对作者比较了解和信任,依据其提供的书稿样章,与其约定完稿时间并采用。出版单位在出版合同中向作者承诺出书时间、质量、稿酬标准等。作者向出版单位保证书稿属于原创或全权拥有著作权及版权转让期限等。

## 书稿档案

### 【释义】

一部图书编写出版过程中形成的所有文件或相关记录,会归入书稿档案,作为图书出版留存和查核的资料。档案一般包括:选题策划方案,编辑与作者就此书稿的交流文字,初审、二审、三审意见,编写合同或出版合同,对书稿的评论文章、读者意见、检查书稿的记录,图书第一次印版的样本及修订样本,等等。这些都应按对稿件处理过程的顺序装订成册,编好目录归档。

## 一般图书

### 【释义】

一般图书,既指与专业图书相对应的,供大众读者阅读的图书;也指与重点图书相对应的,按照一般市场规律策划、组织、编写出版的图书。一般图书包括文学类、生活类、传记类、基础知识及工具书等,通过批发和书店等正常的图书贸易渠道出售给公众和图书馆的图书。

## 重点图书

**【释义】**

在国家出版计划或者出版社出版计划中,都会列出自己的重点图书,这些图书一般涉及重大主题,与相应的纪念周年或人物相关,与国家对某个课题研究项目或文化项目的推进关联。重点图书无论在策划、选题、作者或编写团队、设计及印制、资金支持等方面,都会有比较多的关注。

## 国家出版基金

**【释义】**

公益性出版项目常常因销量小而面临"出版难"的问题,中国政府 2007 年建立了旨在资助优秀盲文、少数民族文字、"三农"读物、未成年人读物等优秀公益性出版项目的国家出版基金。国家出版基金的前身是重大出版工程专项资金,是继国家社会科学基金、国家自然科学基金之后,第三个以国家名义设立的专项基金。该基金主要来源是中央财政拨款,并依法接受自然人、法人或其他组织的捐赠。国家出版基金主要用于对不能通过市场资源完全解决出版资金的优秀公益性出版物的补助,限于出版物的编辑、稿酬、版权费、校对、排印装、复制及资料购置等直接成本费用支出。

新闻出版总署、财政部组成国家出版基金管理委员会(下称基金委),在每年 10 月 31 日以前发布下一年度资助项目申报指南。出版机构按照申报指南申报资助项目,在通过严格的初审、复核、评审程序后,与基金委、主管单位共同签订《国家出版基金资助项目协议书》。项目承担机构应当严格按照协议组织项目实施,并根据国家财经法规和《国家出版基金资助项目管理办法》,确保资助经费的使用效益。基金委每年将有重点地检查项目经费管理使用情况,并对部分资助项目进行期中或结项审计。

## 国家图书奖

**【释义】**

国家图书奖,中华人民共和国新闻出版署于 1992 年 10 月设立国家图书奖,是全国图书评奖中的最高奖励,每两年举办一次。获奖图书必须坚持社会主义出版方针,在此原则下,还应具备以下5个条件之一:①对于中华民族的科学文化的发展有重要贡献;②对于宣传马克思主义及党和国家的重大方针政策有重要贡献;③对于国民经济、国防建设有重要贡献;④对于出版事业的发展有重要贡献;⑤有重要思想价值、科学价值、文化艺术价值或在思想界、学术界及社会上产生重大影响。

## 中国图书奖

**【释义】**

中共中央宣传部出版局于1986年主办、《中国图书评论》杂志社承办设立中国图书奖,属于中国出版界国家级图书奖项之一。后来评选工作改由中央宣传部、新闻出版署直接领导,中国出版工作者协会主办,中国图书评论学会承办,每两年举办一次,与国家图书奖评选交替进行。

## "五个一工程"

**【释义】**

"五个一工程"是中共中央宣传部1991年倡导并组织实施的一项精神产品生产工程。要求各省、自治区、直辖市党委宣传部有计划、有重点地组织生产思想文化的精品力作,力争每年推出一本好书、一台好戏、一部优秀影片、一部优秀电视剧、一篇有创见有说服力的好文章。后来评选内容又增加了"一首好歌曲和一部好广播剧",但仍称"五个一工程"。

## 丛书

**【释义】**

丛书是围绕一个总的宗旨和要求,策划设计出来的在体例和风格上大致统一的套书、系列书。丛书中的单本书,内容与整体有关联,但更有自己的独立性。有的丛书一套包括几百种,有的则只有几种。丛书的优势是,集各种优质的单本为整体,发挥更大的影响力。它集中地从各个侧面把一个大问题阐述得更为全面清晰,便于读者选购和阅读,影响一般比较大。丛书也是书籍的一种编辑方式,汇集多种单独图书成为一部大书,又称丛刊、丛刻、汇刻、合刻、全书等。我国最早的丛书是南宋俞鼎孙、俞经编的《儒学警悟》,元代陶宗仪辑的《说郛》

在丛书中较著名。丛书在古籍的保存与流通方面发挥了重大作用。也有一些生拼硬凑出来的丛书,意义和价值就不太大。

**【例句】**

乾隆年间(1736—1795)编的《四库全书》是历史上最著名的丛书,它收经、史、子、集四部书 3503 种,79337 卷,计 36304 册,约 10 亿字。

## 样书

**【释义】**

样书,即书的样本。出版社出版新书,或再版重印图书后,取一部分用于工作,如赠送著译编写者,提送新闻出版署、国家版本书库、上级主管部门,留存出版社内部供版本、资料及编辑室、出版部、发行部使用等,这部分书统称为样书。

**【例句】**

编辑在修订一本图书时,主要依据是样书,在样书基础上,把主编或作者要修订的内容标记在样书上,提供给出版社来做后续修订出版工作。

## 校样

**【释义】**

校样,指书稿排版后打印出的样张,以供作者、编辑、校对核查校对之用。校样分为毛校样、初校样、二校样、三校样和付型样。一般来说,在毛校样上可以有稍大改动,比如动图或者增删内容,而到了二、三以后校样,就尽量不再做大的改动,否则会涉及版面变动,成本增高,同时错误也容易出现。一般情况下,作者或者责任编辑在最后清样上签字"付印"或"改正付印",然后才能送去工厂开印。

**【例句】**

校样也是很珍贵的文献资料,有些大家的著作,在出版前的几稿校样中,能看到作者和编辑的修改痕迹和斟酌、讨论,这些都是很有价值的研究资料。

## 清样

**【释义】**

清样,指书稿或者文章经过最后几次校对,核查完所有错误,送到印刷厂开印的这一稿。通读清样、清查错误是责编重要的工作,如果等印刷开始了,再发现错误,不但改起来费劲,而且纸张、油墨、工人工时等成本损失也较大。有经验的编辑都很重视通读清样工作。

**【例句】**

当代排版工作都是运用现代化的电脑和大型排版机,但也正是因为都是电子仪器,有时会出现一些意想不到的漏行、图片丢失情况,这时尤其需要注意清样中页尾和后页页首文字是否连续,页码是否按次序排列,封面、扉页及封底等的文字、拼音是否准确等问题。

## 校次

**【释义】**

校次,即校对的次数。出版印刷书刊一般要经过毛校、初校、二校、三校、通读、核红等几个校次。毛校是稿件排版完毕的第一次校对,由印刷厂负责,亦称"厂校"。初校、二校、三校等校次由出版社负责,亦称"社校"。三校后的清样,要给作者校一次,社校三次即可付型,必要时再进行一次通读。如付型或付印样后需要改动,必须到印刷厂核红一次。

## 版次

**【释义】**

同一种图书可能会有多次修订或印刷,每次修订后,版面内容有变化,而每次印刷使用的纸张也可能不一样,所以版次是用来记录、区别这些变更的重要标识。如2017年10月第1版,2018年5月第2次印刷。图书第一次出版为第一版,内容经过较大修订后出版为第二版,以下类推。同一种图书内容无变化,而只改换书名、开本、版式、装订、封面、出版者等,均不作为再版,即不作为版次的变更。同一版图书在不同时间不同印刷厂印制,一般用该版的第几次印刷来标记。

## 条形码

**【释义】**

条形码,即图书上的一种黑白相间的粗细不同的长条形的代码,用来储存图书情报部门的文献和其他各种物品的标识数据,用专门的条形码扫描器一扫,即可知所扫描图书的相应归类情况。条形码用一种光电方式输入,处理数据十分迅速准确,被广泛用于各种管理工作中。

## 一审

### 【释义】

一审,也叫初审,是图书编辑加工过程中,责任编辑收到成稿后所做的第一步编审工作。在一审中,责编主要解决一些结构上或其他比较重要的问题,及时与作者或主编沟通,更多是疏通语句,检查错别字,使文字整齐流畅,并审阅插图是否合适等,有一些解决不了的问题或疑惑,写在一审报告上,提交给二、三审。

## 二审

### 【释义】

二审,即图书编辑加工中的一道流程,又叫复审。责任编辑在对书稿做完一审加工后,写出初审报告,连同书稿,提交给二审进行审阅。二审工作一般必须由有副高级职称以上人员承担。二审不仅需要通览书稿,帮助解决责任编辑所提出的一些问题,更需要关注书稿有无政治、宗教、专业知识等方面的硬伤,写出二审意见,返回给责任编辑。

## 三审

### 【释义】

三审,即图书编辑加工的一道流程。图书经过二审之后,责编会将二审意见告知作者,并与之一起讨论,吸收纳入书稿中,之后将书稿及一、二审意见提交给三审。三审工作必须由副高级职称以上人员承担。三审应通读书稿,帮助解决一、二审提出的问题,并关注书稿有无政治、宗教、专业知识等方面的硬伤,写出三审意见,返回给责任编辑。

## 终审

### 【释义】

终审,即图书审读的最后一道程序。根据书稿的重要程度或质量情况,有的三审即作为终审,有的在三审之后,特别又找了终审来做最后把关。做终审的人员,一般不仅在专业上有比较深厚的涵养把握,而且在政治理论、思想高度等方面都有坚实的基础,有些可能就是出版社分管某类图书的领导,对重大图书的最后定稿有决策权。

## 开本

**【释义】**

开本指一本书的大小,即书的平面的面积。开本的类型有普通 32 开本、大 32 开本、20 开本、25 开本、40 开本等。普通 32 开本,即把一张普通规格(787 × 1092mm)的纸裁成 32 等份,然后再装订成书,这种书的尺寸为 130 × 184mm。大 32 开本,即把大规格(850 × 1168mm)的纸裁成 32 等份,成书尺寸为 140 × 203mm。装帧设计时首先要考虑开本的大小,决定开本大小的原则是书稿的类别及读者对象、书稿的体裁和结构以及图表的规格、篇幅的多少、材料的合理使用、套书和丛书中各册之间形成的统一等。一般来说,以文字为主的书籍,多采用普通 32 开本或大 32 开本;画册多采用 16 开、20 开、24 开等开本。袖珍本多采用 64 开本或大 64 开本。按书刊装订的位置及翻阅方向不同,又可分为左开本和右开本、横开本和竖开本;按开本的几何形状不同,又可分为正开本和畸形开本等。

## 印张

**【释义】**

书籍所用纸张以印张为计算单位,图书印制中用完一张全开纸(规格一般有普通和大规格两种尺寸),即一个印张。一个印张,可以印出 32 页(32 开)或者 16 页(16 开)的内容。一张全开纸两面印刷,作两个印张计。图书印制的纸张、油墨及工人工费等成本,一般以印张为单位计算,如一个黑白印张费用约 2.5 元,一个彩色印张费用约 4 元。

**【例句】**

教育部组织编写的《义务教育教科书　语文·七年级上册》,是 16 开本,有 9.75 个印张,约 160 页。

## 码洋

**【释义】**

码洋,即图书出版发行部门统计全部图书定价的总额。它也是反映图书出版数量或反映图书经济情况的一个指标。

## 稿费

### 【释义】

稿费，出版机构因发表著作、译稿、图画等而付给作者的报酬。稿费的支付方式按照合同或者协议约定有所不同。一般分一次性稿酬、基本稿酬加印数稿酬、版税支付方式等。稿费的级别因为稿件质量或者撰写难度不同也有不同。我国出版社传统向作者付酬的办法，大都是基本稿酬加印数稿酬。大都是以千字为计算单位，每千字价格乘以总字数，即为一本书的基本稿酬。然后再根据印数多少，支付一定数量的印数稿酬。

## 版税

### 【释义】

出版社出售印刷物，从图书销售码洋中，提取一定比例，付给作者作为报酬，这种方式叫版税。版税的高低与图书定价、版税率和图书发行量有关，其计算方法是：版税 = 图书定价 × 版税率 × 图书发行量。版税率通常是根据书籍的性质、估计销售量以及作者的名望地位，由版权所有者和出版者共同协商决定，没有固定的标准。业界内目前一般图书的版税率是 6% ～ 10%。版税方式加强了出版社与作者利润分享、风险共担的关系，如果图书畅销，再版并多次印售，作者都能分享到利润。如果图书销售不佳，不仅出版社收入少，作者版税也少。近些年我国采用版税方式的出版社越来越多。

## 著作权

### 【释义】

著作权指作者依照法律的规定对其创作的文学、艺术和科学作品所享有的发表权、署名权、修改权、保护作品完整权、使用权和获得报酬权。改编、翻译、注释、整理已有作品而产生的作品，其著作权由改编、翻译、注释、整理人享有，但行使著作权时，不能侵犯原作品的著作权。作者的署名权、修改权、保护作品完整权的保护期不受限制。著作财产权保护期一般为作者在有生之年加死后50 年。图书出版者经作者许可，才可以对作品修改、删节。版权和著作权不完全相同，版权主要是指出版者在和作者合同约定期间享有的专有出版权，而著作权是指作者对作品的支配权。

## 署名权

### 【释义】

署名权,即作者在发表其作品时有署真名、假名或不署名的权利。作者不论怎样行使其署名权都不影响他的身份。署名权具有专属性和永久存在性,原则上不可转让。

## 出版权

### 【释义】

出版权,即作者或其他著作权人依法享有的作品著作权的基本权利之一,并有权因转让或授权他人以不同的形式使用其作品的出版权而获得经济报酬。

## 发行权

### 【释义】

发行权,即版权所有人对受版权法保护的原作品的复制品(例如图书、报刊、磁带、电影拷贝)所享有的出售、出租、进出口的权利。这种权利虽归版权所有人享有,但可以转让,因而往往由代理人、出版商或贸易机构去行使。《中华人民共和国著作权法》规定发行权是著作权的内容之一。版权所有人可以亲自行使,也可许可他人行使并获得经济报酬。

## 版权转让

### 【释义】

版权转让,指作品的版权所有者将全部或部分版权移转给他人的行为。版权转让最通常的方式是签订版权转让合同,诸如出版合同、改编合同、翻译合同、广播合同等。此外,版权尚可通过遗嘱的形式转让。

# 语文教学

## 课堂教学

### 【释义】

课堂教学,是教学中的主要方式,通过课堂上教师的教和学生的学,完成知识的传授和技能的练习。也称"班级上课制",即将年龄和知识程度相同或相近的学生,组成固定人数的班级;由教师按教学大纲规定的内容,组织教材和选择适当的教学方法,在计划好的课时安排中,给学生授课的教学组织形式。

## 学生主体

### 【释义】

学生主体这个概念强调学生是教学中的主体,即教学活动的主要核心,所以教学指向应该围绕学生来设计考虑。如教学目标是否适合学生的知识建构和社会实践需要?教学方案是否契合学生的水平和兴趣所在?教学实施有没有激发学生学习的内动力,培养学生学习兴趣?《义务教育语文课程标准(2011年版)》中指出:"学生是语文学习的主体,教师是学习活动的组织者和引导者。语文教学应在师生平等对话的过程中进行。"

## 研究性学习

### 【释义】

研究性学习,又称专题学习、探究式学习等。在教师的引导下,由学生选择或设计研究题目并进行小组分工、调研、讨论、撰写报告及自我评估等,引导学生以兴趣为出发点,深入学习,提升实践和思考能力,培养学生发现问题、提出问题、解决问题的能力。学生在研究性学习过程中能获得丰富的体验和科学文化知识。以往研究性学习课程和方法多在高等学历教育中设立和出现,随着社会发展,基础教育中也引入了越来越多的研究性学习课程和方法。

## 综合实践活动

**【释义】**

综合实践活动是基于实践活动的一种学习方式和课程设计。旨在让学生在实践活动中调动运用自己已有的知识,与团队合作,学习新的更贴合社会生活实际的综合知识,提升实践能力和合作能力。学生具有整个活动的支配权和主导权,要有独立完成活动的能力,而不是单向聆听教诲和听取指导。教师在综合实践活动中是引导者、指导者和旁观者。综合实践活动强调了现代教育中重视知识应用、个性鼓励、体验方式和反思能力培养等观念,与传统教育中追求个体发展、关注共性和知识积累有所不同。

## 自主学习

**【释义】**

自主学习强调学生是学习的主体,关注学生自主学习能力的培养,倡导学生主动参与、乐于探究、勤于动手。通过学生独立的阅读、探索、质疑、实践等方法来学习,培养学生搜集和处理信息的能力、获取新知识的能力、分析和解决问题的能力以及交流与合作的能力。它是与传统的接受学习相对应的一种现代化学习方式。

## 解读文本

**【释义】**

解读文本,即理解、阅读文章本身的过程,是深入阅读的一种方式。一般初中要求学生能对课文的内容和表达形式关注、了解,高中要求理清文章思路,分析人物形象或者文章观点,把握作品主题,揣摩语言特点和表达效果。

**【示例】**

研讨与练习:一、本文的中心事件是什么?透过林黛玉的眼睛,我们可以看出贾府是个怎样的大家庭?二、同为小说的主要人物,王熙凤和贾宝玉的出场有什么不同?作者介绍这两个人物各用了什么艺术表现手法?三、品味下列人物的语言,分析他们的不同身份和性格。〔人教版《普通高中课程标准实验教科书　语文3(必修)》,第一单元第1课《林黛玉进贾府》课后〕

## 教学设计

**【释义】**

教学设计,教学中为了能够在既定的课时内完成教学任务、达成教学目标,需要对所教学的内容进行课时分配及阶段设计,按照一定的教学思路,将教学重点、难点,教学方法,问题设计等提前进行梳理和编排。教学设计分大的学年教学设计、学段教学设计等,以及具体到某一单元或者某一课的设计。大的设计需要简明扼要,更重视对课时的合理分配、教研组整体的教学进度组织等。而具体设计,则针对单元教学重点和课文内容设计,写成后即为教案。教学设计是手段,是为了达成教学目标而设计,所以应该以实用、好用为设计原则。设计前应对学段教学目标、单元教学重点、课文背景及内容有整体了解,结合教师长处及学生特点来进行设计。

**【示例】**

七年级上学期,学周共 20 周,去掉期中、期末复习考试 4 周,及校园文化活动 1 周,还有 15 周。本学期语文教学单元共 6 个,分别为叙事、记人、写景、哲思、科普说明性文章、名著经典欣赏,大致每两周半进行完一个单元,包括相应的写作训练与综合性学习活动。本学期的教学重点:1. 阅读学习各单元课文,提升对各种类型文章的阅读理解能力。提升叙事的能力,观察生活,注意从平凡的生活中提取感人的事迹及细节。2. 写人的能力。对人物、社会的深入理解,如何用恰当的外貌描写及性格捕捉来表现人物的特点,学会抒发真情。3. 写景的深入。由小学阶段的短篇写景、局部写景,提升至完整的写景篇章。以《春》《济南的冬天》为精读和模范,引导学生体会景色中的情如何表达显现。4. 对哲思、哲理的体验、品味。5. 通过对《西游记》《皇帝的新装》等国内外名著精彩片段的阅读欣赏,初步了解名著经典的概况,激发阅读兴趣,学习速读、笔记等阅读方法,鼓励初中期间的整本书阅读,养成多读书、读好书的习惯。

## 教学案例

**【释义】**

教学案例,即以某节课堂教学实践为案例,分析教学得失,并进行讨论和修改,以期提升教学水平。教学案例的呈现方式,有时是现场课,有时是录像课的视频,有时是纸质记录的教学片断。

**【示例】**

《安塞腰鼓》教学案例片段:一、教师播放《走西口》歌曲,出示"安塞之旅"课件,抒情导入,展示安塞风光图片。要学生谈论"你看到了什么"。(2分钟)二、学生大声自由朗读课文,教师出示课件"腰鼓风情"。(6分钟)三、指示学生按"好一个_____安塞腰鼓!"谈论阅读的理解和感受。如"好一个狂野的安塞腰鼓!",指读第14段、第21段、第8~10段的相关语句。最后归结为安塞人的"精神。"(20分钟)

# 教案

**【释义】**

教案,即针对课文教学提前设计的文案,包括教学所用课时、教学目标、教学重点、教学步骤及相应问题和方法。教案应提纲挈领、眉目清晰,对所用课时、教学内容、重点、问题等一一列出;教案建立在教师对于学段教学目标、教学重点、单元任务、课文背景及内容的整体理解之上,然后明确本课教什么、怎么教;教案要考虑到学生的特点、接受水平和能力,因势利导,引发学习兴趣,引导深入阅读和表达交流。

**【示例】**

《只有一个地球》教案片段:

学段教学目标:引导学生多读、会读;进行情感教育;有效进行读写结合。

本课教学目标:唤起学生对地球的情感;阅读后自由表达自己的感受,提升学生口头和书面表达能力。

一、题解。1.围绕"地球"的讨论——让学生认识到地球是我们生活的地方。2.围绕"只有一个"的讨论——让学生理解只有地球能够养育生命。二、朗读课文。三、转入默读,并"猜"教师要提问什么问题。"读了这篇课文,你心里是什么滋味——酸甜苦辣,是哪一味?"四、学生谈"味",结合课文中句子。五、让学生就课文的五个方面内容(段落),分别写一个"抒情的句子",然后再延展成一段小小的散文。

# 板书

**【释义】**

板书,即教师在授课时,为方便学生理解,在黑板上写下的一些提示性的文字。板书内容一般包括课文题目、作者姓名、教学重点内容或关键词等。板书要求字形准确,提示简洁清晰,结构合理,字体大小合适,能够让学生看清楚。教师优美的板书过程,对学生的书写有很好的示范、引导作用。近年来随着科技发展,传统板书多为事先做好的 PPT 代替,虽便捷省力,但也失去了书写示范、感受汉字之美的好机会。

**【示例】**

小石潭记

柳宗元

发现小石潭(动词:隔—闻—伐—取—见)——心情(心乐之)

小石潭全貌(全石,岸边)

潭中景物:潭水清澈(侧面描写)——近景(特写)

　　　　　游鱼自得(动静结合)

小溪源流:溪身(蜿蜒曲折)——远景(形象比喻)

　　　　　岸边(参差不齐)四周(寂寥无人,凄神寒骨)——心情(不可久留)

# "双基"教学

**【释义】**

"双基"教学,即重视基础知识、基本能力的一种教育思想或教学理论。它起源于20世纪50年代,60年代到80年代在教学界占据重要地位。在此思想和理论指导下的课堂进程基本呈"知识、技能讲授——知识、技能的应用示例——练习和训练"序状。

**【例句】**

双基教学能够培养学生具有扎实的基础知识,重视其基本能力训练,对教师深刻理解基础知识也提出了较高要求。

## 讲解式

**【释义】**

讲解式,课堂教学的方式之一,是以教师讲解知识为主要授课方式。讲解式教学的优点是效率比较高,老师可以在有限的时间内集中把许多重点知识传授给学生。

**【示例】**

"看,像牛毛,像花针,像细丝,密密地斜织着,人家屋顶上全笼着一层薄烟。"(朱自清《春》)读到这样的句子,你一定会想:写得太生动了,给人的印象真鲜明!为什么会有这种效果?是因为句子运用了比喻的修辞手法。像前面这类比喻,本体(被比喻的事物)和喻体(用来做比喻的事物)之间用"像""好像""仿佛""如同""……似的"等比喻词连接,是明喻。

## 示范式

**【释义】**

示范式,课堂教学的方式之一,即教师自己或找一位素质较好的学生,就某个知识运用或能力应用方面进行示范,以使学生更清晰感性地了解其特点和重点。

**【示例】**

作者用诗一般的语言,调动我们的各种感官,全面感受这四季之雨,让我们亲近雨,体会雨的不同情致与风韵。例如:水珠子从花苞里滴下来,比少女的眼泪还娇媚……小草似乎像复苏的蚯蚓一样翻动,发出一种春天才能听到的沙沙声。呼吸变得畅快,空气里像有无数芳甜的果子,在诱惑着鼻子和嘴唇。这段文字从视觉、听觉和嗅觉的角度描写雨后的世界,牵动着美妙的联想和想象,带给我们全方位的感受。课文中这样的精彩语句还有很多,再找出一些来,朗读并细细体味。

## 启发式

**【释义】**

启发式,课堂教学的方式之一,注重对学生的启发,让学生自己找到答案、生成答案,充分调动学生的主动性、提升学生思维能力的教学模式。孔子曾提出"不愤不启,不悱不发",《礼记·学记》也说"君子之教,喻也。道而弗牵,强而弗抑,开而弗达"。南宋朱熹认为教师的作用在于引导、指正和释疑。古希腊苏格拉底的"问答法"也被认为是启发式教学的典型方法。

**【例句】**

启发式教学遵循学生为学习主体的原则,强调学生明白才是真的明白。课标在教学建议中提出的"教师应加强对学生阅读的指导、引领和点拨,但不应以教师的分析来代替学生的阅读实践,不应以模式化的解读来代替学生的体验和思考",也反映了对这种原则的重视。

## 互动式

**【释义】**

互动式,课堂教学的方式之一,强调激发学生学习的主动性,与传统教学中教师多讲、多写不同,更多关注学生在教学中的反应、困惑、思考和能动性。课堂教学中,常以问题导学互动、概念形成互动、联系实际互动、创新实际互动、逻辑推理互动、信息汇总、小结等形式出现。

**【例句】**

各小组将本组发现的阅读共性问题提交语文课代表或教师,我们从中选择两三个话题,在全班召开一次促进读书专题讨论会。大家献计献策,提出解决问题的思路或方案。

## 三主教学法

**【释义】**

三主教学法,指以教师为主导、学生为主体、训练为主线的教学理论,由上海特级教师钱梦龙在多年语文教学实践中提炼总结出来。教师、学生、训练,三者在教学中缺一不可,教师更关注"导",学生是学习的主体,而知识的积累、能力的提升都离不开听说读写的训练。

## 《红领巾》教学法

**【释义】**

《红领巾》教学法,是 20 世纪 50 年代从苏联引起的一种教学方法。1953年,基于一次在北京师范大学的教研听课,苏联教育专家普希金提出一些批评和建议:课文《红领巾》,教师用了4个小时逐字逐句讲解,不利于学生思考能力提高,也不能让学生对整篇作品获得完整的印象。组成语文课的因素是朗读、复述、分析课文。分析课文应该让学生做,让学生形象地描述人物的性格,教师予以启发、引导、补充和提高。语文课变成政治课,妨碍了语文的发展,进行思想政治教育不应当形式地要求每堂课都一样。此后,这些建议在国内形成"《红领巾》教学法"学习热潮,对提高教学质量有重要意义,但也因此出现一些机械模仿现象。

## 导读法

### 【释义】

语文导读教学法是上海特级教师钱梦龙在20世纪80年代初提出的教学理念,强调经过积极、有序的引导,培养学生自主阅读的意识、能力和习惯。对学生而言,是一个从依赖教师而逐步走向少依赖最终完全不依赖的"自主"的过程;对教师而言,则是一个有计划、有步骤地由扶到放直至完全"摆脱"学生的过程。导读法强调学生是学习中的认知主体,所以也应该是阅读中实践的执行主体,但认知过程中,需要教师的引导、推荐、适时点拨纠偏,以迅速培养建立起学生的阅读能力和习惯。导读法中,导和读要并用。

### 【例句】

语文导读法的基本理念可以概括为三句前后相承(不是三者并列)的话:"学生为主体,教师为主导,训练为主线",简称"三主"。〔钱梦龙:《教师的价值》,华东师范大学出版社2015年版,第44页〕

## 阅读课

### 【释义】

阅读课,即以阅读活动为主要内容的语文训练课课型。通过阅读课,可达成识字、写字、理解词语和句子、把握文意、提取信息、提升思考能力等方面的语文能力培训。

### 【示例】

《世说新语》中记录了魏晋时代一些儿童的智慧故事,本课所选的就是其中较为著名的两则。预习课文时,注意感受古代儿童的聪慧机敏和良好的家庭教养。借助注释,把握课文大意。画出你不懂的语句,与同学交流,尝试解决问题。〔部编本《义务教育教科书 语文·七年级上册》,第二单元第8课《世说新语二则》课前预习〕

## 写作课

**【释义】**

写作课,即以写作指导和训练作为主要内容的语文课课型。教师一般会先提示学生注意观察,关注生活中的细节,从写清楚一件事、写好一个人、描述一种景色、说明一个事物的基础起步,再慢慢训练综合写作能力,将记叙、议论、说明等方式根据需要结合在一起,表达自己的观点,抒发真挚的情感。

**【示例】**

第一单元 写作:热爱生活,热爱写作

现在就来测试一下你对生活的观察能力吧:下边这些场景或细节,你是否注意过呢? ……当然,能写到作文里的事,还应该是有趣的、有意义的或者给你留下深刻印象的。同学们不妨先放开思路,想一想:最近发生在身边的事情,哪件值得写进作文里?〔部编本《义务教育教科书 语文·七年级上册》,第一单元"写作"〕

## 口语交际课

**【释义】**

口语交际课,即以口语交流,包括流畅地表达自己并顺利地与别人交际为训练内容的语文课课型。在现行语文课教学中,没有专门的口语交际课,一般都在综合性学习活动或者语文阅读课的部分时间中来进行。

**【例句】**

近日,教育部、国家语委发布《关于进一步加强学校语言文字工作的意见》,在中小学语言文字工作指导标准中提出,语文课要重视学生口语交际能力的培养和训练,有日常和定期的口语考核。

## 活动课

**【释义】**

活动课,即基于语言、文学甚至其他文化的相关活动,如辩论、访谈、办刊等,引导学生在某种活动中获取知识和培养实际能力的一种课程。1896年美国教育家杜威提出"从做中学"教学理论并倡导以儿童的活动为中心的课程。活动课的特点是重视学生的主动性,强调教学内容与生活贴近,提升学生交流、组织、合作等能力。

【例句】

活动课激发了学生们对于语文学习的兴趣,课标在教学建议中就提到"汉语拼音教学要尽可能有趣味性,宜多采用活动和游戏的形式,应与学说普通话、识字教学相结合,注意汉语拼音在现实语言生活中的运用";活动课,有利于提升学生的自主学习能力。初高中学段的课程目标及内容部分提到"自主组织文学活动,在办刊、演出、讨论等活动过程中,体验合作与成功的喜悦",正是关注了活动课的这种效果。

## 综合实践课

【释义】

综合实践课是指在教师的指导下,由学生自主进行的综合性学习活动,旨在联系学生的生活和社会实际,调动学生已有知识和经验,在实践中了解、运用相关知识,提升对社会和生活的认知及相关能力。综合实践课可分为大综合和小综合两类。大综合,一般是对各学科知识的一个综合运用活动,如家乡环保调查活动。小综合,则一般是集中在某一学科内的实践活动,如语文学习中的苏轼故居参观及相关苏轼诗词欣赏活动、文学社报刊比赛活动、演讲活动等。

【示例】

语文学习,得法于课内,得益于课外。课外阅读是课内阅读的延伸和补充。每天拿出一定的时间读一点儿好书,不仅可以开阔眼界,增长知识,启迪思维,还可以塑造良好的精神气质……阅读后面资料夹重点三则材料,完成下面的活动和任务。〔部编本《义务教育教科书 语文·七年级上册》,第90页〕

## 朗诵

【释义】

朗诵,即带着感情诵读诗歌、散文等文学艺术作品,是朗读的高级形式。朗诵具有表演性的特征,讲究节奏和内在韵律控制,讲究情感的把握,运用朗诵来揭示文学作品的内在"心声",给听众带来美的享受。朗诵有时还可辅以适当的动作表情,或灯光、服装及音乐伴奏等手段,加强对作品的表现。

【例句】

近日,教育部、国家语委发布《关于进一步加强学校语言文字工作的意见》,在教师目标中提出,教师应有一定的朗诵水平和书法鉴赏能力。

## 讨论

【释义】

讨论,即就某一问题交换意见或进行辩论。形成好的讨论,需要有多种能力,比如认真倾听别人的意见,适时反馈自己的观点,表达观点有理有据、声音清晰,遇到不同观点沉着冷静、积极应对。

## 演讲

【释义】

演讲,即在公开场合运用语言艺术,有目的地向听众传递信息、传播知识、引起感情共鸣的传播方式。演讲者一般要具有广博的知识,对某个问题作透彻的阐述,更重要的是要有演讲的勇气和自信,要声音清晰洪亮,目光直视听众,同时,演讲要考虑到听众的接受情况,最好与之形成互动,演讲的说服力和鼓动性也就会更大。演讲要有个好的开头和精彩的结尾。演讲的内容一般分为政治性的、学术性的或礼仪性的。即席发言也是演讲的一种,发言可以依照当时的环境,见机而行,用眼前的事物或别人的讲话为开头,内容集中,语言简短,一般情况下以轻松活泼为好。演讲能力可以通过训练得到提升。

## 辩论

【释义】

辩论,即就同一个问题,站在对立的立场上进行论争。辩论中的论题也叫辩题。通过辩论,往往可以深入认识某个问题,对人文及自然等领域的理解更加全面。

## 采访

【释义】

采访,即记者为采集新闻而进行的调查或访问活动。它是新闻记者获取新闻事实的主要手段,也是记者的主要工作内容。

采访能力有高有低,它是对记者政策观念、新闻敏感和活动能力的检验、锻炼。采访前应该对要采访的相关问题有深入的了解和准备,如学习领会有关方针政策,研究采访题材与对象,查阅相关资料,了解背景情况,制定采访计划等。采访的方式一般包括个别访问、现场查勘、开调查会、出席记者招待会、蹲点等。问、听、看、记、想,是采访中的五个环节。随着实践锻炼,采访水平会得到提升。

## 主题教学

### 【释义】

我国在 2001 年进行了基础教育的新一轮改革,在新课程的设计中,更倾向按主题来划分安排学习内容,打破单纯地强调学科自身的系统性、逻辑性的局限,关注学生的兴趣与经验,密切教科书与学生生活以及现代社会、科技发展的联系。依照这样的理念,教学中兴起主题教学模式。主题教学的内涵包括三个层面,一是文本负载的言语方式、知识信息以及能力附加等;二是母语文化系统包括包含的民族精神、风骨情操等人文底蕴;三是个体的精神、理想、人格的生长与形成。在主题教学实践中,个别教学出现只有泛泛文化主题,而缺少扎实、清晰的基础知识学习的现象,使得上课热闹,但落到实处的能力提升有所欠缺。

### 【示例】

生活中有阳光雨露也有风霜阴霾。追求美好的人生,是我们共同的心愿。这个单元的课文从不同角度写出了作者对生活的思考、感悟,以及对美好人生的礼赞。阅读这些课文,将引导你思考人生,珍爱生命。本单元继续练习默读,力求做到眼到、手到、心到。不妨在课本上随手圈点勾画,标出关键语句,画出你喜欢的语句或者有疑惑的地方。在对课文整体把握的基础上,通过把握线索、抓住关键语句等方式,概括文章的中心。〔人教版《义务教育课程标准实验教科书　语文·七年级上册》第四单元〕

## 单元教学

### 【释义】

单元教学,即以单元整体为核心的教学,教学设计始终着眼于单元整体的目标。如将单元内的课文整合、集中,以对比阅读或者同题写作等方式进行教学。与单篇课文教学或者单项活动教学相对应。其目的在于强调语文的综合性,跳出单篇课文的局限及零碎知识的局限,以单元整体教学为把手,提升教学效率及语文素养的提高。1931 年美国莫里逊在《中学教学实践》一书中首先提出莫里逊单元教学法,后来此法在实践中又有创造和发展。其教学过程一般包括:①向学生简要介绍本单元内容,明确单元整体教学目标及重点。②引起学生学习兴趣和了解学习意义,以单元整体教学重点为核心,设计一系列相关教学活动。③带领、指导学生进行各种学习活动,如带着问题集中阅读单元内所有课文,查找资料,形成观点,写出相关笔记或文章。④由学生以各种形式进行展示交流,如书面总结、小组讨论等,并进行考核和检查。

**【例句】**

单元教学是诸多教学方式的一种,它比较契合《义务教育语文课程标准(2011 年版)》在实施建议中提到的"教师应努力改进课堂教学,整体考虑知识与能力、过程与方法、情感态度与价值观的综合,注重听说读写之间的有机联系,加强教学内容的整合,统筹安排教学活动,促进学生语文素养的整体提高"的要求。

## 群文阅读

**【释义】**

群文阅读,即围绕一个或多个议题选择一组文章,教师和学生围绕议题展开阅读和集体建构,最终达成共识的过程。群文阅读是近年来从日本、我国台湾地区引进的,重庆树人教育研究院一直在致力于群文阅读的理论研究教学实验推广。群文阅读既是对阅读教学内容的突破,也是对传统教学思想的创新。

**【示例】**

群文阅读教学课例:《读读寓言故事》

执教:重庆市沙坪坝区滨江小学语文教师　陈慕阳

学生:重庆市北部新区星光学校四年级

群文篇目:《掩耳盗铃》《陶罐与铁罐》《大轮船与小礁石》《不留余地的狼》《树叶和树根》《驴子的坏主意》《狐狸和鹤》《螳螂捕蝉,黄雀在后》

教学时间:40 分钟

## 本色语文

### 【释义】

本色语文是由江苏苏州中学语文特级教师黄厚江在多年语文教学实践中总结出来的一种教学理念。其内涵主要有三层:一是"语文本原"。立足母语教育的基本任务,明确语文课程的基本定位。最基本的任务是培养学生热爱母语的感情,激发学生学习母语的动力,提高学生运用母语的能力。二是"语文本真"。探寻母语教学的基本规律,实践体现母语基本特点的语文教育。三是"语文本位"。体现语文学科基本特点,实现语文课程的基本价值。语文有自身的课程目标和课程内容,它有自身的课程要求和评价方式。

### 【示例】

一是减去不必要的教学环节。一位老师教学李白的《将进酒》,开头的20分钟安排的是这样几个环节:1. 讨论在古希腊、文艺复兴、春秋战国、盛唐这四个时代中,你最希望生活在哪个时代;2. 让学生说说心中的李白;3. 教师介绍别人眼中的李白;4. 学生说说自己所知道的李白的诗歌。这几个教学环节的设计很显然是重复的,都只是把学生引入学习情景,或者简单说都只是教学的导入,取其一即可。一节课学习这样一首诗,时间比较紧张,在导入环节用这么多时间,是没有必要的也是很不合理的。可以说,精彩的好课都是简洁的、干净的;很多课,失败的原因就是环节太多、太复杂。

有些老师不管教学什么课文,开头都喜欢来一段录像,至少来一段音乐,令人莫名其妙。教学《安塞腰鼓》开头必然是一段安塞腰鼓;教学《济南的冬天》从一年四季你最喜欢哪个季节开始;教学《蔚蓝的大海》让学生说说自己心中蔚蓝的大海。这样的安排,我认为不是叠床架屋就是穿靴戴帽。"油多不坏菜",不是真理。环节多了必定破坏教学。〔黄厚江:《好课是怎样"炼成的"?》,《中学语文教学参考》2010 年 9 期,第 75 页〕

## 生态语文

### 【释义】

生态语文是一种特殊的语文教学理念。"生态"原是生物学的概念,"生"指生物、一切有生命的物体;"态"指生存的状态。生态语文强调人、活动、环境是生态教育系统中的三大要素,人是教育生态中的主体,语文教学必须深入研究人与环境之间、人与活动之间、人与人之间的关系,才会了解生态教育的个性特征、基本规律,为学生的身心发展提供更好的教育教学指导。

【示例】

叶圣陶曾比喻:"办教育的确跟种庄稼相仿。受教育的人的确跟种子一样,全部是有生命的,能自己发育自己成长,给他们充分合适的条件,他们就能成为有用之才。"教育也是一个生态场,每个孩子都是一粒潜力无穷的种子,每个孩子都是一片独特的风景。生态语文教育所追求的就是让每一个生命个体在语文素养不断形成和发展的过程中丰富自己,完善自己,自信自强,思想自由,精神独立,灵魂高尚,在任何处境和际遇中都能迸发出生命的奇迹。

《人生的意义和价值》是季羡林在85岁高龄时对人生意义所做的理性思考。对"人生意义"这样的阅读课,蔡明老师在该课的最后对学生说:"省高考新方案中将选修科目等级化为6个等级,第一个等级占考生的5%,将来作为录取重点大学的比例。而研究表明,人群中的前5%左右的成员往往是出类拔萃的精英分子,不应该是芸芸众生之列,当属'中国的脊梁'一类。为了人类社会的发展,我们应该有什么样的追求呢? 让自己达到什么样的人生境界呢? 又如何体现我们的人生意义与价值呢? 欢迎以'我看人生'或'不做夏虫'为题做一篇自省文章。"

## 诗意语文

【释义】

诗意语文,是杭州师范大学教育学院王崧舟、黑龙江省牡丹江二中语文特级教师董一菲等提出和实践的一种教学理念。王崧舟主张以发展学生的言语生命为核心,把"思维发展与提升、审美鉴赏与创造、文化传承与理解"作为教学内容,将审美、创造、文化内化为个人素养。董一菲则把"美、情感、哲思、爱"作为语文教学的关键词。这种理念更强调关注语文本身的美,并在教学中传递、建构这种美。

【示例】

六(4)班同学在王崧舟先生的《湖心亭看雪》一课中,细读张岱之言,"看雪湖心亭";慢品张岱之境,"独游天人境";灵思张岱之心,"都云作者痴";留下深深的思考,"谁解其中情"。孩子们在大师娓娓道来的述说中寻找"独"之意味,在文本中穿越时空,体会雪之意蕴。整堂课形成了一种沉静的、带有传统水墨画色彩的诗意氛围,学生不仅学习了语言文字方面的知识,更感受到其中蕴藏的独特的魅力。

## 生命语文

### 【释义】

"生命语文"是熊芳芳2009年在其著作《生命语文》中提出的一种理念。生命语文是为生命的和用生命而为的语文,其基本特性是学生、教师、课堂生命三位一体和语文教学的文道合一,实施策略是用语文激发学生的生命和用语文开启教学的生命。《中国教育科学》2015年第四辑刊发李震论文《生命化课堂的价值、内涵和实践样态》,该文认为:生命化课堂的提出是对教育本质的回归,是对主知主义的反正,是对人本主义的吸纳,是对应试教育的反思,是对生命精神的张扬,是对人生舞台的搭建,是对教学模式的洗礼。生命化课堂的实践样态是:体现生命的价值取向,提倡师生的民主平等,凸显师生的情感交流,激发文本的生命活力,构建灵动的教学模式,融进学生的生活体验,促进学生的个性发展,搭建师生的交往平台,寻求课堂的动态生成,实现师生的共历成长。

### 【示例】

"故事"里的事:"故事"写作讨论课实录

班级:井冈山中学初三(1)班

这是一堂写作讨论课,力求不要太"实",打破写作技巧训练的传统模式;也不要太"虚",杜绝口号式的写作宣言,避免概念灌输。要让他们在创作中看见艺术,然后才能艺术地创作。

生命语文认为,教材等教育资源是源客体,学生是近主体,教师是远主体。

这堂课,笔者努力追求以情感为引擎,推动学生对别人的文字的思想情感和表现手法的深度理解和敏锐发现,从而激发他们自己的创作动机和表达机智,同时,滋养心灵,修养理性,涵养智慧。教师不以一种"让我来告诉你"的姿态,而是一种"请你告诉我"的邀请。另外,"伙伴语言"(学生作品)作为素材的魅力和影响力,会比名家名作更大,不要轻易放弃这一阵地。阅读与写作双翼并举,生命便能凌空飞翔。〔熊芳芳〕

## 青春语文

**【释义】**

青春语文,是中学语文教师王君在20世纪90年代提出并实践的一种教学理念。她认为教育是发现、创造、享受幸福生活的艺术,语文教学应该提倡通过激活汉语言文学本身的生命力等手段使语文教学过程保持青春状态,进而为教师和学生创造、保持、享受整个人生的青春状态(即幸福人生)作准备。

**【示例】**

王君的语文教学充满了青年人特有的奇思妙想:打破语文课常规的授课状态,以新颖的构思、勇敢的尝试让学生被语文课堂深深吸引。例如,在上蒲松龄的《狼》的时候,她以两幅错误的"屠夫杀狼图",让学生辨图改错,使文言文的学习变成了有趣的游戏;在上《驿路梨花》的时候,她以问号中的小茅屋提挈起了整堂课,并让学生速读比赛,课堂讨论便意趣横生、精彩迭出;学习《济南的冬天》时,她与学生共同设计,竞选济南的形象代表。这样的语文教学,心态是青春的,追求是青春的,也更适合和正处青春的学生们教学相长。

## 人文语文

**【释义】**

人文语文,是针对语文教学中机械化技能训练的弊端而提出的重视语文人文精神的教学理念。语言文字不仅是一种语音、符号系统,也积淀了民族的精神、智慧和文化,融汇着各个不同历史时期、各个民族文化的精华。华夏民族的思维、意识、心理、风俗等都蕴含在我们的母语中。

**【例句】**

《语文课程标准》中明确指出:"语文是最重要的交际工具,是人类文化的重要组成部分。工具性与人文性的统一,是语文课程的基本特点。"人文性与工具性,一直是语文教学关注的问题,两者不可偏废任一,应是相辅相成。

## 说课

**【释义】**

说课,教研活动形式之一。说课一般包括开场如何导入,选文介绍及背景,教情和学情分析,教学设想,教学目标,教学过程,反思与改进等。有的说课则会重点突出教学的某个部分来谈,并举片段作为例证,以强调某种教学观点或理念。说课一般会控制在 10 到 15 分钟,能够在有限的教研活动时间里,展示更多教师的教学设计和想法,使教学研究活动进行得更充分,效果更好。

**【示例】**

部编本《义务教育教科书　语文·二年级下册》第 14 课《小马过河》说课。

教材分析:本课选自"思维方法"单元。之前学生学习了《亡羊补牢》《揠苗助长》《玲玲的画》等课文,懂得了做事要多动脑筋的道理。《小马过河》是本单元的最后一课,是学生从认识到实践的过程。在教学本课时,不仅要完成"分角色朗读""通过关键词句简单复述故事"等要求,也要在熟读文本的基础上,对文本中人物的行为——特别是小马的行为——进行思考和判断。为完成课后第三题,特意设计了第 3 课时的教学,让学生初步体会对文本的反思和分析,进行"动脑筋"的实践。〔林孝杰〕

# 磨课

**【释义】**

磨课,教研活动形式之一。以某位教师的教案设计及课堂实施为核心,集中集体的智慧进行评议和补充完善,不断打磨教案及授课细节。磨课通常包括以下程序:选定磨课课题,开展备课分析,编制教学方案,在备课组说课,集体讨论修改,专家指导,同行对比研讨,二次修改方案,组织同伴观课、议课,三改教学方案,二次执教,录像回放,四改教学方案,如此反复,直到满意为止,形成终结教案,撰写磨课体会,磨课教案结集共享。在磨课过程中,不仅被评议教师收获一堂经典、精彩的课,参与磨课教师也会得到启发和提升。

**【例句】**

我们这次观课时有位教师集中观测了我的提问,观课分析时针对提问情况作了详细分析,让我受益很大。以前我自认为我的课堂语言比较精炼,但经过量化分析,我才发现我整节课中有 9.6% 的问题都是无效问题,而这些无效问题都是是非判断性的、无关痛痒的问题,比如:会吗? 行吗? 是这个还是那个? 之后我会非常注意这个问题,有意识地锤炼课堂语言,提升教学效果。

## 观摩课

### 【释义】

观摩课是教研活动的一种方式,一般是有经验的教师带着大家一起观摩某教师的课,根据课堂情况进行研讨,探讨教学规律、研究教学方法、推广教学经验,是教师课堂教学水平提高的重要途径。有时观摩课也是为配合上级主管教育部门的检查,或者学校内部对教师授课情况或学生听课情况的检查,而组织进行的活动。观摩课一般关注教学是否达到教案规定的目的、教学的内容是否准确、学生的接受情况和学习效果、教师运用课前设计的教学方法是否得法、教师的组织能力和教学风度等。

### 【例句】

我校本次观摩课活动的不足之处有如下几个方面:通过观摩课进行相互学习、交流和研讨的氛围还不够,缺乏必要的及时反馈环节;授课教师都是青年教师,他们有创新精神,但在业务上需要进一步提高,需要有经验的教师积极帮助;由于活动较集中,教研组的讨论还不够深入,就如何提高授课教师的教学水平,评委还不能很好地与教师进行交流,学科组教学研究的目的尚未完全实现。

## 示范课

### 【释义】

经过观摩课或者赛课、磨课等教研活动,发现一些好的、有代表性的教学设计及课堂实施,把它在教研活动中再次展示出来,对教学起到示范作用,叫示范课。也有些示范课是由有多年教学经验或在理论上有深厚涵养的特级教师或专家,在教研活动中直接展示的课,如名师课堂、专家讲堂一类。

### 【示例】

《项脊轩志》示范课实录片段

教学目标:1.了解作者,明了作者身世对本文感情基调的影响;2.疏通字词,正音并学习重点字词意义。

重点难点:1.常用文言词语意义,用法。2.对思想感情的理解。课型:新授。

教法:朗读,讲解,提问,总结。

教学过程:1. 导入新课:明代有一位著名的散文家曾被当时的人们誉为"今之欧阳修",他的散文被誉为"明文第一",这位作家就是归有光。今天我们就来学习一下他的代表作。2. 作者介绍:归有光,字熙甫,号震川,曾在嘉定(现上海嘉定)讲学二十余年,学生很多,称他为"震川先生"。唐宋散文以唐宋八大家成就最高,清代散文的主流则是桐城派。归有光的散文对清代影响很大,桐城派代表人物姚鼐将归有光视为唐宋八大家和桐城派之间的一座桥梁,元明两代除归氏外别无他人,由此可见归有光文学地位之高。归有光是明代主要文学流派唐宋派的代表人物。唐宋派提倡学习唐宋文,推崇文从字顺的语言风格,针对复古派对前代散文的剽窃,提出"直抒胸臆"的创作主张,重视在文章中抒发自己的真情实感。唐宋派主要成就在散文方面,以归有光散文成就最高。

## 研讨课

**【释义】**

研讨课是指在教师指导下,学生参与遴选研讨专题,经过阅读、调研、准备报告等阶段后,课上由学生进行简短报告,教师、学生共同参与讨论的教学形式。

**【示例】**

越是可以从不同角度去解读。就拿鲁迅的小说《药》来说,有人读后可能会认为,这是一篇讽刺庸医害人的作品,中学生则被告知,这是在总结辛亥革命失败的历史教训,而文学教授则认为这篇小说意在揭示国民的劣根性,"引起疗救的注意"。可见读者的年龄、经历、职业、学识修养、阅读视野、关注重点等的不同,对同一作品会有不同的理解……请在课本中或课外读过的作品中选择一两篇精品,与他人同读共赏……召开一个阅读研讨会,分析产生不同的原因。〔人教版《普通高中课程标准实验教科书　语文3(必修)》"梳理探究"〕

## 复习课

**【释义】**

根据人类大脑学习和记忆的客观规律,对于所学知识要适当进行循环记忆和补充复习,以取得稳固知识和深化理解的效果的课型。教师一般会对之前学过的知识进行概括总结,帮助学生强化识记,加深对所学知识的理解,融会贯通,使知识系统化。复习课可分为学期学年开学复习课、单元复习课、阶段复习课和期末复习课等。复习课在照顾全面的情况下,更要注意重点突出、难点突破,使学生有新的收获。

## 备考课

**【释义】**

备考课,即针对考试而设置的专门课型。备考课可分为两类,一是知识点复习和串联,二是针对知识点和学生问题的专门训练,即习题演练或模拟卷的测试等。备考课是在考试前进行的强化训练,对提升考试成绩、深化知识理解有帮助,但也不宜过多设置,否则为应试而强记的知识,往往忘记得也快。

## 教学反思

**【释义】**

教学反思,即教师在授课后,根据自己的教案设计、教案实际实施情况、课堂反馈、测评情况等对自己的教学做出的思考和总结。教学反思对于提升教学水平,结合学生实际接受情况不断改进教学设计,有很大帮助。

# 语文考试

## 一、考试政策

### 高考评价体系

【释义】

2016 年,高考改革进入新阶段,教育部考试中心提出要探索构建"一核四层四翼"的高考评价体系。高考评价体系由考试定位、考查目标、考查要求三个部分构成。考试定位回答为什么考的问题,答案是立德树人、服务选拔、导向教学;考查目标回答考什么的问题,答案是必备知识、关键能力、学科素养、核心价值;考查要求回答怎么考的问题,答案是基础性、综合性、应用性、创新性。这一体系可作示意图如下:

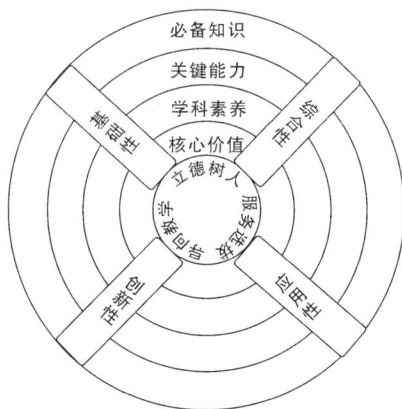

与其他高考科目一样,高考语文依据高考评价体系进行试卷设计和试题命制。

【例句】

展望 2017 年,要进一步落实《实施意见》部署的改革任务,在重点推进高考评价体系建设的同时,体现改革的系统性、整体性、协同性,通过三方面举措逐渐完善高考考试内容改革的支撑体系。第一,修订完善考试大纲,固化改革成果、彰显改革方向。第二,改进评分方式,加强评卷管理,完善成绩报告。第三,加强国家题库建设,提升命题科学化水平。〔姜钢:《探索构建高考评价体系,全方位推进高考内容改革》,2016 年 10 月 11 日《中国教育报》〕

## 立德树人

**【释义】**

党的十八大报告明确提出,把立德树人作为教育的根本任务。2016 年 12 月召开的全国高校思想政治工作会议上,中共中央总书记、国家主席、中央军委主席习近平指出,要坚持把立德树人作为中心环节,把思想政治工作贯穿教育教学全过程,实现全程育人、全方位育人,努力开创我国高等教育事业发展新局面。高考是教育的重要一环,立德树人是其根本立场。高考这一特殊方式促使学生树立远大理想和崇高追求,积极培育和践行社会主义核心价值观,争做德智体美全面发展的社会主义事业建设者和接班人。

**【例句】**

在 2017 年高考考试大纲的修订文件中,有一个反复出现并且不断强化的非常核心的理念,就是"立德树人",即高考考试大纲的育人导向与功能。这也是 2017 年高考考试大纲的一个十分重要的取向与特征。这种"立德树人"的高考导向是非常重要和广泛的。它涉及全国 1000 万左右的高三备考考生,全国 3000 万以上的高中在校学生,以及影响整个教育。因此,在考试大纲中强调这种"立德树人"的功能,是十分合理与必要的,希望引起社会和教育界的高度重视。〔谢维和:《坚持高考"立德树人"的导向功能》,教育部官网〕

## 服务选拔

**【释义】**

高考全称是"普通高等学校招生全国统一考试",服务于普通高等学校的人才选拔是其根本立场。高考承担着为不同类型的高校选拔出符合要求的新生的任务。试题的质量与大学入学新生质量之间有直接而密切的关系,高考制度则对社会纵向流动、社会结构形成和社会长远发展起到预选和配置的作用。高考必须保证科学、公平,高考试题要有较高的信度、效度,保证良好的区分效果。

**【例句】**

此次考纲修订(指 2017 年高考考试大纲修订工作),我印象最深的有两点。第一,强调了在"立德树人"的指导思想下,高考将更好地为高校人才选拔服务,同时发挥对基础教育教学的重要导向作用。第二,新的考纲配合高考改革,对我国高考的评价体系进行了一次系统的顶层设计,这就是新考纲中首次提到的"一体四层四翼"的高考评价体系,值得相关方面研究思考。这个高考评价体系,在某种程度上,也是未来高考命题的基本遵循,当然,最后还是需要通过每一次高考命题来逐步实现。〔陈志文:《高考的首要任务是服务高校人才选拔》,教育部官网〕

## 引导教学

**【释义】**

除了选拔功能,高考因其连接高等教育与基础教育阶段主渠道的特殊地位,对于高中乃至整个基础教育教学,客观上还发挥着"指挥棒"的作用,因此高考也就自然被赋予了引导教学的功能。高考的功能定位、内容改革及命题实施,也都要基于教育全局并为推动党的教育方针和素质教育理念在基础教育阶段的深入实施发挥关键的导向作用。

**【例句】**

2017 年的语文考纲做了一些调整,这些调整是切实可行的、科学的,将有利于提升高考语文试卷命制的质量,更好地满足高校人才选拔的要求;同时也有积极的导向性,将发挥高考"指挥棒"正面的"指挥"作用,有针对性地解决语文教学实践中普遍存在的某些问题。比如,以往试卷现代文阅读部分有"文学类文本阅读"和"实用类文本阅读"两个模块,要求考生二选一。由于"文学类文本"阅读能力更需要长期的熏陶与积累,很难"速成"。因此,历年高考选"文学类文本"的考生很少,许多学校也都不重视"文学类文本"的教学,甚至基本放弃这方面的学习。而从人才培养的语文综合素质要求看,不光要有语言运用能力,以及与此相关的对信息筛选的能力、分析问题解决问题能力,也要有审美鉴赏的能力。所以文学审美教育是语文不可或缺的内容。这次考纲修订把两类文本的二选一形式,改为都是必考,意义重大。这不但能对考生素质做更全面的考查,也将对一线教学中存在轻视文学审美教育的倾向起到纠偏作用。〔温儒敏:《发挥高考对中学教学正面"指挥棒"作用》,教育部官网〕

## 必备知识

### 【释义】

考查目标第一圈层"必备知识"强调考查学生长期学习的知识储备中的基础性、通用性知识,是学生今后进入大学学习以及终身学习所必须掌握的知识。

必备知识,是能力和素养的基础,高考语文试题中多有涉及,但很少进行单独考查,而是体现在对能力和素养考查的过程中。比如,阅读文学作品时,不要求考生记忆背诵相关鉴赏术语的概念,但要求对之有所了解并能用来分析解决具体的文本;阅读文言文时,不要求考生记忆背诵实词虚词的含义和特殊句式的用法,而通过断句题、翻译题等考查综合能力的试题附带考查。

### 【案例】

2015 年高考语文全国 I 卷

## 发临洮将赴北庭留别

岑　参

闻说轮台路,连年见雪飞。

春风不曾到,汉使亦应稀。

白草通疏勒,青山过武威。

勤王敢道远,私向梦中归。

与《白雪歌送武判官归京》相比,本诗描写塞外景物的角度有何不同? 请简要分析。

作答该试题,考生必须熟知岑参《白雪歌送武判官归京》一诗,并且了解什么是描写角度,才能将之与《发临洮将赴北庭留别》就描写塞外景物的角度进行比较。岑参《白雪歌送武判官归京》一诗和"描写角度"这一术语就属于必备知识的范畴。

## 关键能力

### 【释义】

考查目标第二圈层"关键能力"重点考查学生所学知识的运用能力,强调独立思考、分析问题和解决问题、交流与合作等学生适应未来不断变化发展社会的至关重要的能力。

关键能力,是目前高考语文最重要的考查对象。《普通高等学校统一招生考试大纲语文(2018年版)》,根据高等学校对新生文化素质的要求和教育部颁布的《普通高中语文课程标准(实验)》,确定了六个层级的关键能力,分别是识记、理解、分析综合、鉴赏评价、表达应用和探究。

随着高考改革的向前推进,近年来高考语文考查的能力也发生了变化。2016年10月,教育部考试中心正式公布的《2017年普通高考考试大纲修订内容》中明确指出变化的两个方向:一是注重考查更高层级的思维能力,如鉴赏评价能力和探究能力;二是注重考查信息时代和高校人才选拔要求的快速阅读能力和信息筛选处理能力。

【示例】

2012年高考语文全国课标卷

要求:根据所给材料的内容,在下面画线处补写恰当的句子。要求内容贴切,语意连贯,逻辑严密,语句通顺。不得照抄材料,每句不超过20个字。

材料:司马迁《史记》记载:"黄帝采首山铜,铸鼎于荆山下。"晋代王嘉在《拾遗记》中说:"神农采峻岭之铜,以为器。"如果这些史料可靠,则我们祖先大约在5 000年前就开始使用铜器了。但是,考古学家一直没有发掘到可以确证是夏代之前的铜器。因此,这些记载还只能视为传说。

试题:早在传说中的远古时期,　①　。从传世文献记载来看,我国在夏代之前就已进入铜器时代,但是,　②　。上个世纪50年代,考古工作者在河南偃师二里头一带发掘出了不少青铜器。经鉴定,这批青铜器的制作年代距离现在3 500多年,这个时间大概是夏晚期。它们出土的地点正好是古书中所说的夏代开采铜矿之地,因此,可以确信,　③　。

作答该试题,必须具备理解能力、信息筛选能力、逻辑思维能力和表达能力。

## 学科素养

【释义】

考查目标第三圈层"学科素养"要求学生能够在不同情境下综合利用所学

知识和技能处理复杂任务,具有扎实的学科观念和宽阔的学科视野,并体现出自身的实践能力、创新精神等内化的综合学科素养。

在通过短期训练可以背诵的知识和提高的能力之外,还有一些是日积月累、潜移默化的。普通高中语文课程标准提出,语文素养是学生在积极的语言实践活动中积累与建构起来,并在真实的语言运用情境中表现出来的语言运用方式及其品质;是学生在语文学习中获得的语言知识与语言能力,思维方法和思维品质,情感、态度与价值观的综合体现。核心素养融入高考评价体系后形成可测可评的素养考核目标。

与能力的考查相比,素养的考查体现出更多的综合性和日常习得性,很难在短期内通过大量做题的方式提高。

【示例】

2014 年高考语文全国 II 卷第 11 题

# 鞋

### 刘庆邦

有个姑娘叫守明,十八岁那年就定了亲。定亲的彩礼送来了,是几块做衣服的布料。

媒人一走,母亲眼睛弯弯的,说:"给,你婆家给你的东西。"

"谁要他的东西,我不要!"

"不要好呀,我留着给你妹妹做嫁妆。"

妹妹跟过来,要看看是什么好东西。守明像是捍卫什么似的,坚决不让妹妹看,她把包袱放进箱子,啪嗒就锁上了。

家里只有自己时,守明才关了门,把彩礼包儿拿出来。她把那块石榴红的方巾顶在头上,对着镜子左照右照。她的脸红通通的,很像刚下花轿的新娘子。想到新娘子,不知为何,她叹了一口气,鼻子也酸酸的。

按当地的规矩,守明该给那个人做一双鞋了。她的表情突然变得严肃起来。

她把那个人的鞋样子放在床上,张开指头拃了拃,心中不免吃惊,天哪,那个人人不算大,脚怎么这样大。脚大走四方,不知这个人能不能走四方。她想让他走四方,又不想让他走四方。要是他四处乱走,剩下她一个人在家可怎么办？她想有了，把鞋做得稍小些，给他一双小鞋穿，让他的脚疼，走不成四方。想到这里，她仿佛已看见那人穿上了她做的新鞋，由于用力提鞋，脸都憋得红了。

"合适吗？"

那个人说合适是合适，就是有点紧。

"穿的次数多了就合适了。"

那个人把新鞋穿了一遭，回来说脚疼。

"你疼我也疼。"

那个人问她哪里疼。

"我心疼。"

那个人就笑了，说："那我给你揉揉吧！"

她赶紧把胸口抱住了。她抱的动作大了些，把自己从幻想中抱了出来。摸摸脸，脸还火辣辣的。

瞎想归瞎想，在动剪子剪袼褙时，她还是照原样儿一丝不差地剪下来了。

第一次看见那个人是在社员大会上，那个人在黑压压的会场中念一篇稿子。她不记得稿子里说的是什么，旁边的人打听那个人是哪庄的，叫什么名字，她却记住了。她当时想，这个男孩子，年纪不大，胆子可够大的，敢在这么多人面前念那么长一大篇话。她这个年龄正是心里乱想的年龄，想着想着，就把自己和那个人联系到一块儿去了。不知道那个人有没有对象，要是没对象的话，不知喜欢什么样的……

有一天，家里来了个媒人，守明正要表示心烦，一听介绍的不是别人，正是让她做梦的那个人，一时浑身冰凉，小脸发白，泪珠子一串一串往下掉。母亲以为她对这门亲事不乐意，守明说："妈，我是舍不得离开您！"

媒人递来消息，说那个人要外出当工人。守明一听有些犯愣，这真应了那句脚大走四方的话。此一去不知何时才能回还，她一定得送给那个人一点东西，让那个人念着她，记住她，她没有别的可送，只有这一双鞋。

那个人外出的日期定下来了，托媒人传话，向她约会，她正好亲手把鞋交给那个人。

约会的地点是村边那座高桥，时间是吃过晚饭之后。母亲要送她到桥头去，她不让。

守明把一切都想好了,那个人若说正好,她就让他穿这双鞋上路——人是你的,鞋就是你的,还脱下来干什么!临出门,她又改了主意,觉得只让那个人把鞋穿上试试新就行了,还得让他脱下来,等他回来完婚那一天才能穿。

守明的设想未能实现。她把鞋递给那个人时,让那个人穿上试试。那个人只笑了笑,说声谢谢,就把鞋竖着插进上衣口袋里去了。直到那个人说再见,鞋也没试一下。那个人说再见时,猛地向守明伸出了手,意思要把手握一握。

这是守明没有料到的。他们虽然见过几次面,但从来没有碰过手。她犹豫了一会儿,还是低着头把手交出去了。那个人的手温热有力,握得她的手忽地出了一层汗,接着她身上也出汗了。那个人大概怕她害臊,就把她的手松开了。

守明下了桥往回走时,见夹道的高庄稼中间拦着一个黑人影,她大吃一惊,正要折回身去追那个人,扑进那个人怀里,让她的那个人救她,人影说话了,原来是她母亲。

怎么会是母亲呢!在回家的路上,守明一直没跟母亲说话。

后记:

我在农村老家时,人家给我介绍了一个对象。那个姑娘很精心地给我做了一双鞋。参加工作后,我把那双鞋带进了城里,先是舍不得穿,后来想穿也穿不出去。第一次回家探亲,我把那双鞋退给了那位姑娘。那姑娘接过鞋后,眼里一直泪汪汪的。后来我想到,我一定伤害了那位农村姑娘的心,我辜负了她,一辈子都对不起她。

（有删改）

试题:

文末"后记"是独立于小说外的写作说明,还是属于小说的有机组成部分?请结合全文,谈谈你的观点和理由。

作答该试题,学生除了掌握"后记""写作说明"等必备知识和理解、分析、评价等关键能力外,还要具备在日常阅读和思考的过程中形成的学科素养,运用批判性思维反思小说,结合自己的审美体悟给出答案。

## 核心价值

**【释义】**

考核目标的第四圈层"核心价值"要求学生能够在知识积累、能力提升和素质养成的过程中,逐步形成正确的核心价值观,这也体现了高考所承载的"坚持立德树人,加强社会主义核心价值体系教育"和"增强学生社会责任感"的育人功能和政治使命。

高考语文试题发挥以文化人和以文育人的作用,通过素材选取、试题设问等,有意识地引导考生在知识积累、能力提升和素养养成过程中逐步树立正确的价值观念。

【示例】

2016年高考语文全国Ⅲ卷

# 一代通儒顾炎武

顾炎武从科举制度桎梏中挣脱出来后,便一改旧习,自誓"能文不为文人,能讲不为讲师",力倡"君子之为学,以明道也,以救世也"。为了一抒山河壮怀、广交天下贤哲,也为了摆脱纠缠、躲避豪绅叶方恒的陷害,他以游为隐,将家事稍作安排,便只身出游。最初往来于山东、北京、江苏、浙江之间,自康熙元年起,其游踪扩至河北、河南、山西、陕西。以友人所赠二马二骡载书自随,南北往返,风尘仆仆,行万里路,读万卷书,把自己的后半生献给了著述事业。顾炎武每到一处,必考察当地风土人情、山川地理,如与平日所闻不符,便打开书卷验证。旅途中则在鞍上默诵诸经注疏,偶有遗忘,就翻书温习。据他在《书〈为顾宁人征天下书籍启〉后》回忆,自己曾临泰山,谒十三陵,登恒山,抵太原,"往来曲折二三万里,所览书又得万余卷"。他把所搜集到的地理文献资料一分为二,将有关水利、贡赋、经济、军事部分,编为《天下郡国利病书》;有关地理沿革、建制、山川、名胜部分,则编为《肇域志》。

《日知录》是顾炎武的一部读书札记,最能代表他的严谨笃实与学术创新,也反映了他一贯不愿"速于成书,躁于求名"的治学品格。全书共三十二卷,以"明学术,正人心,拨乱世,以兴太平之事"为宗旨,体现了他的学术、政治思想。康熙九年初刻八卷本刊行后,他又不断增改,至康熙十五年,已得手稿二十余卷。顾炎武在该书的题记中说,他从小读书,"每有所得,辄记之。其有不合,时复改定"。一旦发现前人著述中已有类似论说,一律删去。积三十余年,编成此书。取《论语》子夏之言,命名为《日知录》,供后人研讨。

顾炎武把《论语》中的"博学于文""行己有耻"作为自己的治学宗旨和处世

之道,虚怀若谷,严于律己,注重友情。在他看来,为学不日进则日退,独学无友则孤陋难成。交友是益学进道的重要途径,古人学有所得,未尝不求同志之人,所以,寻友交友构成他为学生涯的重要组成部分。在为学交友过程中,他始终推友之长,虚己待人,以友为师,其高尚品格足为后世楷模。他晚年所撰《广师》,从学术视野、学术贡献、博闻强记、文风雅正、治学态度等方面,对同时代的十位"同学之士"加以称许。其弟子潘耒在《日知录》序中,盛赞其师足迹半天下,所至交其天下贤豪长者。天下无贤不肖,皆知先生为通儒。

顾炎武一生,始终关注"国家治乱之源,生民根本之计",早年奔走国事,中年谋求匡复,即使暮年独居北方,依旧念念不忘"东土饥荒""江南水旱"。直到逝世前,病魔缠身,他仍然以"救民水火"为己任。他主张,天生豪杰必有所任,"拯斯人于涂炭,为万世开太平",正是自己的责任。顾炎武对国家民族前途命运的关注,有其特定的原因,今天看来固然有一定的局限性,但是对于一个旧时代的思想家和学者来说,却是难能可贵的。面对明清交替的现实,顾炎武从历史反思中得出结论:"保天下者,匹夫之贱与有责焉。"后世学者将他的这一思想归纳为"天下兴亡,匹夫有责",成为我们中华民族爱国主义传统的一个重要组成部分,是颇有道理的。

(摘编自陈祖武《顾炎武评传》)

相关链接

①顾炎武(1613~1682),明清之际思想家、学者。初名绛,字宁人,学者称亭林先生。江苏昆山人。……遍游华北,所至访问风俗,搜集材料,学问广博,于国家典制、郡邑掌故、天文仪象、河漕、兵农以及经史百家、音韵训诂之学,都有研究。晚年治经侧重考证,开清代朴学风气。反对空谈"心、理、性、命",提倡"经世致用"的实际学问。著作有《日知录》《天下郡国利病书》《肇域志》《音学五书》《顾亭林诗文集》等。(摘自《辞海》第六版)

②我生平最敬慕亭林先生为人……深信他不但是经师,而且是人师。(梁启超《中国近三百年学术史》)

试题:

后人将顾炎武"保天下者,匹夫之贱与有责焉"归纳为"天下兴亡,匹夫有责"。请结合材料及相关知识,谈谈你对这一观点的看法。

该试题在考查学生的必备知识、关键能力的同时,也有意引导学生对有些问题进一步思考。

## 四翼

### 【释义】

四翼是指高考评价体系中的考查要求,是从国家人才强国战略出发,结合高校人才选拔需求提出的,具体指基础性、综合性、应用性、创新性,体现了国家人才强国战略中对未来发展所需应用型和创新型人才的基本要求,也集中体现了各类高校通过高考选拔人才的共性需求。"基础性"要求主要体现在学生要具备适应大学学习或社会发展的基础知识、基本能力和基本素养,包括全面合理的知识结构、扎实灵活的能力要求和健康健全的人格素养。"综合性"要求主要体现在学生能够综合运用不同学科知识、思想方法,多角度观察、思考,发现、分析和解决问题。"应用性"要求主要体现在学生要能够善于观察现象、主动灵活地应用所学知识分析和解决实际问题,学以致用,具备较强的理论联系实际能力和实践能力。"创新性"要求主要体现在学生要具有独立思考能力,具备批判性和创新性思维方式。

〔姜钢:《探索构建高考评价体系,全方位推进高考内容改革》,2016 年 10月 11 日《中国教育报》〕

## 一点四面

### 【释义】

2015 年 7 月,教育部考试中心提出要加强"一点四面"考查的改革重点,即以立德树人为核心,加强对社会主义核心价值观、依法治国理念、中华优秀传统文化与创新能力的考查,不断强化高考的育人功能和积极导向作用。

### 【例句】

近年来的高考语文试题通过对材料的细致甄选、试题设计的明确指向、答案构拟和评分标准细化等多个环节的精心设计,引导考生在展示语文学习成果的同时,自觉践行社会主义核心价值观,主动传承中国优秀传统文化,积极内化依法治国理念。

2016 年高考语文试题全面落实了对"一点四面"的考查。全国Ⅲ卷作文题"语文素养提升大家谈",直接聚焦语文学习和语文素养。语文素养既是国家文化软实力提升的关键所在,又是与考生日常学习生活密切相关的话题。该作文题在考查考生写作能力的同时,传递出这样一种理念,即以热爱之情感受语文之美,以敬惜之心对待中华民族的语言和文化,以使命之责认识语文之于个人和国家的重要意义。全国Ⅰ、Ⅱ、Ⅲ卷的文言文阅读题,强调古为今用,注意挖掘传统作品的当代价值。全国Ⅰ卷中"曾公亮的为百姓兴利除弊",全国Ⅱ卷中"陈登云的不畏权贵一身正气",全国Ⅲ卷中"傅珪的守正不阿清廉为官",既是中国优秀传统文化的精华部分,也为今天的反腐倡廉、从严治党带来深刻启迪。全国 3 套卷的古代诗歌试题分别选取唐代李白的《金陵望汉江》、杜甫的《丹青引赠曹将军霸》(节选)和宋代曹翰的《内宴奉诏作》,3 首诗歌通过中国古代文人武将对热爱祖国、报效祖国情感的抒发,体现出爱国主义的传承性和深厚的民族心理底蕴。〔姜钢:《坚持以立德树人为核心,深化高考考试内容改革》,《中国高等教育》2015 年第 7 期;教育部考试中心:《考查基本能力和素养,引领高考内容改革——2016 年高考语文试题评析》,《中国考试》2016 年第 7 期〕

## 分省命题

**【释义】**

分省命题,即语文考试命题的方式除了全国统一组织命题之外,还采取不同省份自主命题的方式,形成高考语文全国卷和高考语文地方卷两类形式。这一方式在 2004 年以后比较多,到 2015 年,分省命题开始减少。

**【示例】**

2010 年高考语文全国大纲卷

2010 年高考语文全国课标卷

2010 年高考语文北京卷

2010 年高考语文上海卷

2010 年高考语文浙江卷

2010 年高考语文江苏卷

2010 年高考语文江西卷

2010 年高考语文湖北卷

2010 年高考语文湖南卷

2010 年高考语文重庆卷

2010 年高考语文四川卷

2010 年高考语文广东卷

2010 年高考语文山东卷

2010 年高考语文福建卷

2010 年高考语文安徽卷

2010 年高考语文天津卷

# 二、考试大纲

## 考试大纲

### 【释义】

恢复高考之初,高考命题的依据是教学大纲和教材。20 世纪 80 年代,高考开始了标准化试验,提出研究各学科的考试目标,制订适应我国国情、反映学科特点,作为专门指导考试、命题依据的文件《普通高等学校招生全国统一考试说明》(以下简称《考试说明》)。《考试说明》的内容包括考试的目的和性质,考试的内容和范围、考试的形式和方法以及样题等内容。《考试说明》的颁布与实施是考试内容从知识考查向能力考查转变的关键举措,也是我国高考走向标准化、规范化、科学化的重要里程碑。2004 年基础教育实施新一轮的课程改革,各省陆续推出高考改革方案,16 个省市相继实施分省命题。为了指导各省考试机构的高考命题,教育部考试中心制订了《普通高等学校招生全国统一考试大纲》(以下简称《考试大纲》),作为全国高考命题的标准和依据。现行《考试大纲》

是 2006 年依据高校人才选拔要求和现行国家课程标准制订的,注重"知识与能力""过程与方法""情感、态度、价值观"的学科化呈现,凸显了学科内容的基础性、时代性和选择性,是新世纪课程改革理念的体现,对高校人才选拔、促进中学课程改革和教学起到了积极作用。

**【例句】**

高考语文的考试大纲的主要包括考核目标与要求、考试范围与要求。考核目标与要求规定了高考语文考查考生识记、理解、分析综合、鉴赏评价、表达应用和探究六种能力,表现为六个层级。考试范围与要求包括四个部分,分别是现代文阅读、古代诗文阅读、语言文字应用和写作。〔教育部考试中心:2016 年10 月考试大纲修订宣讲会上的有关讲话;2017 年高考语文《考试大纲》〕

## 2017 年考试大纲修订

**【释义】**

随着国家经济社会发展和教育改革的推进,高校人才选拔要求的变化和国家课程标准的修订都对高考命题提出了新的要求。教育部考试中心于 2016 年进行 2017 年考试大纲修订,并于 2016 年 10 月组织全国 31 个省(自治区、直辖市)考试机构相关人员和基础教育教研部门负责人开会,集中宣讲 2017 年考试大纲修订的目的、意义和内容,部署考试大纲宣传和适应性测试等工作,指导各地及时合理调整有关学科的教学安排和学生的复习备考。

修订后的高考语文更注重体现语文学科的基础性和综合性,优化考查内容,调整选考模块,全面考查语文能力和人文素养。主要变化有四个方面:一是能力目标设计学科化,注重考查更高层级的思维能力,如鉴赏评价能力。二是适度增加阅读量,考查信息时代和高校人才选拔要求的快速阅读能力和信息筛选处理能力。三是现行考试大纲规定的两个选考模块分别为"文学类文本阅读"和"实用类文本阅读",要求学生从两道选考题中选择一道作答。修订后的考试大纲取消选考模式,将"文学类文本阅读"和"实用类文本阅读"均作为必考内容。四是"古诗文阅读"部分增加"了解并掌握常见的古代文化常识"的考查内容。

〔教育部考试中心:《关于2017年普通高考考试大纲修订内容的通知》(教试中心函〔2016〕179号);《稳中求进 优化内容 提高质量 凸显导向——教育部考试中心负责人就2017年高考考试大纲修订答记者问》〕

## 考试大纲说明

**【释义】**

在制订《考试大纲》的同时,还配套制订了《考试说明》。《考试说明》明确了考试中心命制的全国卷和分省命题省份试卷的考试形式、考试时间、试卷结构、题型示例等内容,是对《考试大纲》的进一步细化,是考试中心和分省命题省份高考命题的直接依据。

2017年《考试大纲》修订,《考试说明》也随之进行修订。考试形式、考试时间未变,试卷结构和题型示例变化较大。

## 试卷结构

**【释义】**

高考语文的试卷结构总是按照一定的逻辑进行安排。1986年以前,是按照知识内容进行划分的。1986年后,整张试卷按照题号顺序来排列。1988年,按照题目的类型分为四部分。前两部分为客观题,包括第一部分选择题和第二部分填空题、简答题;第三部分是综合题;第四部分是写作题。这种排列反映了标准化考试进程中的特点:大量增加选择题,并将选择题放在试卷前面。随着阅卷技术的进步、答题卡的使用,试卷结构逐渐演变为I、II卷的形式。I卷为选择题,考生要将答案涂在答题卡上,II卷为主观题,考生要将答案写在答题纸上。I、II卷的分值有所变动,但试卷结构未发生大的变化。这种局面一直持续到了2007年课标卷的使用。随着课程改革的推进,2007年,海南等省份开始课改后的高考。为了照应课改内容,试卷结构进行了新的划分。首先,是按照高考语文考查的两大能力——阅读能力和表达能力,将试卷分为I、II卷。I卷为阅读题,包括必考部分的现代文阅读、古代诗文阅读和选考部分的文学类文本阅读和实用类文本阅读;II卷为表达题,包括语言文字运用和写作,两者都属必考内容。2017年高考语文考试大纲修订后,试卷结构再次调整。

**【示例】**

修订前后的试卷结构对比见下表:

| 修订前 | | | | 修订后 | | | |
|---|---|---|---|---|---|---|---|
| 阅读 | 必考 | 论述类文本阅读 | 9 分 | 阅读 | 必考 | 论述类文本阅读 | 9 分 |
| | | 古代诗文阅读 | 36 分 | | | 实用类文本阅读 | 12 分 |
| | 选考 | 文学类文本阅读 | 25 分 | | | 文学类文本阅读 | 14 分 |
| | | 实用类文本阅读 | 25 分 | | | 古代诗文阅读 | 35 分 |
| 表达 | 必考 | 语言文字运用 | 20 分 | 表达 | | 语言文字运用 | 20 分 |
| | | 写作 | 60 分 | | | 写作 | 60 分 |

〔教育部考试中心:《普通高等学校统一招生考试大纲语文(2018 年版)》〕

## 考核能力目标

**【释义】**

1995 年,教育部考试中心首次在考前颁布语文科的考试大纲,规定高考语文的考核能力目标主要有识记、理解、分析综合、应用、鉴赏评价。一直到 2006 年,考核能力目标未有实质性变化。2007 年,海南等省份率先进入课改后的高考。2007 年的高考语文考试大纲在原有基础上增加了探究能力。2017 年,考试大纲再次调整。六个考核能力目标未有变动,但在阐释部分,或者学科化,或者增加了部分内容。

**【示例】**

修订前后的考核能力目标见下表:

| 能力 | 修订前 | 修订后 | 主要变化 |
|---|---|---|---|
| 识记 | 指识别和记忆,是最基本的能力层级 | 指识别和记忆,是最基本的能力层级。要求能识别和记忆语文基础知识、文化常识和名句名篇等 | 明确了识记的对象为语文基础知识、文化常识和名句名篇等 |

（续表）

| 能力 | 修订前 | 修订后 | 主要变化 |
|---|---|---|---|
| 理解 | 指领会并能作简单的解释，是在识记基础上高一级的能力层级 | 指领会并能作简单的解释，是在识记基础上高一级的能力层级。要求能够领会并解释词语、句子、段落等的意思 | 明确了理解的对象为词语、句子、段落等的意思 |
| 分析综合 | 指分解剖析和归纳整理，是在识记和理解的基础上进一步提高了的能力层级 | 指分解剖析和归纳整合，是在识记和理解的基础上进一步提高了的能力层级。要求能够筛选材料中的信息，分解剖析相关现象和问题，并予以归纳整合 | 增加了筛选材料中的信息的要求，明确了分析的对象 |
| 鉴赏评价 | 指对阅读材料的鉴别、赏析和评说，是以识记、理解和分析综合为基础，在阅读方面发展了的能力层级 | 指对阅读材料的鉴别、赏析和评说，是以识记、理解和分析综合为基础，在阅读方面发展了的能力层级 | 未有变化 |
| 表达应用 | 指对语文知识和能力的运用，是以识记、理解和分析综合为基础，在表达方面发展了的能力层级 | 指对语文知识和能力的运用，是以识记、理解和分析综合为基础，在表达方面发展了的能力层级 | 未有变化 |
| 探究 | 指对某些问题进行探讨，有见解、有发现、有创新，是在识记、理解和分析综合的基础上发展了的能力层级 | 指对某些问题进行探讨，有发现、有创见，是以识记、理解和分析综合为基础，在创新性思维方面发展了的能力层级 | 更加强调创新性思维能力 |

〔教育部考试中心：《普通高等学校统一招生考试大纲语文（2018 年版）》〕

# 三、常用教育测量术语

## 效度

**【释义】**

效度,指考试的有效性,即考试在多大程度上考查了所要考查的东西。效度有很多种类,常用的有内容效度和效标关联效度。内容效度表示一个试题对所要考查的内容的覆盖程度,亦即试题在多大程度上代表了所要考查的全部内容,通常是依据专家的评判而定。效标关联效度指在特定条件下测验预测的有效性,通常通过计算测验分数与效标分数之间的相关系数来获得。高考语文的内容效度通常通过双向细目表来保证。〔杨学为:《中国考试大辞典》,上海辞书出版社 2006 年版〕

## 信度

**【释义】**

信度,指考试的准确和可靠程度,即考试结果的一致性程度。考查内容、试题数量、试题难度、施测环境、测试时间、评分等因素都会对信度产生影响。由于主观题特别是赋分较高的大型主观题比重较大、试题总数少、试题的综合性强、考查内容的相关性较弱、受评分影响较大等原因,高考语文的测试信度往往不如数学、英语等科目。〔杨学为:《中国考试大辞典》,上海辞书出版社 2006 年版〕

## 难度

**【释义】**

难度,即试题的难易程度。客观性试题的难度通常用通过率来表示,主观性试题的难度通常用得分率来表示。一般用 p 来表示,取值范围在 0 ~ 1 之间,p 值越大,试题越容易;p 值越小,试题越难,因此也有人将其称为"易度"。难度是反映试题质量的重要指标之一。

难度可以分为试卷难度和试题难度。高考语文全国卷的试卷难度非常稳定,一般在 0.65 上下浮动。也就是说,平均分在 97 分左右。高考语文全国卷试题难度一般在 0.2 ~ 0.8 之间,难度跨度较大。一般来说,除去作文外,论述类文本阅读试题的难度值较小,也就是试题较难;语言文字运用中的选择题的难度值较大,也就是试题较易;文言文阅读试题的难度较为适中,且非常稳定。不同难度的试题具有不同的区分功能。在试题本身不存在科学性错误、偏怪的情况下,较难的试题适合区分高分段考生,较易的试题能让考生有学习的成就感。命题者在命题时候会考虑考生群体的变化和历年同一类型试题的难度系数,从选材、设问等角度来调控试题难度,保证整卷难度的稳定。

## 区分度

**【释义】**

区分度,即试题对考生水平差异加以区分或鉴别的能力,取值范围在 -1 ~ 1 之间,值越大,表明试题的区分效果越佳。试题区分能力的检验,大都采用求试卷总分与各题得分相关系数的方法进行。区分度是反映试题质量的重要指标之一。

高考语文大部分试题的区分度较好,在 0.3 以上。区分度与试题的难度有很大关系。太难、太易的试题,区分度一般不会太好。比如说 2015 年全国 I 卷的第 13 题,难度为 0.944,区分度仅为 0.18。命题者一般会据此调整题型。2016 年全国卷第 13 题依然考查成语掌握情况,但没有再沿用近义辨析的方式,而是采用了 6 选 3 的新题型。但是,不是所有区分度效果较差的试题都是不好的试题。有些试题较难,对全体学生的区分效果较差,但对高分段考生的区分效果理想,也是试卷必不可少的。区分度与试题的赋分也有很大关系。高考语文大分值的主观试题较多,除了 60 分的高考作文外,还有 6 分、8 分的问答题。根据常用区分度的算法,这部分试题的区分度往往较好,比如说高考作文,区分度一般在 0.5 以上,有时甚至能够达到 0.8,但并不意味着试题区分考生的效果必然就好。还要结合其他的数据,比如说标准差等进一步分析。

**【示例】**

| 2015 年高考语文全国 I 卷第 13 题 |
|---|

依次填入下列各句横线处的成语,最恰当的一组是

①这正是经验丰富的主教练在战术安排上的_____之处:下半场比赛中想方设法消耗对方主力队员的体力,终于扭转劣势,赢得比赛。

②经过几天的_____,又和病人家属作了充分沟通,吴医生最终否定了治疗小组提出的保守治疗方案,决定尽快为病人进行肺部手术。

③早在上个世纪末,当地决策者就_____,提出了从单一的小农业向大农业转移的战略措施,于是一个个生态经济园区应运而生。

    A. 老谋深算   深谋远虑   深思熟虑

    B. 深思熟虑   老谋深算   深谋远虑

    C. 老谋深算   深思熟虑   深谋远虑

    D. 深谋远虑   深思熟虑   老谋深算

| 难度:0.944 | 区分度:0.18 |
|---|---|

| 2016 年高考语文全国 I 卷第 13 题 |
|---|

下列各句中加点成语的使用,全都正确的一项是

①第二展厅的文物如同一部浓缩的史书,举重若轻地展示了先民们在恶劣的自然条件下顽强抗争、繁衍生息的漫长历史。

②这部翻译小说虽然是以家庭生活为题材的,却多侧面、多视角地展现出那个时代光怪陆离的社会生活画卷。

③毕业后他的同学大都顺理成章地走上了音乐创作之路,而他却改换门庭,另有所爱,一头扎进中国古代文化研究中。

④就对后世的影响来说,我们一致认为《封神演义》虽然比不上《西游记》,但和《聊斋志异》是可以并行不悖的。

⑤在那几年的工作学习中,杨老师给了我很大的帮助,他的教导在我听来如同空谷足音,给我启示,带我走出困惑。

⑥我国绘画史上有一个时期把王石谷等四人奉为圭臬,凡是学画,都以他们为宗,有的甚至照摹照搬。

    A. ①②④     B. ①③⑤     C. ②⑤⑥     D. ③④⑥

| 难度:0.465 | 区分度:0.271 |
|---|---|

〔教育部考试中心:《2016 年高考试题分析 语文全国 I 卷》〕

# 四、考试内容

## 考试内容

**【释义】**

考试内容,即通过书面或口头提问等考试方式所考查的知识或技能。常规的大型考试往往会拟订一个统一指导、便于规范工作的考试大纲,考试大纲的主体部分包括考试内容的依据与考试内容的构架。比如,教育部考试中心颁布的《普通高等学校统一招生考试大纲语文(2018年版)》就明确规定了高考语文考试内容的依据:"根据普通高等学校对新生文化素质的要求,依据中华人民共和国教育部2003年颁布的《普通高中课程方案(实验)》和《普通高中语文课程标准(实验)》,确定语文科考试内容。"并用大量篇幅陈述了考试内容的构架,该构架分为三个层面,首先,考试内容分为阅读和表达两个部分;其次,阅读部分包括现代文阅读和古诗文阅读,表达部分包括语言文字应用和写作;再次,考试的各部分内容是:①现代文阅读(包括论述类文本阅读、文学类文本阅读、实用类文本阅读);②古诗文阅读;③语言文字应用;④写作。

**【例句】**

根据高中语文课程标准规定的必修课程中阅读与鉴赏、表达与交流两个目标的"语文1"至"语文5"五个模块,选修课程中诗歌与散文、小说与戏剧、新闻与传记、语言文字应用、文化论著研读五个系列,组成考试内容。〔教育部考试中心:《普通高等学校统一招生考试大纲语文(2018年版)》〕

**【示例】**

2016年高考语文全国卷与2017年高考语文全国卷内容结构变化对比:

| 2016年 | | | 2017年 | | |
|---|---|---|---|---|---|
| 第一卷阅读题 | 必考题 | 现代文阅读 | 论述类文本阅读 | 必考题 | 现代文阅读 | 论述类文本阅读 |
| | | 古代诗文阅读 | 文言文阅读 | | | 实用类文本阅读 |
| | | | 古代诗歌阅读 | | | 文学类文本阅读 |
| | | | 名篇名句默写 | | 古代诗文阅读 | 文言文阅读 |
| | 选考题 | 文学类文本阅读 | | | | 古代诗文阅读 |
| | | 实用类文本阅读 | | | | 名篇名句默写 |

(续表)

| 2016 年 | | 2017 年 |
|---|---|---|
| 第二卷表达题 | 语言文字运用 | 语言文字运用 |
| | 写作 | 写作 |

## 阅读题

**【释义】**

阅读题,即给出一定的材料,通过设置选择题或问答分析题来检测学生对材料领会情况的题目类型,这是语文考试的重要题类。无论是义务教育阶段还是高中教育阶段,阅读能力培养都是语文教育的重要目标。《义务教育语文课程标准(2011 年版)》提出,阅读是运用语言文字获取信息、认识世界、发展思维、获得审美体验的重要途径,阅读教学是学生、教师、教科书编者、文本之间对话的过程,学生应该具有适应实际生活需要的阅读能力。《普通高中语文课程标准(实验)》更是用较多的篇幅对阅读与鉴赏必修课程进行教学实施纲领性指导。阅读题是将教学与教学效果关联起来,检验阅读能力的重要手段,阅读题的设定与阅读材料及考核意向有关,一般来说考核的角度较多,或在字、词、句基本功,或在材料内容归纳,或比较,或鉴赏,或探究,不一而足。

**【示例】**

◇ 考核字词句基本功

◆ 2016 年高考语文全国Ⅰ卷:下列对文中加点词语的相关内容的解说,不正确的一项是

◆ 2016 年高考语文全国Ⅰ卷:补写出下列句子中的空缺部分

◆ 2016 年高考语文全国Ⅰ卷:下列对文中画波浪线部分的断句,正确的一项是

◆ 2016 年高考语文全国Ⅰ卷:把文中画横线的句子翻译成现代汉语

◇ 考核材料内容归纳整合能力

◆ 2016 年高考语文全国Ⅰ卷:下列关于原文内容的表述,不正确的一项是

◆ 2016 年高考语文全国Ⅰ卷:下列理解和分析,不符合原文意思的一项是

◆ 2016 年高考语文全国Ⅰ卷:根据原文内容,下列说法不正确的一项是

◆2016年高考语文全国Ⅰ卷:下列对原文有关内容的概括和分析,不正确的一项是

◆2012年高考语文全国课标卷:"就砚旋研墨"与"临窗滴"有什么关系?"红笺为无色"的原因是什么?请简要分析。

◆2013年高考语文全国大纲卷:这首诗讲述了一个故事,请简述这个故事。

◆2014年高考语文全国大纲卷:诗人眼中常山道人隐居地周围环境的最大特色是什么?请简要说明。

◆2016年高考语文全国Ⅰ卷:为什么说1985年是认知陈忠实的标志性年份?请结合材料简要概括。

◇考核鉴赏评价能力

◆2016年高考语文全国Ⅰ卷:诗的前四句描写了什么样的景象?这样写有什么用意?

◆2016年高考语文全国Ⅰ卷:诗中运用任公子的典故,表达了什么样的思想感情?

◆2010年高考语文全国大纲Ⅰ卷:这首诗有什么含意?采用了什么表现手法?

◆2012年高考语文全国课标卷:这首词表达了什么样的感情?"红叶黄花秋意晚"一句对表达这种感情有什么作用?

◆2014年高考语文全国大纲卷:请分别对第三联中"过""随"两个字作简要赏析。

◆2016年高考语文全国Ⅰ卷:下列对小说相关内容和艺术特色的分析鉴赏,最恰当的两项是

◆2016年高考语文全国Ⅰ卷:小说以"锄"为标题,有什么寓意?请结合全文简要分析。

◆2016年高考语文全国Ⅰ卷:小说较为夸张地连续使用"几万""几百万"之类的词语描述百亩园的历史,这样写的作用是什么?请简要分析。

◆2016年高考语文全国Ⅰ卷:文中认为"属于陈忠实的句子永留人间",为什么?请结合材料简要分析。

◇考核推断探究能力

◆2016年高考语文全国Ⅰ卷:"我不是锄地,我是过瘾"这句话,既是理解

六安爷的关键,也是理解小说主旨的关键。请结合全文进行分析。

◆ 2007 年高考语文海南卷:对第三段"林冲等他发作过了,去取五两银子,陪着笑脸告道"这句话,明末清初文学批评家金圣叹评点道:"虽是播出奇文,然亦实是林冲身份。"依据小说内容,探究"亦实是林冲身份"指的是林冲的哪一种身份,表现的是林冲什么样的性格和心理。

## 现代文阅读

**【释义】**

现代文阅读,即通过现代文本来考查考生获取并吸收信息,对文本的理解、分析、领悟、整合,乃至推理、推断能力的题目类型。阅读过程实际上就是对文本进行加工和理解的过程。现代文阅读分为论述类文本、实用类文本和文学类文本三大类,论述类文本主要包括政论文、学术论文、时评、书评等,实用类文本包括人物传记、新闻、调查报告、科普文章等,文学类文本主要包括小说、散文、戏剧、诗歌等。文本材料可能是连续性的,也可能是非连续性的。

**【示例】**

◇ 论述类文本阅读

2014 年高考语文全国 I 卷

悲剧产生于社会的矛盾、两种社会力量的冲突。冲突双方分别代表着真与假、善与恶、新与旧等对立的两极,却总是以代表真、善、新等美好的一方的失败、死亡、毁灭为结局,他们是悲剧的主人公。因为他们的力量还比较弱小,还无法与强大的旧势力或邪恶力量抗衡,正义的要求不能实现,于是形成了悲剧。古希腊学者亚里士多德指出,悲剧描写了比现实中更美好同时又是"与我们相似的"人物,通过他们的毁灭"引起怜悯和恐惧来使感情得到陶冶",即产生净化的作用。

然而,悲剧不仅表现冲突与毁灭,而且表现抗争与拼搏,这是悲剧具有审美价值的最根本的原因。鲁迅说过:"悲剧将人生的有价值的东西毁灭给人看。"这种毁灭是抗争、拼搏以后的毁灭,抗争与拼搏体现了人的一种精神。古希腊神话中普罗米修斯为了人类从天上盗取火种,触怒了主神宙斯,被锁在高加索山崖上,每日遭神鹰啄食肝脏,但普罗米修斯毫不屈服,最后坠入深渊。罗丹的大理石雕塑《马身人首》中,人臂绝望地扑向一个它所抓不到的目标,而马足则陷于尘土不能自拔,表现出人性与兽性的冲突,象征着灵与肉的斗争,具有强烈的悲剧性。可以说,没有抗争就没有悲剧,冲突、抗争与毁灭是构成悲剧的三个主要因素。

悲剧的审美价值的载体只能是文学艺术。因为人生有价值的东西、美好事物的毁灭是令人伤悲的,因此现实中的悲剧不能作为直接的审美对象来欣赏,否则人就是泯灭了人性的人了。现实中的悲剧只能激起人的同情、义愤,迫使人采取严肃的伦理态度和实践行动。民主革命时期,在演出歌剧《白毛女》的过程中,曾多次出现扮演地主黄世仁的演员被打甚至险遭枪击的事件,这是人们以实际的道德评价代替了审美活动。现实的悲剧只在客观上具有悲剧的审美性质,它们必须以文学艺术的形式表现出来,才能成为欣赏的对象,美学上所谓的"以悲为美"才能实现。

悲剧成为审美对象只能以文学艺术的形式出现,原因在于它需要建立悲剧事件与人的心理距离。不仅遥远的时间会使过去的现实悲剧的悲惨因素淡化,就是很近的时间间隔也可以使人不陷入现实。这里还有一个空间的间隔,悲剧艺术展现的毕竟是一个人们不熟悉或有点陌生的空间,这就使人们不容易介入其中,而能够客观、超然地看待。当然,在欣赏中审美主体可以"审美地"加入悲剧冲突,体验悲剧客体的巨大和狂暴、悲剧主体的抗争和悲痛,从而感受到强烈的震撼和刺激,获得悲剧感和审美愉悦。

悲剧表现的不是人生的欢乐或全然的幸福,而是悲剧主体对待痛苦和死亡的方式,这是人类社会和人类活动中十分重要、严肃的一面。悲剧在表现对伟大和崇高的人的摧毁的同时,更表现出无法摧毁的人的伟大和崇高。

（摘编自王晓旭《美的奥秘》）

1. 下列各项中,其性质不属于原文所论悲剧的一项是

A. 在梁山伯与祝英台的故事中,祝英台女扮男装外出求学,为追求爱情自由,面对封建势力的巨大压力,拒绝委曲求全,最后触碑殉情,化成蝴蝶。

B. 在甲午海战中,清军致远舰在中弹累累、舰身倾斜、弹药耗尽的情况下,开足马力,冲向日本吉野舰,最后被鱼雷击中,沉入海中,200多名官兵壮烈殉国。

C. 在电影《狼牙山五壮士》中,五位八路军战士为了掩护大部队撤退及当

地群众安全转移,阻击了 3000 多名日寇的多次进攻,弹尽粮绝之后,跳下悬崖。

D. 老舍笔下的祥子,纯朴善良,勤劳能干,有着骆驼般坚韧的精神,在饱受旧社会、旧制度的沉重打击之后,沦为自甘堕落的行尸走肉。

本题考查考生对文中重要词语的理解。

2. 下列理解,不符合原文意思的一项是

A. 在悲剧冲突中,代表真、善、新等美好的一方总是以失败、死亡、毁灭为结局,他们是悲剧的主人公,即悲剧主体,而其对立面则是悲剧客体。

B. 在罗丹的《马身人首》雕塑中,人首和人臂是人、灵和人性的象征,马身和马足则是兽、肉和兽性的象征,兽性和人性的矛盾构成了人间的悲剧。

C. 当悲剧以文学艺术的形式出现,悲剧事件与观众或读者之间就会具有一定的心理距离,这样人们就不至于获得悲剧感,从而不至于介入悲剧冲突之中。

D. 悲剧主体的死亡意味着肉体力量的失败,却并不意味精神力量的失败,所以说悲剧在表现伟大和崇高的人被摧毁的同时,更表现出人的无法摧毁的伟大和崇高。

本题考查考生对文中重要语句的理解。

3. 根据原文内容,下列理解和分析不正确的一项是

A. 亚里士多德认为悲剧具有“净化”作用。他所说的“净化”,不是指受众在生理上的发泄,如呼喊、哭泣等,而是指他们道德、精神和情感的提升。

B. 悲剧在表现冲突与毁灭的同时,也表现抗争与拼搏,因此双方力量越是悬殊,主体的抗争越是艰难,所体现的精神就越强大,悲剧的审美价值也越高。

C. 在歌剧《白毛女》的演出过程中,扮演地主黄世仁的演员被激愤的观众殴打的事件,说明人们的实际道德评价是不可能把现实的悲剧作为审美对象的。

D. 人们之所以喜欢欣赏悲剧,是因为悲剧会引起人的悲伤、畏惧、怜悯,使人在强烈的痛苦中获得一种快感,所谓“以悲为美”的意思全在于此。

本题考查考生对文中重要语句的理解,以及对文中信息的筛选和整合。

◇ 实用类文本阅读举例

2014 年高考语文全国 I 卷

# 科学巨人玻尔

1927 年,第五届索尔维物理学会议在布鲁塞尔召开,激烈的辩论很快就变成了一场爱因斯坦与玻尔之间的"决斗"。这场辩论在三年后的第六届索尔维会议上战火再续,玻尔获得胜利,他所代表的哥本哈根学派因此获得了大多数物理学家的认同,他们对量子力学的解释也被奉为正统解释。这次辩论就是著名的"爱因斯坦—玻尔论战",有人称之为物理学史上的"巅峰对决"。

爱因斯坦和玻尔这两位科学巨人的背后,是现代物理学的两大基础理论——相对论和量子力学。他们的争论旷日持久,几乎所有理论物理学家都被吸引并参与进来,乐此不疲。尽管两人的科学理论和思想观点始终没能调和,但他们却结下了长达数十年的友谊。玻尔高度评价他与爱因斯坦的学术之争,认为它是自己"许多新思想产生的源泉"。爱因斯坦也称赞说:"很少有谁像玻尔那样,对隐秘的事物具有如此敏锐的直觉,同时又兼有如此强有力的批判能力。他是我们时代科学领域伟大的发现者之一。"

与爱因斯坦更个性化的独自研究不同,玻尔周围聚集着许多杰出的理论物理学家。他不但有革新的勇气,更是一位伟大的伯乐。他为量子物理学培养和组织了一支创新发展的队伍,人们称之为"哥本哈根学派"。后来的诺贝尔物理学奖获得者玻恩、海森伯、泡利以及狄拉克等都曾是其主要成员。

哥本哈根学派活动的大本营就是哥本哈根理论物理研究所。该所是玻尔在 1917 年申请,并于 1921 年正式成立的。他以著名科学家的身份为研究所作担保,筹集了大量资金。在任所长的 40 年间,他以特有的人格魅力,吸引了世界各地的青年才俊,使研究所成为当时全世界最重要、最活跃的量子力学研究中心。这里先后培养了 600 多名物理学家。玻尔使这个科学家群体中的每个个体的力量发挥到极致,形成了以集体讨论和自由探索为特征的研究风格。他还经常在此举办非公开的小型年会,邀请各国著名的物理学家出席,相互学习,启发交流。这里没有论资排辈,只有挑战与争鸣,形成了富有激情和活力、不断进取的学术精神,人们誉之为"哥本哈根精神",这种精神至今仍在科学研究领域受到推崇。量子力学每前进一步,或多或少都与这个学派科学家的合作研究有关。可以说,玻尔领导的哥本哈根学派具备了一个科学学派应有的优秀特质。

希特勒上台后,玻尔以访问德国为名,暗地调查德国科学家的安全情况,然后设法把可能受到迫害的犹太科学家转移到安全地方。他还积极创立和参加丹麦救援组织,尽力帮助逃到哥本哈根的科学家与其他难民。

德国纳粹控制丹麦后,玻尔起初留在国内,与抗敌组织保持密切联系。他一贯的不合作态度,令纳粹非常恼火。1943年玻尔受到纳粹分子的威胁,他冒险出逃,历尽艰险,辗转到达美国。在美期间,为抗击法西斯,他曾参加原子弹的研制工作。在研制过程中,他就考虑到这一研究成果对未来世界的影响,并曾多次接触英美首脑,建议他们及早与苏联达成控制原子武器的协议,但没有成功。

二战后,玻尔积极倡导和实施国际的科学合作。1957年,美国福特基金会将第一届"原子为了和平"奖授予玻尔,以表彰他"在全世界迫切需要的原则上,以友好的精神进行科学探索,在和平利用原子能以满足人类需要方面做出了榜样"。

(摘编自邹丽焱《玻尔传》)

相关链接

①玻尔(1885—1962),丹麦物理学家。在普朗克量子假说和卢瑟福原子行星模型的基础上,于1913年提出氢原子结构和氢光谱的初步理论。稍后,又提出"对应原理"。对量子论和量子力学的建立起了重要作用。1927年又提出互补原理。在原子核反应理论、解释重核裂变现象等方面,也有重要贡献。获1922年诺贝尔物理学奖。(摘自《辞海》第六版)

②1918年,玻尔的老师卢瑟福邀请他赴英国工作,他在回信中说:"虽然哥本哈根大学在财力、人员、能力和实验室管理上,都达不到英国的水平,但我立志尽力帮助丹麦发展自己的物理学研究工作……我的职责是在这里尽我的全部力量。"(摘自戈革《玻尔集》)

1. 下列对材料有关内容的分析和概括,最恰当的两项是

A. 爱因斯坦与玻尔在争鸣中惺惺相惜,爱因斯坦高度评价玻尔的贡献,玻尔也感念爱因斯坦的支持,他们之间建立了长久的友谊。

B. 玻尔以自己创办的研究所为平台,通过邀请各国科学家前来交流学习,使团队的成员能有机会博采众长,不断发展量子力学理论。

C. 玻尔敏锐察觉到纳粹将要对犹太人实施迫害,及时转移了大批犹太科学家,后来还亲自参加了丹麦的抗敌组织,反对纳粹暴行。

D. 玻尔不但有科学家的直觉,也不乏政治家的远见。他预感到核武器的危害,试图尽力说服各大国首脑达成禁止使用核武器的协议。

E. 玻尔致力于维护世界和平,为科学技术的国际合作及和平利用原子能做出了卓越贡献,并获得了"原子为了和平"奖。

本题考查考生筛选文中相关信息和分析概括的能力。

2. 为什么爱因斯坦和玻尔的论战被称为物理学史上的"巅峰对决"? 请结合材料简述原因。

本题考查考生对文章内容的分析概括能力。

3. 文中说:"玻尔领导的哥本哈根学派具备了一个科学学派应有的优秀特质。"请结合材料,具体分析哥本哈根学派有哪些"优秀特质"。

本题考查考生对材料相关内容的理解分析和归纳概括能力。

4. 玻尔"特有的人格魅力"表现在哪些方面? 请结合材料谈谈你的看法。

本题考查考生的理解探究能力。

◇ 文学类文本阅读

2014 年高考语文全国Ⅰ卷

# 古 渡 头

叶　紫

太阳渐渐地隐没到树林中去了,晚霞散射着一片凌乱的光辉,映到茫无际涯的淡绿的湖上,现出各种各样的色彩来。微风波动着皱纹似的浪头,轻轻地吻着沙岸。

破烂不堪的老渡船,横在枯杨的下面。渡夫戴着一顶尖头的斗笠,弯着腰,在那里洗刷一叶断片的船篷。

我轻轻地踏到他的船上,他抬起头来,带血色的昏花的眼睛,望着我大声说道:

"过湖吗,小伙子?"

"唔，"我放下包袱，"是的。"

"那么，要等到明天啰。"他又弯腰做事去了。

"为什么呢?"我茫然地，"我多给你些钱不能吗?"

"钱? 你有多少钱呢?"他的声音来得更加响亮了，教训似的。他重新站起来，抛掉破蓬子，把斗笠脱在手中，立时现出了白雪般的头发，"年纪轻轻，开口就是'钱'，有钱就命都不要了吗?"

我不由得暗自吃了一惊。

他从舱里拿出一根烟管，饱饱地吸足了一口，接着说:"看你的样子也不是一个老出门的。哪里来的呀?"

"从军队里回来。"

"军队里? ……"他又停了一停，"是当兵的吧，为什么又跑开来呢?"

"我是请长假的。我妈病了。"

"唔! ……"

两个人都沉默了一会儿，他把烟管在船头上磕了两磕，接着又燃第二口。

夜色苍茫地侵袭着我们的周围，浪头荡出了微微的合拍的呼啸。我的心里偷偷地发急，不知道这老头子到底要玩什么花头。于是，我说:

"既然不开船，老人家，就让我回到岸上去找店家吧!"

"店家，"老头子用鼻子哼着，"年轻人到底不知事。回到岸上去还不同过湖一样的危险吗? 到连头镇去还要退回七里路。唉! 年轻人……就在我这船中过一宵吧。"

他擦着一根火柴把我引到船艄后头，给了我一个两尺多宽的地方。好在天气和暖，还不至于十分受冻。

当他再擦火柴吸上了第三口烟的时候，他的声音已经和缓多了。我躺着，一面细细地听着孤雁唳过寂静的长空，一面又留心他和我谈的一些江湖上的情形，和出门人的秘诀。

"……就算你有钱吧，小伙子，你也不应当说出来的。这湖上有多少歹人啊! ……我欢喜你这样的孝顺孩子。是的，你的妈妈一定比我还欢喜你，要是在病中看见你这样远跑回去。只是，我呢? ……我，我有一个桂儿。你知道吗? 我的桂儿，他比你大得多呀! 你怕不认识他吧? 外乡人……那个时候，我们爷儿俩同驾着这条船。我给他收了个媳妇……"

"他们呢?"

"他们? 那一年,北佬来,你知道了吗? 北佬打了败仗,从我们这里过,我的桂儿给北佬兵拉着,要他做伕子。桂儿,他不肯,脸上一拳! 我,我不肯,脸上一拳! ……小伙子,你做过这些个丧天良的事情吗? ……

"小伙子! 你看,我等了一年,我又等了两年,三年……我的儿媳妇改嫁给卖肉的朱胡子了,我的孙子长大了。可是,我看不见我的桂儿,我的孙子他们不肯给我……他们说:'等你有了钱,我们一定将孙子给你送回来。'可是,小伙子,我得有钱呀!

"结冰,落雪,我得过湖;刮风,落雨,我得过湖……

"年成荒,捐重,湖里的匪多,过湖的人少,但是,我得找钱……

"小伙子,你是有爹妈的人,你将来也得做爹妈的。我欢喜你,要是你真的有孝心,你是有好处的,像我,我一定得死在这湖中。我没有钱,我寻不到我的桂儿,我的孙子不认识我,没有人替我做坟,没有人给我烧纸钱……我说,我没有丧过天良,可是天老爷他不向我睁开眼睛……"

他逐渐地说得悲哀起来,终于哭了,不住地把船篷弄得呱啦呱啦地响;他的脚在船舱边下力地蹬着。可是,我寻不出来一句能够劝慰他的话,心头像给什么东西塞得紧紧的。

外面风浪渐渐地大了起来,我翻来覆去地睡不着,他也翻来覆去地睡不着。

可是,第二天,又是一般的微风,细雨。太阳还没有出来,他就把我叫起了。他的脸上丝毫看不出一点异样的表情来,好像昨夜间的事情,全都忘记了。

我目不转睛地瞧着他。

"有什么好瞧呢? 小伙子! 过了湖,你还要赶你的路程呀!"

离开渡口,因为是走顺风,他就搭上橹,扯起破碎风篷来。他独自坐在船艄上,毫无表情地捋着雪白的胡子,任情地高声朗唱着:

我住在这古渡前头六十年。

我不管地,也不管天,

我凭良心吃饭,我靠气力赚钱!

有钱的人我不爱,无钱的人我不怜!

……

（有删改）

1. 下列对作品有关内容的分析和概括,最恰当的两项是

A. 作品以抒情的笔调叙述了渡夫的人生遭遇和心灵世界,反映了动荡不安的现实,表达了作者对底层劳动人民的同情和对当时社会的不满。

B. 渡夫不愿马上开船送我过湖,还教训我:"年纪轻轻,开口就是'钱',有钱就命都不要了吗?"这让我暗自吃惊,因为我担心他谋财害命。

C. 渡夫没有让我回到岸上去,而是让我在他船里过一宵,因为他看我太年轻,怕我遇到不测,想告诉我一些江湖上的情形和出门在外的经验。

D. 渡夫在船里把他儿子桂儿被北佬抓做伕子的事情告诉我,这一方面表达他对我孝顺母亲的赞赏和羡慕之情,一方面表达他失子之后的孤独和忧虑。

E. 第二天一早,我被渡夫叫起来之后,目不转睛地瞧着他,发现他的脸上没有什么异样的表情,想知道他为什么把昨夜的事情全都忘记了。

本题考查考生分析与概括小说内容的能力。

2. 作品中的渡夫有哪些性格特点? 请简要分析。

本题考查考生分析、鉴赏评价作品人物形象的能力。

3. 作品是怎样叙述渡夫的故事的? 这样写有什么好处? 请简要分析。

本题着重考查考生鉴赏评价文学作品的能力。

4. 作品为什么以渡夫的任情高歌为结尾? 结合全文,谈谈你的看法。

本题着重考查学生整体把握小说结构和主题的能力,从不同角度和层面阐发作品意蕴的能力。

# 古代诗文阅读

## 【释义】

古代诗文阅读包含两个内容,一是古代诗词阅读,一是古代散文阅读,前者指通过诗词名篇来考查学生对名作名篇的积累熟悉程度以及鉴赏能力,后者指通过浅易的文言散文考查学生对字词句以及相关文化内容的理解和分析能力。这种阅读要求与现代文阅读有所不同,它需要体现古代优秀诗词的记诵积累品质,需要理解文言文语言表达特点和语义内容,需要透过文言载体了解传统文化,注重积累、感悟和运用,提高自己的欣赏品位。文本材料可能是连续性的,也可能是非连续性的。

**【示例】**

◇ 文言散文阅读

2016 年高考语文全国Ⅲ卷

傅珪,字邦瑞,清苑人。成化二十三年进士。改庶吉士。弘治中,授编修,寻兼司经局校书。与修《大明会典》成,迁左中允。武宗立,以东宫恩,进左谕德,充讲官,纂修《孝宗实录》。时词臣不附刘瑾,瑾恶之。谓《会典》成于刘健等多所糜费镌与修者官降珪修撰俄以《实录》成进左中允再迁翰林学士历吏部左右侍郎正德六年代费宏为礼部尚书。礼部事视他部为简,自珪数有执争,章奏遂多。帝好佛,自称大庆法王。番僧乞田百顷为法王下院,中旨下部,称大庆法王与圣旨并。珪佯不知,执奏:"孰为大庆法王,敢与至尊并书,大不敬。"诏勿问,田亦竟止。珪居闲类木讷者。及当大事,毅然执持,人不能夺,卒以此忤权幸去。教坊司臧贤请易牙牌,制如朝士,又请改铸方印,珪格不行。贤日夜腾谤于诸阉间,冀去珪。御史张羽奏云南灾,珪因极言四方灾变可畏。八年五月,复奏四月灾,因言:"春秋二百四十二年,灾变六十九事。今自去秋来,地震天鸣,雹降星殒,龙虎出见,地裂山崩,凡四十有二,而水旱不与焉,灾未有若是甚者。"极陈时弊十事,语多斥权幸,权幸益深嫉之。会户部尚书孙交亦以守正见忤,遂矫旨令二人致仕。两京言官交章请留,不听。珪归三年,御史卢雍称珪在位有古大臣风,家无储蓄,日给为累,乞颁月廪、岁隶,以示优礼。又谓珪刚直忠谠,当起用。吏部请如雍言,不报。而珪适卒,年五十七。嘉靖元年录先朝守正大臣,追赠太子少保,谥文毅。

(节选自《明史·傅珪传》)

1. 下列对文中画波浪线部分的断句,正确的一项是

A. 谓《会典》成于刘健等/多所糜费/镌与修者/官降珪修撰/俄以《实录》成/进左中允/再迁翰林学士/历吏部左/右侍郎/

B. 谓《会典》成于刘健等/多所糜费/镌与修者官/降珪修撰/俄以《实录》成/进左中允/再迁翰林学士/历吏部左/右侍郎/

C. 谓《会典》成于刘健等/多所糜费/镌与修者官/降珪修撰/俄以《实录》成进/左中允再迁翰林学士/历吏部左/右侍郎/

D. 谓《会典》成于刘健等/多所糜费/镌与修者/官降珪修撰/俄以《实录》成进/左中允再迁翰林学士/历吏部左/右侍郎/

本题重点考查考生理解文言文,尤其是文言实词、虚词和句式的能力。

2. 下列对文中加点词语的相关内容的解说,不正确的一项是

A. 礼部为六部之一,掌管礼仪、祭祀、土地、户籍等职事,部长官称为礼部尚书。

B. 教坊司是管理宫廷音乐的官署,专管雅乐以外的音乐、歌舞的教习等演出事务。

C. 致仕本义是将享受的禄位交还给君王,表示官员辞去官职或到规定年龄而离职。

D. 历史上的"两京"有多种所指,文中则指明代永乐年间迁都以后的南北两处京城。

本题重点考查考生理解文言实词的能力,这些实词概括的是传统文化。

3. 下列对原文有关内容的概括和分析,不正确的一项是

A. 傅珪进入仕途,参与纂修文献。弘治年间,他兼任司经局校书,参与编修《大明会典》得以升职;武宗继位,他进位左谕德,充讲官,修撰《孝宗实录》。

B. 傅珪任职礼部,劝谏讲究策略。他担任礼部尚书时,由于屡有争端,上奏增多;番僧因帝好佛求地百顷,他佯作不知皇上自称大庆法王,不理会给地的事。

C. 傅珪守正不阿,反遭诬蔑报复。每遇大事,他都能坚持己见,不肯随意改易,因而触怒许多人;后因得罪权贵被迫退休,虽有言官请留,他仍坚持离职。

D. 傅珪为官清廉,死后受到好评。御史卢雍称赞他在位时有古代大臣风范,归乡后家无积蓄,艰难度日;嘉靖元年,他被列为先朝守正大臣,追谥为文毅。

本题是对阅读材料相关内容分析综合的考查,重点在于筛选文中的信息、归纳内容要点。

4. 把文中画横线的句子翻译成现代汉语。

极陈时弊十事,语多斥权幸,权幸益深嫉之。

又谓珪刚直忠谠,当起用。吏部请如雍言,不报。

本题考查考生对文言文的理解和翻译的能力。

◇ 古代诗词阅读

2016 年高考语文全国Ⅲ卷

# 内宴奉诏作

曹　翰

三十年前学六韬,英名尝得预时髦。

曾因国难披金甲,不为家贫卖宝刀。

臂健尚嫌弓力软,眼明犹识阵云高。

庭前昨夜秋风起,羞见盘花旧战袍。

1. 诗的颈联又作"臂弱尚嫌弓力软,眼昏犹识阵云高",你认为哪一种比较好?为什么?请简要分析。

本题考查考生鉴赏文学作品的语言和表达技巧的能力。

2. 曹翰的《内宴奉诏作》这首诗与辛弃疾的《破阵子(醉里挑灯看剑)》题材相似,但情感基调却有所不同,请指出二者的不同之处。

本题考查考生鉴赏文学作品时归纳内容要点、评价作品的思想内容和作者的观点态度的能力。

2014 年高考语文全国课标Ⅱ卷

# 含山店梦觉作

[唐]韦　庄

曾为流离惯别家,等闲挥袂客天涯。

灯前一觉江南梦,惆怅起来山月斜。

# 宿渔家

[宋]郭　震

几代生涯傍海涯,两三间屋盖芦花。

灯前笑说归来夜,明月随船送到家。

1. 韦庄在诗中是用什么方法表现感情的?请简要分析。

2. 两首诗都写到"灯前",这两处"灯前"各自表达了诗人什么样的感情?

这两题考察鉴赏文学作品的能力。

◇ 古代诗歌阅读

2016 年高考语文全国Ⅲ卷

①补写出下列句子中的空缺部分。

《左传·曹刿论战》中记载,鲁庄公十年,齐国入侵。曹刿求见国君献策,但他的乡人质疑道:"＿＿＿＿＿＿＿＿,＿＿＿＿＿＿＿＿?"

严格地说,浔阳并非绝对没有音乐,只是声音单调繁杂,实在难以入耳。白居易《琵琶行》中"＿＿＿＿＿＿＿＿,＿＿＿＿＿＿＿＿"两句表达了这样的意思。

在《赤壁赋》的开头,苏轼写自己与朋友泛舟赤壁之下,朗诵《诗经·陈风》中的《月出》篇,即文中所谓"＿＿＿＿＿＿＿＿,＿＿＿＿＿＿＿＿"。

②补写出下列名篇名句中的空缺部分。

覆杯水于坳堂之上,＿＿＿＿＿＿＿＿。置杯焉则胶,＿＿＿＿＿＿＿＿。(庄子《逍遥游》)

连峰去天不盈尺,＿＿＿＿＿＿＿＿。飞湍瀑流争喧豗,＿＿＿＿＿＿＿＿。(李白《蜀道难》)

俄顷风定云墨色,＿＿＿＿＿＿＿＿。＿＿＿＿＿＿＿＿,骄儿恶卧踏里裂。(杜甫《茅屋为秋风所破歌》)

老夫聊发少年狂,＿＿＿＿＿＿＿＿、右擎苍。锦帽貂裘,＿＿＿＿＿＿＿＿。(苏轼《江城子·密州出猎》)

本题考查考生记诵默写古代诗文中常见名篇名句的能力。

## 表达题

**【释义】**

表达,即考查学生语言组织能力和语言运用能力的题目类型,这是语文考试的重要题类。表达的核心是运用,表达能力是语言能力的关键,是语文教育中十分重要的目标。《普通高中语文课程标准(2017 版)》将"语言建构与运用"列为学科核心素养之首,提出语言运用就是要"在具体的语言情境中正确有效地运用祖国语言文字进行交流沟通"。表达包括口头和书面两种方式,表达题也是如此,但目前的语文高考表达题只限于标准化的书面形式。到 2016 年为止的全国课标卷将整个试卷分为两卷,第Ⅰ卷为阅读题,第Ⅱ卷为表达题,表达题中包括语言文字运用和写作。2017 年的全国卷第三题"语言文字运用"与第四题"写作"均属表达题。

【示例】

2016 年高考语文全国卷分第Ⅰ卷(阅读题)和第Ⅱ卷(表达题)两部分。

第Ⅱ卷　表达题

◇ 语言文字运用题干

◆ 下列各句中加点成语的使用,全都正确的一项是

◆ 下列各句中,没有语病的一句是

◆ 填入下面文段空白处的词语,最恰当的一组是

◆ 在下面一段文字横线处补写恰当的语句,使整段文字语意完整连贯,内容贴切,逻辑严密。

◆ 下面是某校"中华文化体验"计划的初步构思框架,请把这个构思写成一段话,要求内容完整,表述准确,语言连贯。

◇ 写作题干

◆ 阅读下面的漫画材料,根据要求写一篇不少于 800 字的文章。

# 语言文字应用

【释义】

语言文字应用,即根据语言文字在形音义方面或语句方面的规范性需要和表达交际的情境变化需要来考查学生了解语言、使用语言的能力。它是表达题里面的一种类型。《普通高等学校统一招生考试大纲语文(2018 年版)》将语言文字应用解读为"正确、熟练、有效地使用语言文字",其内容分为识记和表达应用两个方面,识记包括现代汉语普通话常用字的字音、字形,表达应用包括词语使用、句子辨正、语句变化、修辞表达效果、语篇表达效果、标点符号等。

与"语言文字应用"相关的另一个概念是"语言文字运用",在语文教学和考试中都比较常见,但所指有分有合。2003 年版《普通高中语文课程标准(实验)》及其指导下的教材系列中,"语言文字应用"被列为高中语文选修课程五个系列之一,该课程标准用"语言文字应用"表示语言文字运用这件事的名称,用"运用语言文字"表示语言文字运用这个行为,"语言文字应用"所指包括语言观察积累、口头表达和应用文读写。修订后的《普通高中语文课程标准(2017年版)》只用"语言文字运用",它说:"语文课程是一门学习祖国语言文字运用的综合性、实践性课程。""语言文字的运用,包括生活、工作和学习中的听说读

写活动以及文学活动,存在于人类社会的各个领域。"可见,这里的"语言文字运用"是最上位的概念。

语文考试中的"语言文字应用"和"语言文字运用"所指相同,都是下位概念。比如高考语文《考试大纲》里面的"语言文字应用"内容与高考试题结构中的"语言文字运用"内容是相对应的。

**【例句】**

注意在生活和跨学科的学习中学语文、用语文,在学习和运用的过程中提高语言文字应用能力。

联系语言文字应用中的现象和问题,阅读有关著作,尝试用所学的知识和方法做出解释;了解语言文字法规的有关内容,增强规范意识,学会辨析和纠正错误,提高语言文字应用的正确性和有效性。

观察语言文字应用中的新现象,思考语言文字发展中的新问题,努力在语言文字应用过程中有所创新。〔中华人民共和国教育部制订,《普通高中语文课程标准(实验)》,人民教育出版社 2003 年版〕

根据普通高等学校对新生文化素质的要求,依据中华人民共和国教育部 2003 年颁布的《普通高中课程方案(实验)》和《普通高中语文课程标准(实验)》,确定语文科考试内容。〔教育部考试中心:《普通高等学校统一招生考试大纲语文(2018 年版)》〕

## 语言积累

**【释义】**

语言积累,即为了有效运用语言而对相关语言材料、语言活动经验、语言系统知识与规律、语言逻辑知识与规律的聚集、梳理、整合,使语言能力慢慢增长、完善。语言积累是语言运用与表达的基础。《普通高中语文课程标准(征求意见稿)》中,将语言积累与语文学科核心素养第一条"语言建构与运用"联系起来,这里的"语言建构"主要说的是语言积累成为经验的过程,要求"学生在丰富的语言实践中,通过主动的积累、梳理和整合,逐步掌握祖国语言文字特点及其运用规律,形成个体言语经验",并据此将"语言积累、梳理与探究"作为学习任务群 1 贯串于整个高中语文的必修与选择性必修、选修三个阶段。它的内容解读包括 8 个方面:

（1）通过在文本的语境中解读词汇、理解语义的过程,树立语言和言语的相关性和差别性的观念。

（2）在解读文言文实词词义和古今语言的比较中,树立语言文字发展的观念,并体会古今汉语的联系和贯通。

（3）通过对古今汉语多义词词义关系的梳理,总结和认识引申规律,自觉丰富词汇。

（4）在课内外阅读中,积累有汉语特点的成语和典故,观察其特殊的表达作用,建构有关方面的知识。

（5）在自主修改病句的过程中,分析、体会汉语句子的结构和虚词的作用,印证初中学过的语法规律。在文学作品中,观察句子语序的变化,体会文学语言的灵活性和创造性。

（6）通过自己写作遣词造句的经验,建构初步的逻辑和修辞知识,增强表达的个性化。

（7）在口语和书面语交流的过程中,对比口语语体和书面语用词的差别,探索汉语口语词汇与书面语词汇风格的差异。

（8）不断关注汉语、汉字与中华文化的关系,体会语言的民族特性,增强对汉语汉字热爱的感情。

【例句】

进一步提高记叙述、说明、描写、议论、抒情等基本表达能力,并努力学习运用多种表达方式。能调动自己的语言积累,推敲、锤炼语言,表达力求准确、鲜明、生动。

语文课程的功能是多方面的。高中语文课程应在义务教育的基础上进一步提高学生的语文素养。应该继续关注学生的语言积累以及语感和思维的发展,帮助学生在阅读与欣赏、表达与交流的实践中,掌握学习语文的方法,增强语文应用能力,培养审美能力、探究能力。〔中华人民共和国教育部制订,《普通高中语文课程标准(实验)》,人民教育出版社 2003 年版〕

学习任务群 4 语言积累、梳理与探究:本任务群旨在培养学生丰富语言积累、梳理语言现象的习惯,在观察、探索语言文字现象,发现语言文字运用问题的过程中,自主积累语文知识,探究语言文字运用规律,增强语言文字运用的敏感性,提高探究、发现的能力。〔中华人民共和国教育部制定,《普通高中语文课程标准(2017 年版)》,人民教育出版社 2017 年版〕

# 写作

## 【释义】

写作,即运用语言文字进行书面表达和交流,通俗说就是写文章。它是表达和交流的重要方式,是认识世界、认识自我、进行创造性表述的过程。语文教学与考试中的写作还有一个特定名称叫"写作文"或"作文",是经过人的思量考虑和语言组织,表达一个主题意义的篇章性书面表达方法。

《普通高等学校统一招生考试大纲语文(2018 年版)》对写作的要求是:能写论述类、实用类和文学类文章。写作考试根据题意、文体、思想与感情、内容与中心、语言与结构、文字与标点,以及深刻性、丰富性、文采性、创新性等表达情况分为基础等级和发展等级两个层面进行评价。写作考试,有的是命题作文,有的是话题作文,有的是材料作文。

## 【例句】

写作教学应着重培养学生的观察能力、想象能力和表达能力,重视发展学生的思维能力,发展创造性思维。鼓励学生自由地表达、有个性地表达、有创意地表达,尽可能减少对写作的束缚,为学生提供广阔的写作空间。

在写作教学中,教师应鼓励学生积极参与生活,体验人生,关注社会热点,激发写作欲望。引导学生表达真情实感,不说假话、空话、套话,避免为文造情。指导学生根据写作需要搜集素材,可以采用走访、考察、座谈、问卷等方式进行社会调查,通过图书、报刊、文件、网络、音像等途径获得有用信息。应鼓励学生将自己或同学的文章加以整理,按照要求进行加工,汇编成册,回顾和交流学习成果。还可采用现代信息技术演示自己的文稿,学习用计算机进行文稿编辑、版面设计,用电子邮件进行交流。〔中华人民共和国教育部制订,《普通高中语文课程标准(实验)》,人民教育出版社 2003 年版〕

## 命题作文

命题作文,即给出作文题要求学生根据所给题目进行写作的考试方式。根据所给题目的特点可以分为全命题和半命题两种。全命题是一种传统的方式,给出一个完整的题目,要求按照题目的含义与意图来写作;半命题比较灵活,给出一个不够完整的题目,要求考生补全题目再进行写作。有的命题作文是直接命题,有的是先给出一点材料进行论题引导,然后再给出命题。

**【示例】**

◇ 全命题作文

1955 年高考语文作文题《我准备怎样做一个高等学校的学生》

1977 年高考语文作文题《在沸腾的日子里》《谈青年时代》(二选一)

1988 年高考语文作文题《习惯》

2016 年高考语文北京卷的作文题:《白鹿原上奏响一支老腔》记述老腔的演出每每"撼人肺腑",令人有一种"酣畅淋漓"的感觉,某种意义上,可以说"老腔"已超越其艺术形式本身,成了一种象征。请以"'老腔'何以令人震撼"为题,写一篇议论文。

◇ 半命题作文

2009 年高考语文湖北卷作文题《站在_____的门口》

2009 年高考语文福建卷作文题《这也是一种_____》

## 话题作文

话题作文,即给出一个提示写作范围或写作入口的话题,要求围绕该话题进行选材写作的考试方式。该类作文比较灵活,一般不交代观点,内容上也不作限制,可以说是一种开放性的命题,给考生的发挥空间较大。话题作文可以直接给话题,比如以"假如我是班长"为话题写作文,但是在高考语文卷中,话题作文常常会先给出一个材料,根据材料导出一个话题。

**【示例】**

1999 年高考语文作文题:

随着人体器官移植获得越来越多的成功,科学家又对记忆移植进行了研究。据报载,国外有些科学家在小动物身上移植记忆已获得成功。他们的研究表明:进入大脑的信息经过编码贮存在一种化学物质里,转移这种化学物质,记忆便也随之转移。当然,人的记忆移植要比动物复杂得多,也许永远不会成功,但也有科学家相信,将来是能够做到的。假如人的记忆可以移植的话,它将引发你想些什么呢?请以'假如记忆可以移植'作为内容的范围,写一篇文章。

2000 年高考语文作文题:

在一次鼓励创新的报告会上,有位学者出了一道题:○ △ ⌒ ⌓

四个图形符号中,哪一个与其他三个类型不同? 有人说圆形,因为圆形是唯一没有角的图形;也有人说三角形,它是唯一由直线构成的;又有人说半圆形也正确,它是唯一由直线和曲线组成的;最后有人说,第四个图形也可以,因为它是唯一非对称性的图形。看来,由于标准和角度的不同,这四个图形都可以作为正确答案。的确,世界是千变万化的,疑问是层出不穷的,答案是丰富多彩的。在生活中,看问题的角度、对问题的理解、解决问题的方法以及问题的答案不止一个的事例很多。你有这样的经历、体验、见闻和认识吗? 请以'答案是丰富多彩的'为话题写一篇文章。

2015年高考语文全国卷作文题:

当代风采人物评选活动已产生最后三名候选人:大李,笃学敏思,矢志创新,为破解生命科学之谜做出重大贡献,率领团队一举跻身国际学术最前沿。老王,爱岗敬业,练就一手绝活,变普通技术为完美艺术,走出一条从职高生到焊接大师的"大国工匠"之路。小刘,酷爱摄影,跋山涉水捕捉世间美景,他的博客赢得网友一片赞叹:"你带我们品味大千世界""你帮我们留住美丽乡愁"。

这三人中,你认为谁更具风采? 请综合材料内容及含意作文,体现你的思考、权衡与选择。要求选好角度,确定立意,明确文体,自拟标题;不要套作,不得抄袭。

## 材料作文

材料作文,即给出材料并提出"要求",要求考生根据所给材料与要求进行作文的考试方式。一般材料的含义有多种角度,考生的立意要与材料含义有关。所给材料可能是图,可能是文,可能是寓言,可能是真人真事的概括,还可能是名人名言。这类作文比较有利于学生有话可说,正常发挥水平,并且减少宿构现象。

### 【示例】

2010年高考语文全国I卷作文题:

阅读下面的图画材料,根据要求写一篇不少于800字的文章。

要求选准角度,明确立意,自选文体,自拟标题;不要脱离材料内容及含意的范围作文,不要套作,不得抄袭。

都什么年代了
有鱼吃还提老鼠!

(据王铎作品改动)

2013 年高考语文全国Ⅱ卷作文题:

阅读下面的材料,根据要求写一篇不少于800字的文章。

高中学习阶段,你一定在班集体里度过了美好的时光,收获了深厚的情谊。同窗共读,互相帮助,彼此激励,即便是一次不愉快的争执,都给你留下难忘的记忆,伴你走向成熟。

某机构就"同学关系"问题在几所学校作了一次调查。结果显示,60%的人表示满意,36%的人认为一般,4%的人觉得不满意。

如果同学关系紧张,原因是什么? 有人认为是自我意识过强,有人认为是志趣、性格不合,也有人认为缘于竞争激烈,等等。

对于增进同学间的友好关系,营造和谐氛围,72%的人表示非常有信心,他们认为互相尊重、理解和包容,遇事多为他人着想,关系就会更加融洽。

要求选好角度,确定立意,明确文体,自拟标题;不要脱离材料内容及含意的范围作文,不要套作,不得抄袭。

2014 年高考语文全国Ⅰ卷作文题:

阅读下面的材料,根据要求写一篇不少于800字的文章。

"山羊过独木桥"是为民学校传统的团体比赛项目。规则是,双方队员两两对决,同时相向而行,走上仅容一人通行的低矮独木桥,能突破对方阻拦成功过桥者获胜,最后以全队通过人数多少决定胜负。因此习惯上,双方相遇时,会像山羊抵角一样,尽力使对方落下桥,自己通过。不过,今年预赛中出现了新情况:有一组比赛,双方选手相遇时,互相抱住,转身换位,全都顺利过了桥。这种做法当场就引发了观众、运动员和裁判员的激烈争论。

事后,相关的思考还在继续。

要求选好角度,确定立意,明确文体,自拟标题;不要脱离材料内容及含意的范围作文,不要套作,不得抄袭。

# 五、试题类型

## 主观题

### 【释义】

主观题是相对于客观题而言的一种考试题类,广义地看,语文试卷中的分析、问答、论证、探究乃至作文题都属于主观题。主观题的特点是:命题要求具有一定的弹性,给予考生思维活动发挥的空间,答案往往不是机械封闭的。主观题的功能是:更好地考查考生的具体情况或个性,考查学生对知识点是否有自己的理解并能将之在实际案例中加以运用,充分发挥考生在理解问题、组织材料、清晰表达、深刻阐述、开拓创新等方面的主观能动性,这种题类是现代考试中的基本题类。

就考试而言,主观题也有利有弊。它的优点在于效度比较好,考生可以根据自己平时的知识积累,在不离开核心要求的条件下,比较自由地表述自己的想法,展示自己掌握知识与解决问题相结合的能力,在考查考生的语言表达能力和思维创新能力等方面有着客观题无法取代的独到功能;它的评分标准也是辩证的,不会轻易就完全否定考生的回答,只要言之成理,即使是另辟蹊径,也会根据其语言表达所体现的思维线索的合理性、逻辑性,根据其分析问题、解决问题的综合能力进行赋分。它的缺点是信度难以把握,试题的主观程度越大,信度越难以把握,考生对理解题、分析综合题的回答可能由答案要点作为评分参考,作文题则不存在答案要点,评分可能受到评卷人思考判断风格等主观因素影响,阅卷时间长,不经济。

### 【示例】

◆ 2017 年高考语文全国Ⅰ卷:根据上述材料,概括说明中央电视台纪录频道开播初期与美国国家地理频道在制播运营模式方面的不同。

◆ 2017 年高考语文全国Ⅰ卷:小说以一个没有谜底的"美好的谜"结尾,这样处理有怎样的艺术效果?请结合作品进行分析。

◆ 2010 年高考语文全国课标Ⅰ卷:这篇小说以"保护人"为题,有主题思想、人物塑造、情节结构等多方面的考虑。请选择一个方面,结合全文,陈述你的观点并作分析。

◆ 2011 年高考语文全国课标 I 卷:尽管黄宾虹和张大千都是一代宗师,但二人的人生态度、对金钱的看法以及艺道旨趣却大相径庭。这给你什么样的启示? 请结合全文,谈谈你的看法。

◆ 2008 年高考语文海南、宁夏卷:小说描写了警察吉米和通缉犯鲍勃"二十年以后"赴约的故事,在"情与法"的冲突中,两个人都面临艰难的抉择。有人说鲍勃值得同情,有人说他罪有应得;有人说吉米忠于职守,有人说他背叛了友谊。你的看法呢? 请就你认同的一种观点加以探究。

◆ 2016 年高考语文全国 I 卷:阅读下面的漫画材料,根据要求写一篇不少于 800 字的文章。要求:结合材料的内容和寓意,选好角度,确定立意,明确文体,自拟标题;不要套作,不得抄袭。

(据夏明作品改动)

◆ 2017 年高考语文全国 I 卷:阅读下面的材料,根据要求写作。要求:请从中选择两三个关键词来呈现你所认识的中国,写一篇文章帮助外国青年读懂中国。要求选好关键词,使之形成有机的关联;选好角度,明确文体,自拟标题;不要套作,不得抄袭;不少于 800 字。

据近期一项对来华留学生的调查,他们较为关注的"中国关键词"有:一带一路、大熊猫、广场舞、中华美食、长城、共享单车、京剧、空气污染、美丽乡村、食品安全、高铁、移动支付。

## 客观题

**【释义】**

客观题是答案封闭定位的题类,作答时不能自由发挥,需要与答案一致。

作为语文试卷,常见的客观题有判断题、选择题、填空题、配对题,高考语文较多出现的是选择题和填空题。客观题的特点是:命题要求将答案固定,考生不能另辟蹊径。可以根据答案封闭定位的程度分为两类,一类是排除性选择题、默写性填空题以及判断题,其答案是完全封闭的,一类是梯队性选择题、语境性填空题,其答案封闭中稍有弹性。客观题的功能是:能很好地对考生的基础知识的积累情况进行考查,知识覆盖面宽,能有效检验识记、阅读理解、信息综合等方面的记忆和知识的简单应用能力。

客观题有利有弊。它的优点在于信度比较好,可以制作标准答案,阅卷、评分客观性很强,无争议,速度快,还可以借助机器阅卷,提高阅卷效率,而且,客观题在试卷中可以题量大,便于对需要考核的学科系统知识和基本能力素质进行广泛覆盖。它的缺点主要是效度不够高,虽然客观题中的选择题也能够考核思维品质,但无法让考生自我表达,无法让考生通过批判性思维来解决问题,更无法创新,而且,客观题中的判断题、选择题即使做对了,由于看不到思维线索和信息加工途径,也不等于考生就一定理解了、懂了、会了,诊断价值不够。好的客观题命题难度较大。

【示例】

◆ 2017 年高考语文全国Ⅰ卷:下列对文中画波浪线部分的断句,正确的一项是

◆ 2017 年高考语文全国Ⅰ卷:下列对文中加点词语的相关内容的解说,不正确的一项是

◆ 2017 年高考语文全国Ⅰ卷:下列对原文有关内容的概括和分析,不正确的一项是

◆ 2017 年高考语文全国Ⅰ卷:下列对这首诗的赏析,不恰当的两项是

◆ 2017 年高考语文全国Ⅰ卷:补写出下列句子中的空缺部分(诗词语句默写)

◆ 2014 年高考语文全国大纲卷:依次填入下面一段文字横线处的语句,衔接最恰当的一组是

◆ 2017 年高考语文全国Ⅰ卷:在下面一段文字横线处补写恰当的语句,使整段文字语意完整连贯,内容贴切,逻辑严密。每处不超过 15 个字。

药品可以帮我们预防、治疗疾病,但若使用不当,____①____。以口服药为例,

药物进入胃肠道后逐渐被吸收进血液,随着时间推移,＿＿②＿＿。当药物浓度高于某一数值时就开始发挥疗效。然而,＿＿③＿＿,超过一定限度就可能产生毒性,危害身体健康。

◆ 2017 年高考语文全国Ⅰ卷:下面文段有三处推断存在问题,请参照①的方式,说明另外两处问题。

高考之后,我们将面临大学专业的选择问题。如果有机会,我要选择工科方面的专业,因为只有学了工科才能激发强烈的好奇心,培养探索未知事物的兴趣,而有了浓厚的兴趣,必将取得好成绩,毕业后也就一定能很好地适应社会需要。

①不是只有学了工科才能激发好奇心。

②＿＿＿＿＿＿＿＿＿＿＿＿＿＿＿＿。

③＿＿＿＿＿＿＿＿＿＿＿＿＿＿＿＿。

## 选择题

### 【释义】

选择题是由题干和备选项两部分组成的题型,属于客观性试题类。根据题干要求与备选项数量的关系,选择题可以分为定项选择和不定项选择,定项选择可以是单项选择,也可以是多项选择。高考语文试卷中的选择题一般采用定项选择的方式进行考核,在题干上指明选一项或两项,题干通常提出作答要求,备选项则给出一大组内容上与题干有直接关系又互相区别的字词句。选择题是 20 世纪 50 年代以后发展起来的一种题型,这种题型在试卷中可以做到知识覆盖面广、题量多,应用非常广泛,不仅是现代测试的常用形式,也是调查的常用形式。用于测试的选择题,题干表述需要简明,备选项的正确项与干扰项之间要难易相当,以保证选择题的命题质量,质量得到保证的选择题能提高测试的有效性和可靠性。

### 【示例】

1. 2017 年高考语文全国Ⅰ卷:下列各句中加点成语的使用,全都不正确的一项是

①比赛过后,教练希望大家重整旗鼓,继续以高昂的士气、振奋的精神、最佳的竞技状态,在下一届赛事中再创佳绩。

②今年,公司加大公益广告创新力度,制作出一批画面清新、意味深长的精品,有效发挥了公益广告引领社会风尚的积极作用。

③世界各国正大力研制实用的智能机器人,技术不断升级,创新产品层出不穷,未来有望在多领域、多行业发挥更大的作用。

④赵老师学的是冷门专业,当年毕业时,不少同学离开了该领域,而他守正不阿,坚持致力于该专业的教研工作,最后硕果累累。

⑤国家"一带一路"战略的实施,给古丝绸之路的沿线城市带来了活力,很多城市对未来踌躇满志,跃跃欲试。

⑥目前,快递业已经成为一个不可忽视的行业,快递服务虽不能说万无一失,但的确为百姓生活提供了极大的便利。

  A. ①③⑥   B. ①④⑤   C. ②③⑤   D. ②④⑥

2. 2017年高考语文全国Ⅰ卷:下列对这首诗的赏析,不恰当的两项是

A. 诗的第一句写出了考场肃穆而又怡人的环境,衬托出作者的喜悦心情。

B. 第三句重点在表现考生们奋勇争先、一往无前,所以把他们比作战士。

C. 参加礼部考试的考生都由各地选送而来,道德品行是选送的首要依据。

D. 朝廷对考生寄予了殷切的期望,希望他们能够成长为国家的栋梁之材。

E. 作者承认自己体弱多病的事实,表示选材工作要依靠其他考官来完成。

3. 2017年高考语文全国Ⅰ卷:下列对材料相关内容的概括和分析,正确的两项是

A. 中央电视台纪录频道在内容编排上进行了认真详细的规划,以期将来能够呈现出主题化、系列化的节目播出方式。

B. 根据材料二中性别、年龄、学历这三项,我们能够了解到中央电视台纪录频道的观众构成和集中度的基本情况。

C. 2011年,在71个大中城市的观众调查中,中央电视台纪录频道观众构成最高的三类人群分别是:男性、45~54岁以及高中学历。

D. 根据材料二可知,随着目标观众年龄的增加以及学历的增高,集中度的比值也在不断地攀升。

E. 美国国家地理频道的制作管理模式较为健全,它在融资渠道、产品设计、人财物资源调度等方面不存在受到限制的问题。

## 单项选择题

**【释义】**

单项选择题,即在给出的选项中,有且只有一个是正确的选择题,高考中的单项选择题一般有四个选项。

**【示例】**

2017 年高考语文全国 I 卷:下列各句中,没有语病的一句是

A. 根据本报和部分出版机构联合开展的调查显示,儿童的阅读启蒙集中在 1～2 岁之间,并且阅读时长是随着年龄的增长而增加的。

B. 为了培养学生关心他人的美德,我们学校决定组织开展义工服务活动,三个月内要求每名学生完成 20 个小时的义工服务。

C. 在互联网时代,各领域发展都需要速度更快、成本更低的信息网络,网络提速降费能够推动"互联网＋"快速发展和企业广泛受益。

D. 面对经济全球化带来的机遇和挑战,正确的选择是,充分利用一切机遇,合作应对一切挑战,引导好经济全球化走向。

## 不定项选择题

**【释义】**

不定项选择题,即在给出的选项中,可能只有一个选项是正确,也可能有两个或两个以上选项是正确的选择题。不定项选择题不会提示考生正确选项的个数。一般给分方式是:考生选择的选项为正确项,但并不完整的情况下,可以得到部分分数;考生选择的选项中出现错误项,则不能得分。目前的高考语文试卷中没有使用不定项选择题的题型。

## 多项选择题

**【释义】**

多项选择题,即在给出的选项中,有两个或两个以上选项是正确的选择题。多项选择题会告知考生正确选项的个数。一般给分方式是:考生选择的选项为正确项,但并不完整的情况下,可以得到部分分数;考生选择的选项中出现错误项,则不能得分。

【示例】

2017 年高考语文全国 I 卷

# 礼部贡院阅进士就试

欧阳修

紫案焚香暖吹轻,广庭清晓席群英。

无哗战士衔枚勇,下笔春蚕食叶声。

乡里献贤先德行,朝廷列爵待公卿。

自惭衰病心神耗,赖有群公鉴裁精。

下列对这首诗的赏析,不恰当的两项是

A. 诗的第一句写出了考场肃穆而又怡人的环境,衬托出作者的喜悦心情。

B. 第三句重点在表现考生们奋勇争先、一往无前,所以把他们比作战士。

C. 参加礼部考试的考生都由各地选送而来,道德品行是选送的首要依据。

D. 朝廷对考生寄予了殷切的期望,希望他们能够成长为国家的栋梁之材。

E. 作者承认自己体弱多病的事实,表示选材工作要依靠其他考官来完成。

## 论证

【释义】

论证,即引用证据来证明论题的真实性的论述过程,是由论据推出论题时所使用的推理形式。论证能力对于逻辑思维能力和批判性思维能力来说是必不可少的。高考语文 2017 年开始加大对论证能力的考查。

【示例】

2017 年全国高考语文试题 I 卷

气候正义是环境正义在气候变化领域的具体发展和体现。2000 年前后,一些非政府组织承袭环境正义运动的精神,开始对气候变化的影响进行伦理审视,气候正义便应运而生。气候正义关注的核心主要是在气候容量有限的前提下,如何界定各方的权利和义务,主要表现为一种社会正义或法律正义。

从空间维度来看,气候正义涉及不同国家和地区之间公平享有气候容量的问题,也涉及一国内部不同区域之间公平享有气候容量的问题,因而存在气候变化的国际公平和国内公平问题。公平原则应以满足人的基本需求作为首要目标,每个人都有义务将自己的"碳足迹"控制在合理范围之内。比如说,鉴于全球排放空间有限,而发达国家已实现工业化,在分配排放空间时,就应首先满足发展中国家在衣食住行和公共基础设施建设等方面的基本发展需求,同时遏制在满足基本需求之上的奢侈排放。

从时间维度来看,气候正义涉及当代人与后代之间公平享有气候容量的问题,因而存在代际权利义务关系问题。这一权利义务关系,从消极方面看,体现为当代人如何约束自己的行为来保护地球气候系统,以将同等质量的气候系统交给后代;从积极方面看,体现为当代人为自己及后代设定义务。就代际公平而言,地球上的自然资源在代际分配问题上应实现代际共享,避免"生态赤字"。因为,地球这个行星上的自然资源包括气候资源,是人类所有成员,包括上一代、这一代和下一代,共同享有和掌管的。我们这一代既是受益人,有权使用并受益于地球,又是受托人,为下一代掌管地球。我们作为地球的受托管理人,对子孙后代负有道德义务。实际上,气候变化公约或协定把长期目标设定为保护气候系统免受人为原因引起的温室气体排放导致的干扰,其目的正是为了保护地球气候系统,这是符合后代利益的。至少从我们当代人已有的科学认识来看,气候正义的本质是为了保护后代的利益,而非为其设定义务。

总之,气候正义既有空间的维度,也有时间的维度,既涉及国际公平和国内公平,也涉及代际公平和代内公平。因此,气候正义的内涵是:所有国家、地区和个人都有平等地使用、享受气候容量的权利,也应公平地分担稳定气候系统的义务和成本。

(摘编自曹明德《中国参与国际气候治理的法律立场和策略:以气候正义为视角》)

下列对原文论证的相关分析,不正确的一项是

A. 文章从两个维度审视气候正义,并较为深入地阐述了后一维度的两个方面。

B. 文章以气候容量有限为立论前提,并由此指向了气候方面的社会正义问题。

C. 文章在论证中以大量篇幅阐述代际公平,彰显了立足未来的气候正义立场。

D. 对于气候正义,文章先交代背景,接着逐层分析,最后梳理出了它的内涵。

# 六、试题中的高频概念

## 含意

**【释义】**

含意,即指文本中重要词语或句子的意思。文本中的重要词语是理解文本的关键,其含意一般有两种,一是字面含意,二是深层含意或言外之意,即词语或句子在特定语境中意义所发生的延伸、丰富和变化。试题设问针对的多是后者,也就是深层含意或言外之意。这些词语或句子一般是文本的题眼或总结,掌握其含意对理解上下文,甚至把握主题都是必不可少的。

**【示例】**

2012 年高考语文全国大纲卷

### 听 朗 诵

#### 孙 犁

一九八五年,九月十五日晚间,收音机里,一位教师正在朗诵《为了忘却的记念》。

这篇散文,是我青年时最喜爱的。每次阅读,都忍不住热泪盈眶。在战争年代,我还屡次抄录、油印,给学生讲解,自己也能背诵如流。

现在,在这空旷寂静的房间里,在昏暗孤独的灯光下,我坐下来,虔诚地、默默地听着。我的心情变得很复杂,很不安定,眼里也没有泪水。

五十年过去了。现实和文学,都有很大的变化。我自己,经历各种创伤,感情也迟钝了。五位青年作家的事迹,已成历史;鲁迅的这篇文章,也很久没有读,只是偶然听到。

革命的青年作家群,奔走街头,振臂高呼,最终为革命文学而牺牲。这些情景,这些声音,对当前的文坛来说,是过去了很久,也很远了。

是的,任何历史,即使是血写的历史,经过时间的冲刷,在记忆中,也会渐渐褪色,失去光泽。作为文物陈列的,古代的宗教信徒,用血写的经卷,就是这样。关于仁人志士的记载,或仁人志士的遗言,在当时和以后,对人们心灵的感动,其深浅程度,总会有不同吧! 他们的呼声,在当时,是一个时代的呼声,他们心的跳动,紧紧连接着时代的脉搏。他们的言行,在当时,就是群众的瞩望,他们的不幸,会引起全体人民的悲痛。时过境迁,情随事变,就很难要求后来的人,也有同样的感情。

时间无情,时间淘洗。时间沉淀,时间反复。历史不断变化,作家的爱好,作家的追求,也在不断变化。抚今思昔,登临凭吊的人,虽络绎不绝,究竟是少数。有些纪念文章,也是偶然的感喟,一时之兴怀。

世事虽然多变,人类并不因此就废弃文学,历史仍赖文字以传递。三皇五帝之迹,先秦两汉之事,均赖历史家、文学家记录,才得永久流传。如果没有文字,只凭口碑,多么重大的事件,不上百年,也就记忆不清了。文字所利用的工具也奇怪,竹木纸帛,遇上好条件,竟能千年不坏,比金石寿命还长。

能不能流传,不只看写的是谁,还要看是谁来写。秦汉之际,楚汉之争,写这个题材的人,当时不下百家。一到司马迁笔下,那些人和事,才活了起来,脍炙人口,永远流传。别家的书,却逐渐失落,亡佚。

白莽柔石,在当时,并无赫赫之名,事迹亦不彰著。鲁迅也只是记了私人的交往,朋友之间的道义,都是细节,都是琐事。对他们的革命事迹,或避而未谈,或谈得很简略。然而这篇充满血泪的文字,将使这几位青年作家,长期跃然纸上。他们的形象,鲁迅对他们的真诚而博大的感情,将永远鲜明地印在凭吊者的心中。

想到这里,我的心又平静了下来,清澈了下来。

文章与道义共存。文字可泯,道义不泯。而只要道义存在,鲁迅的文章,就会不朽。

1985 年 9 月 21 日晨改抄讫(有删改)

解释下列两句话在文中的含意。

(1)这些情景,这些声音,对当前的文坛来说,是过去了很久,也很远了。

含意要点:①青年作家为革命献身的时代离现在已经很久远了;②他们的革命精神因世事变化似乎已被当前文坛淡忘了。

(2)想到这里,我的心又平静了下来,清澈了下来。

含意要点:①时间消磨了人的激情,情随事变是正常的;②鲁迅以其真挚的感情和不朽的文笔,使青年作家们青史留名,道义永存。

2000 年高考语文北京、安徽春招卷

一个细菌经过 20 分钟左右就可以一分为二,一根葡萄枝切成十段就可能变成十株葡萄,一株草莓依靠它沿地"爬走"的葡萄茎,一年内就长出数百株草莓苗……凡此种种,都是生物靠自身的一分为二或一小部分的扩大来繁衍后代,这就是无性繁殖。无性繁殖的英文名称叫 Clone,译音为"克隆",现在,"克隆"的含义已不仅指无性繁殖,也包括"无性繁殖系"。凡是来自一个祖先的无性繁殖的一群个体叫"无性繁殖系",简称无性系。

自然界的许多动物,在正常情况下都是依靠父方产生的雄性细胞(精子)与母方产生的雌性细胞(卵子)融合(受精)成受精卵(合子),再由受精细胞经过一系列细胞分裂长成胚胎,最终形成新的个体,这种依靠父母双方提供的性细胞,并经两性细胞融合生产后代的繁殖方法叫有性繁殖。但是,如果我们用外科手术将一个胚胎分割成两块、四块、八块……最后通过特殊的方法使一个胚胎长成两个、四个、八个……生物体,这些生物体就是克隆个体,而这一群个体就叫作无性繁殖系。

克隆羊"多利"就是这样被"创造"出来的。英国爱丁堡罗斯林研究所的威尔莫特等人先给"苏格兰黑面羊"注射的促性腺素,促使它排卵后,用极细的吸管从卵细胞中取出核。与此同时,从怀孕三个月的"芬多席特"六龄母羊的乳腺细胞中取出核,将它注入"苏格兰黑面羊"的卵细胞中,手术完成后,用相同频率的电脉冲刺激换核卵,让"苏格兰黑面羊"卵细胞质与"芬多席特"母羊乳腺细胞的核相互协调,使这个"组装"细胞在试管里经历受精卵那样的分裂、发育而形成胚胎的过程。然后,将胚胎巧妙地植入另一只母羊的子宫里。经过一段时间后,这只"护理"体外形成胚胎的母羊产下了小绵羊"多利"。"多利"不是由母羊的卵细胞和公羊的精细胞受精的产物,而是"换核卵"一步步发展的结果。

克隆羊的诞生在世界各国引起了震惊,原因在于卵细胞中换进去的是体细胞的核,而不是胚胎细胞核。这个结果证明:动物体中执行特殊功能、具有特定形态的所谓高度分化的细胞与受精卵一样具有发育成完整个体的潜在能力。也就是说,动物细胞与植物细胞一样,也具有全能性。

对文中画线句子的理解正确的一项是

A. 动物体中的各种细胞功能上实际是没有分别的

B. 动物体中的某些细胞具有受精卵细胞的发育功能

C. 动物体中特定的某些细胞与受精卵的功能相同

D. 动物体细胞在执行特殊功能时与受精卵细胞具有同样的潜在能力

## 主题

**【释义】**

主题是文本中所蕴含或表现的基本思想、主要内容或中心问题,与具体的题材和形象密不可分,是作者认识世界的结果。由于作者的立场、观点和创作意图不同,相似的题材可以有不同的主题,作者的思想深度、生活经验和艺术表现手法也会影响主题的深度和广度。

**【示例】**

2016 年高考语文全国Ⅱ卷

## 战　争

[美]迈尔尼

1941 年 9 月,我在伦敦被炸伤,住进了医院。我的军旅生涯就此黯然结束。我对自己很失望,对这场战争也很失望。

一天深夜,我想给一位朋友打电话。接线生把我的电话接到了一位妇女的电话线上,她当时也正准备跟别人通话。

"我是格罗斯文诺8829,"我听见她对接线生说,"我要的是汉姆普斯特的号码,你接错了,那个倒霉蛋并不想跟我通话。"

"哦,我想是。"我忙插嘴。

她的声音很柔和,也很清晰,我立刻喜欢上了它。我们相互致歉后,挂上了话筒。可是两分钟后,我又拨通了她的号码,也许是命中注定我们要通话,我们在电话中交谈了 20 多分钟。

"你干吗三更半夜找人说话呢?"她问。

我跟她说了原因,然后反问:"那么你呢?"

她说她老母亲睡不好觉,她常常深夜打电话与她聊聊天。之后我们又谈了谈彼此正在读的几本书,还有这场战争。

最后我说:"我有好多年没这样畅快地跟人说话了。"

"是吗? 好了,就到这里吧,晚安。祝你做个好梦。"她说。

第二天整整一天,我老在想昨晚的对话情形,想她的机智、大方、热情和幽默感。当然还有那悦耳的口音,那么富有魅力,像乐曲一样老在我的脑海里回旋。到了晚上,我简直什么也看不进。午夜时,格罗斯文诺8829老在我脑海里闪现。我实在难以忍受,颤抖着拨了那个号码。电话线彼端的铃声刚响,就马上被人接起来。

"哈罗?"

"是我,"我说,"真对不起,打扰你了,我们继续谈昨晚的话题,行吗?"

没说行还是不行,她立即谈起了巴尔扎克的小说《贝姨》。不到两分钟,我们就相互开起玩笑,好像是多年的至交。这次我们谈了45分钟。午夜时光和相互的不认识,打破了两人初交时的拘谨。我提议彼此介绍一下各自的身份,可是她婉言谢绝了。她说这会把事情全弄糟,不过她留下了我的电话号码。我一再许诺为她保密,直到战争结束。于是她说了一些她的情况,17岁时她嫁给一个自己不喜欢的男人,以后一直分居。她今年36岁,唯一的儿子在前不久的一次空袭中被炸死了,年仅18岁。他是她的一切。她常常跟他说话,好像他还活着。她形容他像朝霞一样美,就跟她自己一样。于是她给我留下了一幅美丽的肖像。我说她一定很美,她笑了,问道:"你怎么知道的?"

我们越来越相互依赖,什么都谈。我们在大部分话题上看法相似,包括对战争的看法。我们开始读同样的书,以增加谈话的情趣。每天夜晚,不管多晚,我们都要通一次话。如果哪天我因事出城,没能通话,她就会埋怨说她那天晚上寂寞得辗转难眠。

随着时间的推移,我愈来愈渴望见到她。我有时吓唬她说我要找辆出租车立刻奔到她跟前。可是她不允许。她说如果我们相见后发现彼此并不相爱,她会死掉的。整整12个月,我是在期待中度过的。我们的爱情虽然近在咫尺,却绕过了狂暴的感情波澜,正平稳地驶向永恒的彼岸。通话的魅力胜过了秋波和拥抱。

一天晚上,我刚从乡间赶回伦敦,就连忙拿起话筒拨她的号码。一阵嘶哑的尖叫声代替了往日那清脆悦耳的银铃声,我顿时感到一阵晕眩。这意味着那条电话线出了故障或者被拆除了。第二天仍旧是嘶哑的尖叫。我找到接线生,请求他们帮我查查格罗斯文诺8829的地址,起先他们不理睬我,因为我说不出她的名字。后来一位富有同情心的接线小姐答应帮我查查。

"当然可以。"她说,"你好像很焦急。是吗?嗯,这个号码所属的那片区域前天夜里挨了炸弹,号码主人叫……"

"谢谢,"我说,"别说了,请你别说了。"

我放下了话筒。

(沈东子译,有删改)

小说写的只是战争中的一个小故事,却用了"战争"这样一个大题目,你认为这样处理合适吗?请结合全文,谈谈你的观点。

# 主旨

## 【释义】

主旨指文本主要的意义、用意或目的。主旨与主题密切相关,但是两个不同的概念。主旨更类似于作者的创作意图。

## 【示例】

2000 年高考语文上海卷

树　木　赫尔曼·黑塞

对本文主旨的概括最恰当的一项是

A. 讴歌树木伟大而落落寡欢,表示对它们的尊敬。

B. 歌颂自己的流浪生活,抒发对母亲的眷念之情。

C. 探索艰难的人生道路,主张心灵的自我完善。

D. 亲近自然,追求人与自然地和谐。

2016 年高考语文全国Ⅰ卷

### 锄

李　锐

挂着锄把出村的时候又有人问:"六安爷,又去百亩园呀?"

倒拿着锄头的六安爷平静地笑笑:"是哩。"

"咳呀,六安爷,后晌天气这么热,眼睛又不方便,快回家歇歇吧六安爷!"

六安爷还是平静地笑笑:"我不是锄地,我是过瘾。"

"咳呀,锄了地,受了累,又没有收成,你是图啥呀你六安爷?"

　　六安爷已经记不清这样的问答重复过多少次了，他还是不紧不慢地笑笑："我不是锄地，我是过瘾。"

　　斜射的阳光明晃晃地照在六安爷的脸上，渐渐失明的眼睛，给他带来一种说不出的静穆。六安爷看不清人们的脸色，可他听得清人们的腔调。但是六安爷不想改变自己的主意，照样挂着锄把当拐棍，从从容容地走过。

　　百亩园就在河对面，一抬眼就能看见。一座三孔石桥跨过乱流河，把百亩园和村子连在一起。这整整一百二十亩平坦肥沃的河滩地，是乱流河一百多里河谷当中最大最肥的一块地。西湾村人不知道在这块地上耕种了几千年几百代了。几千年几百代里，西湾村人不知把几千斤几万斤的汗水撒在百亩园，也不知从百亩园的土地上收获了几百万几千万斤的粮食，更不知这几百万几千万斤的粮食养活了世世代代多少人。但是，从今年起百亩园再也不会收获庄稼了。煤炭公司看中了百亩园，要在这块地上建一个焦炭厂。两年里反复地谈判，煤炭公司一直把土地收购价压在每亩五千块。为了表示绝不接受的决心，今年下种的季节，西湾村人坚决地把庄稼照样种了下去。煤炭公司终于妥协了，每亩地一万五千块。这场惊心动魄的谈判像传奇一样在乱流河两岸到处被人传颂。一万五千块，简直就是一个让人头晕的天价。按照最好的年景，现在一亩地一年也就能收入一百多块钱。想一想就让人头晕，你得受一百多年的辛苦，流一百多年的汗，才能在一亩地里刨出来一万五千块钱呐！胜利的喜悦中，没有人再去百亩园了，因为合同一签，钱一拿，推土机马上就要开进来了。

　　可是，不知不觉中，那些被人遗忘了的种子，还是和千百年来一样破土而出了。每天早上嫩绿的叶子上都会有珍珠一样的露水，在晨风中把阳光变幻得五彩缤纷。这些种子们不知道，永远不会再有人来伺候它们，收获它们了。从此往后，百亩园里将是炉火熊熊、浓烟滚滚的另一番景象。

　　六安爷舍不得那些种子。他掐着指头计算着出苗的时间，到了该间苗锄头遍的日子，六安爷就挂着锄头来到百亩园。一天三晌，一晌不落。

　　现在，劳累了一天的六安爷已经感觉到腰背的酸痛，满是老茧的手也有些僵硬。他蹲下身子摸索着探出一块空地，然后，坐在黄土上很享受地慢慢吸一支烟，等着僵硬了的筋骨舒缓下来。等到歇够了，就再挂着锄把站起来，青筋暴突的臂膀，把锄头一次又一次稳稳地探进摇摆的苗垅里去。没有人催，自己心里也不急，六安爷只想一个人慢慢地锄地，就好像一个人对着一壶老酒细斟慢饮。

终于，西山的阴影落进了河谷，被太阳晒了一天的六安爷，立刻感觉到了肩背上升起的一丝凉意。他缓缓地直起腰来，把捏锄把的两只手一先一后举到嘴前，轻轻地啐上几点唾沫，而后，又深深地埋下腰，举起了锄头。随着臂膀有力的拉拽，锋利的锄刃闪在黄土里咯嘣咯嘣地割断了草根，间开了密集的幼苗，新鲜的黄土一股一股地翻起来。六安爷惬意地微笑着，虽然看不清，可是，耳朵里的声音，鼻子里的气味，河谷里渐起的凉意，都让他顺心，都让他舒服。银亮的锄板鱼儿戏水一般地，在禾苗的绿波中上下翻飞。于是，松软新鲜的黄土上留下两行长长的跨距整齐的脚印，脚印的两旁是株距均匀的玉茭和青豆的幼苗。六安爷种了一辈子庄稼，锄了一辈子地，眼下这一次有些不一般，六安爷心里知道，这是他这辈子最后一次锄地了，最后一次给百亩园的庄稼锄地了。

沉静的暮色中，百亩园显得寂寥、空旷。六安爷喜欢这天地间昏暗的时辰，眼睛里边和眼睛外边的世界是一样的。他知道自己正慢慢融入眼前这黑暗的世界里。

很多天以后，人们跟着推土机来到百亩园，无比惊讶地发现，六安爷锄过的苗垅里，苗壮的禾苗均匀整齐，一棵一棵蓬勃的庄稼全都充满了丰收的信心。没有人能相信那是一个半瞎子锄过的地。于是人们想起六安爷说了无数遍的话，六安爷总是平静固执地说，"我不是锄地，我是过瘾。"

(有删改)

"我不是锄地，我是过瘾"这句话，既是理解六安爷的关键，也是理解小说主旨的关键。请结合全文进行分析。

## 思想

【释义】

思想是作者在文本中表达出来的对客观世界或事物的理性认识，是相对于感觉、印象而言的。如世界观、人生观、价值观、政治立场、政治观点、道德意识或其他的认识。

【示例】

2014 年高考语文全国Ⅱ卷

### 爱国科学家邓叔群

经过清华学堂八年苦读，邓叔群于 1923 年经考试公费留学美国。同时去的同学大多选择学习外交、银行、军事、法律等专业,只有他不听别人劝告,为了解救贫困的中国农民,一心入读康奈尔大学的农林专业。留学期间,目睹同胞受到种族歧视,这激发了他为国争光的民族自尊心,决心在最短的时间内学到最精湛的科学知识。他不仅主科成绩都是 A,而且荣获了全美最高科学荣誉学会颁发的两枚金钥匙证章。正当他博士论文接近完成时,国内岭南大学急需一位植物病理学教授,导师惠凌推荐了他,但建议他完成论文后再回去。邓叔群却认为,学到先进知识报效祖国,正是自己求学的真正目的,于是当即回国。

在回国后的十年中,为搜集我国第一手真菌资料,他手提竹篮,攀山入林,一样一样地采集,逐一鉴定,定名分类。他先后研究鉴定的真菌种类达一两千种,分隶于数百个属,其中首次发现的新属 5 个,新种 121 个,为世界真菌资源宝库增添了新标本,在世界真菌学史上为我国的真菌科学谱写了重要的第一章,向世界宣告了中国有自己的真菌科学。在世界著名真菌分类学家考尔夫教授总结的康奈尔大学 120 年来做出突出贡献的 41 位真菌学家中,他是唯一的东方人。

抗战开始不久,为了使自己的研究与国计民生关系更为直接,邓叔群转向了林业研究。他带领助手深入云南、西康、四川一带,勘察森林资源状况。他们冒风雨,顶烈日,忍饥寒,摸清了该地区森林资源的组成、分布、蓄积量及病虫害等情况,绘制了中国的早期林型图,并提出了合理经营、开发和管理原始森林的研究报告,为大后方建设提供了必要的参考。其中森林的材积估算、轮伐期、更新方法、造林方针等,至今仍有参考价值。

后来,邓叔群拒绝就任农林部副部长,而在甘肃省建设厅厅长张心一的支持下,举家奔赴甘肃,开始黄河上游水土保持的研究。经过几年艰苦奋斗,成功创办了洮河林场及三个分场,建立了一整套保证森林更新、营造量大于采伐量的制度,创建了以科学的方法经营和管理森林的新模式。邓叔群认为,水利和林、牧之间具有密切关系,要根治黄河水患,就必须三者并重。为保持黄河上游水土、减轻下游灾害,他提出了森林生态平衡理论。

1948 年,邓叔群当选为中央研究院院士。随后,中央研究院要求全体高级研究人员迁往台湾或去美国。他不仅自己明确表示决不离开,还动员其他同事共同抵制。他对家人说:“别忘了自己是中国人,要为民族富强奋斗终生。我绝不跟腐败的国民党去台湾,也不去美国。”其实在他内心深处,对共产党抱有希望和向往,愿与民族同甘苦、共命运。后来,他早年的学生沈其益受东北解放区领导委托,特地到上海动员他去东北筹建农学院,他欣然接受邀请,并在半年时间内,带病编写出一整套林科大学的教材纲要。作为沈阳农学院创建总指挥,他辛勤工作,调度有方,快速、高效地完成了建校任务。

邓叔群生活俭朴,不图物质享受。新中国成立后,他把抗日战争前在南京购建的花园洋房捐献给国家,还三次主动提出减薪。抗美援朝时,他将自己的积蓄捐作军用。1960 年,他受林业部委托,举办森林病理学培训班,为各省培训出数十名专业技术骨干。培训结束后,他谢绝巨额酬金,只留一张结业合影作纪念。邓叔群一生的选择,都从人民和祖国的需要出发,他以自己的实际行动,践行着科学报国的理想。

(摘编自《中国真菌学先驱——邓叔群院士》)

邓叔群不愿意去台湾,也不去美国,而欣然接受邀请去东北筹建农学院。他这样做,既有现实因素,又有思想基础。请结合材料具体分析。

可答:

现实因素:①国民党腐败统治的现实使他深感失望;②东北解放区领导尊重人才的诚意使他深受感动。

思想基础:①从小受外祖母影响,以历史上的民族英雄为榜样;②不忘自己是中国人,愿为中华民族富强奋斗终生。

## 观点

【释义】

观点是作者在文本中表达出来的对事物或问题的比较成熟的看法。思想和观点都是理性的,但两者之间的区别是思想更宏观一些,观点针对性更强一些。

【示例】

2012 年高考语文课标卷

# 马裤先生

老 舍

火车在北平东站还没开,同屋那位睡上铺的穿马裤,戴平光眼镜,青缎子洋服上身,胸袋插着小楷羊毫,足蹬青绒快靴的先生发了问:"你也是从北平上车?"很和气的。

火车还没动呢,不从北平上车,由哪儿呢? 我只好反攻了:"你从哪儿上车?"

他没言语。看了看铺位,用尽全身的力气喊了声:"茶房!"

茶房跑来了。"拿毯子!"马裤先生喊。

"请少待一会儿,先生。"茶房很和气地说。

马裤先生用食指挖了鼻孔一下,别无动作。

茶房刚走开两步。

"茶房!"这次连火车好似都震得直动。

茶房像旋风似的转过身来。

"拿枕头!"

"先生,您等我忙过这会儿去,毯子和枕头就一齐全到。"茶房说得很快,可依然是很和气。

茶房看马裤先生没任何表示,刚转过身去要走,这次火车确是哗啦了半天,"茶房!"

茶房差点吓了个跟头,赶紧转回身来。

"拿茶!"

"先生请略微等一等,一开车茶水就来。"

马裤先生没任何的表示。茶房故意地笑了笑,然后搭讪着慢慢地转身,腿刚预备好要走,背后打了个霹雳,"茶房!"

茶房不是假装没听见,便是耳朵已经震聋,竟自快步走开。

"茶房! 茶房! 茶房!"马裤先生连喊,一声比一声高。站台上送客的跑过一群来,以为车上失了火,要不然便是出了人命。茶房始终没回头。马裤先生又挖了鼻孔一下,坐在我床上。"你坐二等?"这是问我呢。我又毛了,我确是买的二等,难道上错了车?

"你呢?"我问。

"二等。快开车了吧? 茶房!"

他站起来,数他的行李,一共八件,全堆在另一卧铺上。数了两次,又说了话,"你的行李呢?"

"我没有行李。"

"噢?!"他确是吓了一跳,好像坐车不带行李是大逆不道似的。"早知道,我那四只皮箱也可以不打行李票了!"

茶房从门前走过。

"茶房! 拿手巾把!"

"等等。"茶房似乎下了抵抗的决心。

马裤先生把领带解开,摘下领子来,分别挂在铁钩上:所有的钩子都被占了,他的帽子,大衣,已占了两个。

车开了。他爬上了上铺,在我的头上脱靴子,并且击打靴底上的土。枕着个手提箱,车还没到永定门,他睡着了。

我心中安坦了许多。

到了丰台,车还没停住,上面出了声,"茶房!"

没等茶房答应,他又睡着了;大概这次是梦话。

过了丰台,大概还没到廊坊,上面又打了雷,"茶房!"

茶房来了,眉毛拧得好像要把谁吃了才痛快。

"干吗? 先——生——"

"拿茶!"

"好吧!"茶房的眉毛拧得直往下落毛。

"不要茶,要一壶开水!"

"好啦!"

马裤先生又入了梦乡,呼声只比"茶房"小一点。有时呼声低一点,用咬牙来补上。

有趣!

到了天津。又上来些旅客。

马裤先生出去,呆呆地立在走廊中间,专为阻碍来往的旅客与脚夫。忽然用力挖了鼻孔一下,走了。下了车,看看梨,没买;看看报,没买。又上来了,向我招呼了声,"天津,唉?"我没言语。他向自己说:"问问茶房,"紧跟着一个雷,"茶房!"我后悔了,赶紧地说:"是天津,没错儿。"

"总得问问茶房。茶房!"

我笑了,没法再忍住。

车好容易又从天津开走。

刚一开车,茶房给马裤先生拿来头一份毯子枕头和手巾把。马裤先生用手巾把耳孔鼻孔全钻得到家,这一把手巾擦了至少有一刻钟,最后用手巾擦了擦手提箱上的土。

我给他数着,从老站到总站的十来分钟之间,他又喊了四五十声茶房。茶房只来了一次,他的问题是火车向哪面走呢? 茶房的回答是不知道;于是又引起他的建议,车上总该有人知道,茶房应当负责去问。茶房说,连驶车的也不晓得东西南北。于是他几乎变了颜色,万一车走迷了路?! 茶房没再回答,可是又掉了几根眉毛。

他又睡了,这次是在头上摔了摔袜子,可是一口痰并没往下唾,而是照顾了车顶。

我的目的地是德州,天将亮就到了。谢天谢地!

我雇好车,进了城,还清清楚楚地听见:"茶房!"

一个多礼拜了,我还惦记着茶房的眉毛呢。

(有删改)

有人认为,小说中的"我"也有人性弱点,你同意这种观点吗? 谈谈你的具体理由。

## 情感

### 【释义】

情感是作者在文本中表现出的由客观事物引起的主观体验,如喜怒哀乐、悲欢忧赞等。有时表现为一种情绪,有时超越了情绪,表现为一种复杂稳定而具有深刻社会内涵的高级感情。情感的主观性非常强烈。在高考试题中,"思想"和"感情"常常连用,当连用时,特别是在古代诗歌阅读中,一般侧重于情感。

### 【示例】

2016 年高考语文全国Ⅲ卷

## 内宴奉诏作

曹 翰①

三十年前学六韬②,英名尝得预时髦③。

曾因国难披金甲,不为家贫卖宝刀。

臂健尚嫌弓力软,眼明犹识阵云高④。

庭前昨夜秋风起,羞见盘花旧战袍。

[注]①曹翰(923—992),宋初名将。②六韬:古代兵书。③时髦:指当代俊杰。④阵云:战争中的云气,这里有战阵之意。

这首诗与辛弃疾的《破阵子(醉里挑灯看剑)》题材相似,但情感基调却有所不同,请指出二者的不同之处。

2016年高考语文全国Ⅰ卷

### 金陵望汉江
李 白

汉江回万里,派作九龙盘①。

横溃豁中国,崔嵬飞迅湍。

六帝沦亡后②,三吴不足观③。

我君混区宇,垂拱众流安。

今日任公子,沧浪罢钓竿④。

[注]①派:河的支流。长江在湖北、江西一带,分为很多支流。②六帝:代指六朝。③三吴:古吴地后分为三,即吴兴、吴郡、会稽。④这两句的意思是,当今任公子已无须垂钓了,因为江海中已无巨鱼,比喻已无危害国家的巨寇。任公子是《庄子》中的传说人物,他用很大的钓钩和极多的食饵钓起一条巨大的鱼。

诗中运用任公子的典故,表达了什么样的思想感情?

## 态度

**【释义】**

态度,指个体对于人或事物、事件所持有的稳定而持续的心理评价和行为倾向。态度包括认知、情感和行为倾向三种因素,其中情感因素最为重要。在高考试题中,"情感"和"态度"常常连用,答案中一般不需把它们作为两个概念分别回答。

**【示例】**

2016年高考语文全国Ⅲ卷

### 玻 璃
贾平凹

约好在德巴街路南第十个电杆下会面,去了却没看到他。我决意再等一阵，踅进一家小茶馆里一边吃茶一边盯着电杆。旁边新盖了一家酒店，玻璃装嵌，还未完工，正有人用白粉写"注意玻璃"的字样。

吃过一壶茶后，我回到了家。妻子说王有福来电话了，反复解释他是病了，不能赴约，能否明日上午在德巴街后边的德比街再见，仍是路南第十个电杆下。第二天我赶到德比街，电杆下果然坐着一个老头，额头上包着一块纱布。我说你是王得贵的爹吗，他立即弯下腰，说：我叫王有福。

我把得贵捎的钱交给他，让给娘好好治病。他看四周没人，就解开裤带将钱装进裤衩上的兜里，说："我请你去喝烧酒！"

我谢绝了。他转身往街的西头走去，又回过头来给我鞠了个躬。我问他家离这儿远吗，他说不远，就在德巴街紧南的胡同里。我说从这里过去不是更近吗，老头笑了一下，说："我不走德巴街。"

他不去德巴街，我却要去，昨日那家茶馆不错。走过那家酒店，玻璃墙上却贴出了一张布告——

昨天因装修的玻璃上未作标志，致使一过路人误撞受伤。

敬请受伤者速来我店接受我们的歉意并领取赔偿费。

我被酒店此举感动，很快想到王有福是不是撞了玻璃受的伤呢，突然萌生了一个念头：既然肯赔偿，那就是他们理屈，何不去法院上告，趁机索赔更大一笔钱呢？我为我的聪明得意，第二天便给王有福打电话，约他下午到红星饭店边吃边谈。

红星饭店也是玻璃装修。我选择这家饭店，是要证实他是不是真的在酒店撞伤的。他见了我，肿胀的脸上泛了笑容，步履却小心翼翼，到了门口还用手摸，证实是门口了，一倾一倾地摇晃着小脑袋走进来。

"我没请你，你倒请我了！"他说。

"一顿饭算什么！"我给他倒了一杯酒，他赶忙说："我不敢喝的，我有伤。"

"大伯，你是在德巴街酒店撞伤的吗？"

"你……那酒店怎么啦？"

"这么说，你真的在那儿撞的！"

"这……"

老头瓷在那里，似乎要抵赖，但脸色立即赤红，压低了声音说："是在那儿撞的。"一下子人蔫了许多，可怜得像个做错事的孩子。

"这就好。"我说。

"我不是故意的。"老头急起来。"我那日感冒,头晕晕的,接到你的电话出来,经过那里,明明看着没有什么,走过去,咚,便撞上了。"

"你撞伤了,怎么就走了?"

"哗啦一声,我才知道是撞上玻璃了。三个姑娘出来扶我,血流了一脸,把她们倒吓坏了,要给我包扎伤口,我爬起来跑了。我赔不起那玻璃呀!"

"他们到处找你哩。"

"是吗?我已经几天没敢去德巴街了,他们是在街口认人吗?"

"他们贴了布告……"

老头哭丧下脸来,在腰里掏钱,问我一块玻璃多少钱。

我嘿嘿笑起来。

"不是你给他们赔,是他们要给你赔!"

"赔我?"

"是赔你。"我说,"但你不要接受他们的赔偿,他们能赔多少钱?上法院告他们,索赔的就不是几百元几千元了!"

老头愣在那里,一条线的眼里极力努出那黑珠来盯我,说:"你大伯是有私心,害怕赔偿才溜掉的,可我也经了一辈子世事,再也不受骗了!"

"没骗你,你去看布告嘛!"

"你不骗我,那酒店也骗我哩,我一去那不是投案自首了吗?"

"大伯,你听我说……"

老头从怀里掏出一卷软沓沓的钱来,放在桌上:"你要肯认我是大伯,那我求你把这些钱交给人家。不够的话,让得贵补齐。我不是有意的,真是看着什么也没有的,谁知道就有玻璃。你能答应我,这事不要再给外人说,你答应吗?"

"答应。"

老头眼泪哗哗的,给我又鞠了个躬,扭身离开了饭桌。

我怎么叫他,他也不回头。

他走到玻璃墙边,看着玻璃上有个门,伸手摸了摸,没有玻璃,走了出去。

我坐在那里喝完了一壶酒,一口菜也没吃,从饭馆出来往德巴街去。趁无人理会,我揭下了那张布告:布告继续贴着,只能使他活得不安生。顺街往东走,照相馆的橱窗下又是一堆碎玻璃,经理在大声骂:谁撞的,眼睛瞎了吗?!

我走出了狭窄的德巴街。

(有删改)

是否状告酒店,"我"与王有福的态度不同。你更认同谁的态度? 请结合全文,谈谈你的观点。

2006 年高考语文重庆卷

# 说 村 落

阎连科

村落在今天似乎已经成为一个符号。人们把村落、村庄、乡村等而视之,笼统解释为农民们聚居的地方。但若仔细辨认,村落、村庄、乡村似乎应该有些什么差别,比如说乡村必然是在偏僻的乡下,而村庄就有可能独立出现在繁闹城市。许多大都市里至今还有村庄的存在,但那村庄里的主人却已不是农民了。然而,这些好像都不重要,人们都不会去刨根问底,重要的是农民聚居的地方和那个地方的人。

你走在山脉上,阳光斜斜地照着,山梁上除了嘎嘎不止的乌鸦就是徐徐晃动的树,这时候口也渴了,而回答你的是荒凉无垠的黄褐褐干裂的田地。恰就在这时你听到了井上辘轳的叽咕声,水淋淋的,明亮而又清丽,心中一震,转身看到一凹山腰上有几间、几十间草房,掩映在树木间,仿佛卧在树荫下疲累的牛——这个时候,你心里叫出了村落二字,开始对村落有了一些真正的了解。

再或,你走在南方稻田的埂上,沉浸在一种诗意里,唐人的诗句、宋人的词句如春风一样掠过你的心头。放眼良田万亩,正为"东风染尽三千顷,白鹭飞来无处停"的夸张感到贴切时,一阵乌云先自来了。于是,你惊了手脚,在田埂上跑得东倒西歪。也就这个当儿,从哪儿划出一条小船,先递你一张荷叶顶在头上,赶着雨水到来之前,把你载到了一丛草房的檐下。这个时刻,你心里咚咚一声,忽然更加明了村落的含义。

实际说,村落的真正意义,并不仅仅就是农民居住的地方这一点。村落应该还有一种精神,一种温馨,一种微微的甘甜。村落是和城市相对应的存在,对于农民,它给予他们居住、生活的必需,而对于都市,它给予温暖和诗意。它既是一种物质存在,又是一种精神存在。我们可以从村落中找到农民、房舍、树木、耕牛和鸡羊,同时也应该找到农民自身生存的艰辛和对外人所付出的温馨。古文人怕是最能体味村落的含义的,无论是李、杜、白还是"八大家",他们对村落的理解,都浓含了"愁滋味"。可轮到我们,却偏颇得很,不仅没有了对农民的"愁味儿",连诗境也剩下不多了。单单地写出愁苦来,那不是村落,而是村落中的人,单单地写出温馨来,那也不是村落,那是村落表面的诗境。到了今天,村落剩下的就是一个符号,就是聚居农民的某个地方。所看到和理解的是新楼瓦舍,而农民那千古以来一成不变的生存形式和给别人的温馨、对自己的麻木和忍耐,却被人们从村落中删去了。

连我自己,做小说的时候,对于乡村的描绘,也是不断重复着抄袭别人的说法:"站在山梁上望去,村落、沟壑、林地、河流清晰得如在眼前",或说"模糊得如它们都沉在雾中"。而实际上,村落真正是个什么,沟壑的意义又是什么,河流在今天到底是什么样儿,我这个自认为是地道的农民的所谓作家,是果真地模糊得如它们都沉在雾中了。

我不敢说别人什么,而我自己,或多或少,总是感到一种内疚的。我们对村落意义的删节,并不单单是因为社会发展所致,更重要的,是我们对农民的背叛。只有在大都市住腻的当儿,我们才会想到村落,而想到的那个村落,除了田园的诗情,对农民的愁情是决然不会有的。这是当今社会中村落的悲哀,而对于村落以外的人,是什么也谈不上的,或幸或悲。

文章中说:"这是当今社会中村落的悲哀,而对于村落以外的人,是什么也谈不上的,或幸或悲。"这蕴涵着作者什么样的情感态度? 你怎样看待村落的命运?

## 构思

### 【释义】

构思是作者在孕育作品过程中所进行的思维活动,包括选择题材、安置任务、设计情节、提炼主题、确定艺术表现形式、安排作品结构等。对于文学作品而言,构思多指谋篇布局的方法,例如小说采用何种视角叙述、如何设置悬念,散文如何安排指行文结构等,都属于构思范畴。高考语文试题在考查考生概括分析文本构思时,常常会有更具体的指向,提出针对性更强的问题。也有直接让考生归纳概括文本构思特点的试题,需要考生运用独立思考能力,发现文本的独特之处。

【示例】

2007 年高考语文湖北卷

## 日月行色

### 杨闻宇

我们村西有一条河,流水清澈,平平的河滩廓大宽展,自远处眺望,浅亮亮的河水仿佛是铺晾在沙滩上的一派银箔,轻轻闪烁。

农村兴订婚,"订"者"定"也,仪式既简单又庄重,记得订了婚的第二天,她随我涉水过河以后,有意地、稍稍拉开些距离,不即不离,不紧不慢地行走在匀净细软的沙滩上。夕阳衔山,晚烟萦树,河那边农家矮矮的房屋半掩在烟霭里,上下远近静极了。她不上二十岁,刚刚撞破乡下小女儿的"壳"儿,正要步入农家姑娘的行列。我斗胆拧过头去,想仔细瞧瞧她。她那儿仿佛早就防我呢,倏地摆过脸去,避开了我,故意注视那落日。顺着她的眼光瞄过去,西方天际遥远的地平线上起伏着矮矮的黛青色的山峦,那就地绵延着的黛青色与她那披下的洁亮浓密的乌发是同一个色调。半边脸颊红红的,与衔山半隐的落日遥相映衬,如火的晚霞从侧面铺张开来,勾画出秀婉窈窕的一尊倩影。

她没有回头,却轻轻放过一句话来:"村里那么多赢人、出众的女子,你咋就……""村里人说你聪敏、灵性。"我回答。"谁说的?"

"老人都这样说。老人经的事阔,我信老人的话。"她顺下睫毛,不吭声了。我反问了一声:"你……你对我的印象呢?"

滩上晚风习习,清畅、爽凉。她翘起指尖掠掠被晚风扰散了的鬓角,不打算回答。这怎么成! 你能问我,我就问不得你么? 我暗暗用目光逼住她。她见躲不过去,微微咬咬唇儿,有点不怀好意地瞟了我一眼:"你一定要我说,不说不行吗?"

我郑重地点点头。"你是个鳖熊!"声不高,字咬得很重。

鳖者,水底烂泥里的硬壳软体爬行运动;熊者,天下蠢笨无二的"黑瞎子"。在我们那个地方,这是恶狠狠的、咬牙切齿的比喻。

"谁说的? 这是谁说的?"我止住脚步,脚底猛地腾起一股无名火,屏住呼吸,胸脯一起一伏。

她那细密的牙儿咬住唇儿,眯缝起细长的眸子,平静地、神秘地斜睨住我:"也是村里老人说的!"说这话时,眼波活似乌油油一眨闪电,那一瞬间,致使她的全身在收束将尽的晚霞里显得益发俏丽、撩人。我"咕咚"咽下一口唾沫,像是咽下一个砣秤锤。

"这么说,你……你信那些老不死的嚼舌头了?!"

她垂低头,没有了任何声息。伸出一只脚在软沙上划过来划过去,划过去又划过来,金黄色的细沙净净亮亮的,宛若凝结在地的晚霞,纯洁无比。

"有话早说,回头还来得及。往后后悔就迟啦。"我正告她,催她重新表态。订婚仅仅是个形式,这"订婚"与"结婚"之间,才横亘着爱河里真正的关口。

她抬起美丽的细长的眼睛,瞅了瞅东方那刚刚托起新月而呈现暗紫色的山垣,脚趾依然下意识地划着弧圈,划着划着,长长地舒一口气:"唉! 老人还说来:灵性人是鳖熊的奴!"

本文在构思上具有先抑后扬的特点,请作具体说明,并分析其作用。

## 分析

**【释义】**

"分析"是高考语文试题题干中出现频率最高的词。2015 年全国 I、II 卷中,各出现 4 次;2016 年全国 I、II、III 卷中,分别出现 3、5、4 次。分析的意思是把一件事物、一种现象或一个概念分解为较简单的组成部分,探求这些部分的本质属性和彼此之间的关系。高考试题,特别是全国卷的阅读主观题,通常会在提出的具体问题后加"请简要分析"这样的话。这其实是一个答题的要求,考生除了要呈现最直接的答案外,还要提供获得答案的依据。这些依据常常是隐藏在阅读文本中的,所以"请简要分析"常常也以"请结合全文简要分析"等形式呈现。"分析"的对象可以分为三种:一种是"是什么",即分析"是什么"答案的依据所在;一种是"为什么",即分析"为什么"答案的依据所在;一种是比较两种事物的异同,即分析异同答案的依据所在。

**【示例】**

2015 年高考语文全国 II 卷

### 塾师老汪

老汪在开封上过七年学,也算有学问了。老汪瘦,留个分头,穿上长衫,像个读书人；但老汪嘴笨，又有些结巴，并不适合教书。也许他肚子里有东西，但像茶壶里煮饺子，倒不出来。头几年教私塾，每到一家，教不到三个月，就被人辞退了。

人问："老汪，你有学问吗？"

老汪红着脸："拿纸笔来，我给你做一篇述论。"

人："有，咋说不出来呢？"

老汪叹息："我跟你说不清楚，躁人之辞多，吉人之辞寡。"

但不管辞之多寡，学堂上，《论语》中"四海困穷，天禄永终"一句，哪有翻来覆去讲十天还讲不清楚的道理？自己讲不清楚，动不动还跟学生急："啥叫朽木不可雕呢？圣人指的就是你们。"

四处流落七八年，老汪终于在镇上落下了脚。

老汪的私塾，设在东家老范的牛屋。老汪亲题了一块匾，"种桃书屋"，挂在牛屋的门楣上。老范自家设私塾，允许别家孩子来随听，不用交束脩，自带干粮就行了。十里八乡，便有许多孩子来随听。由于老汪讲文讲不清楚，徒儿们十有八个与他作对，何况十有八个本也没想听学，只是借此躲开家中活计，图个安逸罢了。但老汪是个认真的人，便平添了许多烦恼，往往讲着讲着就不讲了，说："我讲你们也不懂。"

如讲到"有朋自远方来，不亦乐乎"，徒儿们以为远道来了朋友，孔子高兴，而老汪说高兴个啥呀，恰恰是圣人伤了心，如果身边有朋友，心里的话都说完了，远道来个人，不是添堵吗？恰恰是身边没朋友，才把这个远道来的人当朋友呢；这个远道来的人，是不是朋友，还两说着呢；只不过借着这话儿，拐着弯骂人罢了。徒儿们都说孔子不是东西，老汪一个人伤心地流下了眼泪。

老汪教学之余，有个癖好，每月两次，阴历十五和三十，中午时分，爱一个人四处乱走。拽开大步，一路走去，见人也不打招呼。有时顺着大路，有时在野地里。夏天走出一头汗，冬天也走出一头汗。大家一开始觉得他是乱走，但月月如此，年年如此，也就不是乱走了。十五或三十，偶尔刮大风下大雨不能走了，老汪会被憋得满头青筋。一天中午，东家老范从各村起租子回来，老汪身披褡子正要出门，两人在门口碰上了。老范想起今天是阴历十五，便拦住老汪问："老汪，这一年一年的，到底走个啥呢？"

老汪："东家，没法给你说，说也说不清。"

　　这年端午节,老范招待老汪吃饭,吃着吃着,又说到走上。老汪喝多了,趴到桌角上哭着说:"总想一个人。半个月积得憋得慌,走走散散,也就好了。"

　　这下老范明白了:"怕不是你参吧,当年供你上学不容易。"

　　老汪哭着摇头:"不会是他。"

　　老范:"如果是活着的人,想谁,找谁一趟不就完了?"

　　老汪摇头:"找不得,找不得,当年就是因为个找,我差点丢了命。"

　　老范心里一惊,不再问了,只是说:"大中午的,野地里不干净,别碰着无常。"

　　老汪摇头:"缘溪行,忘路之远近。"

　　又说:"碰到无常也不怕,他要让我走,我就跟他走了。"

　　老汪的老婆叫银瓶。银瓶不识字,但跟老汪一起张罗私塾。老汪嘴笨,银瓶嘴却能说。但她说的不是学堂的事,尽是些东邻西舍的闲话。嘴像刮风似的,想起什么说什么。人劝老汪:"老汪,你是有学问的人,你老婆那个嘴,你也劝劝。"

　　老汪一声叹息:"一个人说正经话,说得不对可以劝他;一个人胡言乱语,何劝之有?"

　　银瓶除了嘴能说,还爱占人便宜,不占便宜就觉得吃亏。逛一趟集市,买人几棵葱,非拿人两头蒜;买人二尺布,非搭两绺线。夏秋两季,爱到地里拾庄稼,碰到谁家还没收的庄稼,也顺手牵羊捋上两把。从学堂出南门离东家老范的地亩最近,所以捋拿老范的庄稼最多。一次老范到后院牲口棚看牲口,管家老季跟了过来:"东家,把老汪辞了吧。"

　　老范:"为啥?"

　　老季:"老汪教书,娃儿们都听不懂。"

　　老范:"不懂才教,懂还教个啥?"

　　老季:"不为老汪。"

　　老范:"为啥?"

　　老季:"为他老婆,爱偷庄稼,是个贼。"

　　老范挥挥手:"娘们儿家。"

　　又说:"贼就贼吧,我五十顷地,还养不起一个贼?"

　　这话被喂牲口的老宋听到了。老宋也有一个娃跟着老汪学《论语》,老宋便把这话又学给了老汪。没想到老汪潸然泪下:"啥叫有朋自远方来? 这就叫有朋自远方来。"

（选自刘震云《一句顶一万句》，有删改）

（1）东家老范是一个什么样的人？请结合全文简要分析。

分析要点：①自家设私塾而允许别家孩子随听，是个大方的人；②关注老汪的"乱走"，并尽力开导安慰，是个友善的人；③不再追问老汪的隐情，是个有分寸的人；④因银瓶而辞退老汪，是个识大体的人。

（2）老汪对《论语》中"有朋自远方来"一句的独特理解，其实源于自身人际关系的体验，请结合全文简要分析。

分析要点：①老汪自己孤独不乐，所以从《论语》中读出的也是孤独不乐，反映的是其个人心境；②老汪通过曲解《论语》来证明"圣人"也有同样的孤独感，以此抚慰自己的孤独；③结尾处老汪"发现"老范就是自己的朋友，虽常在身边却宛如远来，这也照应了他此前的理解。

（3）老汪这一形象与鲁迅笔下的孔乙己在性情气质上有不少相似之处，但二人精神困境的根源实则不同。请简要分析这种相似与不同。

分析要点：

相似之处：①都温和善良，诚挚率真；②都有些懦弱，也比较落魄；③都有些书呆子气，喜欢引经据典来自我辩解、自我安慰。

不同之处：①孔乙己的精神困境主要源自封建文化比如等级观念的压制，以及生活的窘迫；②老汪的精神困境主要源自内心的憋闷，即难以排解的孤独。

## 谈谈

### 【释义】

相比于"分析"，"谈谈"是个轻松愉快的词，但表面上轻松，事实上没有那么简单。"谈谈"在高考中出现的频率也比较高。2016 年全国Ⅰ、Ⅱ、Ⅲ卷中共出现 3 次。"谈谈"一般出现在考查探究能力的开放性试题中，要求考生就某一问题提出自己的见解，问题来自文本，但不局限于文本。考生在答题时要有明确的立场、观点或看法，而且要言之成理、自圆其说，并且需要从文本中寻找恰当的信息作为支持。

### 【示例】

2013 年高考语文全国Ⅰ卷

# 喂自己影子吃饭的人

[阿根廷]莱·巴尔莱塔

晚饭时,饭店里走进一位高个儿,面容和蔼,脸上的笑容矜持而又惨淡。

他风度翩翩走上前台,朗声说道:

"诸位,敝人十分愿意应邀在此介绍一种奇迹,迄今无人能窥见其奥妙。近年来,敝人深入自己影子的心灵,努力探索其需求和爱好。兄弟十分愿意把来龙去脉演述一番,以报答诸位的美意。请看!我至亲至诚的终身伴侣——我的影子的实际存在。"

在半明半暗的灯光中,他走近墙壁,修长的身影清晰地投射在墙上。全厅鸦雀无声,人们一个个伸长脖子,争看究竟。他像要放飞一只鸽子似的,双手合拢报幕:

"骑士跳栏!"

骑士模样的形状在墙上蹦了一下。

"玉兔食菜!"

顿时,出现一只兔子在啃白菜。

"山羊爬坡!"

果然,山羊模样的影子开始步履艰难地爬一个陡坡。

"现在我要让这昙花一现的形象具有独立的生命,向大家揭示一个无声的新世界。"

说完,他从墙壁旁走开,影子却魔术般地越拉越长,直顶到天花板上。

"诸位,为了使影子能脱离我而独立生活,敝人进行过孜孜不倦的研究。我只要对它稍加吩咐,它就会具有生命的各种特征……甚至还会吃东西!我马上给诸位表演一番。诸位给我的影子吃些什么呢?"

一个炸雷般的声音回答说:

"给,给它吃这块火鸡肉冻。"

一阵哄堂大笑。他伸手接过递来的菜盘,走近墙壁。他的影子随即自如地从天花板上缩了回来,几乎贴近了他的身子。人们看得清清楚楚,他的身子并未挪动,那影子却将纤细的双手伸向盘子,小心翼翼地抄起那块肉,送到嘴里,嚼着,吞着……

"简直太神了!"

"嗯,你信吗?"

"天哪! 夫人,我可不是三岁的小孩!"

"可是,您总不会否认这把戏确实很妙,是吗?"

"给它这块鸡脯。"

"梨! 看着它如何吃梨一定妙不可言。"

"很好。诸位,现在先吃鸡脯。噢,劳驾哪位递给我一条餐巾? 谢谢!"

所有人都兴致勃勃地加入了这场娱乐。

"再给它吃点饼,你这影子可有点干瘦呵!"

"喂,机灵鬼,你的影子喝酒不? 给它这杯酒,喝了可以解愁。"

"哎哟,我笑得实在受不了喽。"

那影子又吃、又喝,泰然自若。不久,那人把灯全部打开,神情冷漠而忧郁,脸色显得格外苍白。他一本正经地说道:

"诸位,敝人深知这般玄妙的实验颇易惹人嘲讽、怀疑,但这无关紧要。总有一天,这项旨在使自己的影子独立于本人的实验,必将得到公认和奖励。临走前,敬请凡有疑问者前来搜一下敝人的衣服,以便确信我绝没有藏匿任何物品。诸位的慷慨惠赠,无一不为我影子所食。这如同敝人叫巴龙·卡米洛·弗莱切一样千真万确。十分感谢,祝大家吃好,晚安!"

"见鬼去吧!"

"谁要搜你的身子!"

"幻术玩够了,来点音乐吧!"

卡米洛·弗莱切,真名叫胡安·马里诺,他面朝三方,各鞠了个躬,神态庄重地退出了餐厅。穿过花园时,突然有人一把抓住他的胳膊。

"你给我滚!"警察厉声吼道,"下次再看到你,就让你和你的影子统统蹲到警察局过夜去。"

他低下头,慢慢地走了出去。拐过街角,他才稍稍挺直身子,加快脚步回家。

开门的是他女儿,十五六岁光景。

"你不回来,小家伙们不愿睡,他们可真累人呵!"

两个金发的孩子在一旁玩耍着,兴高采烈地迎接他。

小姑娘走过来,缓声问道:

"带回来什么没有？"

他没吱声，从衣服里掏出一方叠好的餐巾，从里面取出一块鸡脯，几块饼，还有两把银质小匙。

她把食物切成小块，放在盘里，同她的两个兄弟吃了起来。

"你不想吃点什么？爸爸。"

"不，"他头也不回地回答说，"你们吃吧，我已经吃过了。"

马里诺面朝窗子坐下来，茫然失神地凝望着沉睡中城市的屋脊，琢磨着明天该去哪里表演他的奇迹……

（沈根发译，有删改）

小说前半部分侧重写马里诺的影子表演，后半部分侧重写马里诺的现实生活。作者这样安排有什么用意？请结合全文，谈谈你的看法。

看法要点：①小说以马里诺影子表演的玄妙神秘与他在现实生活的平淡无奇相对比，赋予故事情节以戏剧性，有助于吸引读者阅读；②小说以前半部分影子表演的热闹有趣，与后半部分马里诺现实生活的凄凉孤独相对比，有助于增强小说的悲剧感；③小说以饭店内观众对马里诺的冷漠与家人对马里诺的关心相对比，有助于表现世态的冷暖炎凉；④小说以马里诺在观众面前谈笑风生与在家里的茫然失神相对比，有助于深入刻画他性格的复杂性；⑤小说以影子的虚幻与现实生活的真实相对比，有助于增强作品反映现实的力度；⑥小说通过对马里诺在饭店和家里活动状态的对比，表达了作者对底层人民的同情和对社会的批判。

# 表现手法

【释义】

表现手法，也叫艺术手法、表现技巧、表达方式，多指文学作品和艺术作品在表达中所采用的技巧和方式方法。对文学作品而言，就是作者在行文措辞和表达思想感情时所使用的特殊的语句组织技巧方式，比如突出主题的方式可能用侧面描写、正面描写、借景抒情、寓情于景、直抒胸臆等，记叙的方式可能用顺叙、倒叙、插叙等，描写的技巧可能用白描、烘托、渲染、象征、对照、照应、类比、衬托等，修辞手法可能用比喻、比拟、拟人、借代、夸张、对偶、排比、反复等。

语文考试中，考查"表现手法"有多种方式：

（1）统指性考查。直接使用"表现手法"一语，不指示是表现手法的哪个方面。这种方式常在题干中直接要求，如2016年天津卷的"请结合诗句说明颔联采用了哪些表现手法"，2016山东卷要求分析"看见一个头发湿漉漉的女孩子正趴在吴秋明的怀里，左右摇晃，半个脸埋在她怀里。半个脸沐浴在阳光下"的表现手法与表达效果，2015天津卷的"结合诗句说明颈联运用了哪些艺术手法"，2015重庆卷的"作者在旅途中与到达甘森后的所见有何不同？这样写运用了什么表现手法？有何表达效果？"

（2）定指性考查。不直接笼统地用"表现手法"一语，而指明表现手法的某一方面。如2016年北京卷的"文中运用了侧面描写的手法来表现老腔的艺术魅力。请举两例并加以分析"，2016上海卷的"第①段中的比喻贴切形象，表现力强，请加以赏析"，2015北京卷的"词作开篇几句运用了以声写声的手法，用玉声形容泉声的清亮圆润。下列诗句，没有运用这种手法的一项是……"

（3）无指性考查。题面没有"表现手法"的提示，但却需要从表现手法上进行分析或鉴赏。如2016上海卷的"本文是抒情散文，第⑪段却用了若干数据和年份，有何效果？"这也是要求回答作品表现手法的题目。

**【例句】**

阅读和鉴赏中外文学作品。了解小说、散文、诗歌、戏剧等文学体裁的基本特征及主要表现手法。

阅读和评价中外实用类文本。了解新闻、传记、报告、科普文章的文体基本特征和主要表现手法。〔教育部考试中心：《普通高等学校统一招生考试大纲语文（2018年版）》〕

在阅读鉴赏中，了解诗歌、散文、小说、戏剧等文学体裁的基本特征及主要表现手法。

阅读典范的新闻、通讯（含特写、报告文学）作品，了解新闻、通讯作品的内容要素和结构特点。分析观点与所报道的事实之间的关系，辨析其表达方式和表达效果。

在阅读中，了解传记作者的基本观点，结合自己的阅读感受作出评价；通过阅读，大体掌握传记写作中选择和组织材料的方法；体会传记褒贬鲜明、文采斐然的语言特色，吸收有用的语言表达方式。〔中华人民共和国教育部制订，《普通高中语文课程标准（实验）》，人民教育出版社2003年版〕

## 修辞手法

**【释义】**

狭义的修辞手法就是一般所说的修辞格,是运用特定的表达形式以提高语言表达作用的方式和方法。修辞手法是表现手法中的一个重要支脉。《普通高等学校统一招生考试大纲语文(2018年版)》列举了一些常见修辞手法:比喻、比拟、借代、夸张、对偶、排比、反复、设问、反问。语言表达中修辞知识的掌握和运用也是语言能力的组成部分,《普通高中语文课程标准(实验)》在语言文字专题中提出,"可以设置文字、语法、修辞、逻辑、普通话与方言等方面的专题,阅读相关论著,了解基本的知识、原理和方法,联系实际问题进行探究"。《普通高中语文课程标准(征求意见稿)》将"通过自己写作遣词造句的经验,建构初步的逻辑和修辞知识,增强表达的个性化"列为重要的学习目标之一。修辞手法的考试是语文考试的重要内容之一,考核方式灵活多样,有时与作品赏析相结合。修辞手法与表现手法着眼点不同,但二者有交叉,由于文学作品在表现主旨时也需要调动修辞手法,相关段落或语句所用的修辞手法也常被看作作品的表现手法。

**【示例】**

2016年高考语文江苏卷:下列熟语中,没有使用借代手法的一项是(熟语材料略)

2015年高考语文湖南卷:下列选项对语段主要运用的修辞手法的判断,正确的一组是

2015年高考语文广东卷:第三联的"软"字在艺术表现上很有特色,请作赏析。("软"字一语是双关手法)

2016年高考语文山东卷:分析"诗豪与风雪争先,雪片与风鏖战,诗和雪缴缠"使用的两种修辞手法。

2016年高考语文浙江卷:赏析第一首中的画线句"<u>寝园残石马,废殿泣铜驼。</u>"(可答:运用对仗、对偶、拟人的手法,借陵园、宫殿的荒凉残破之景,抒亡国之痛,情景交融。)

2016年高考语文山东卷:拖延症的表现是,在能够预料后果不良的情况下,仍然把计划要做的事情一再推迟。请运用比喻、比拟的修辞手法写出拖延症的危害。

2016 年高考语文上海卷：以第⑫～⑮段为例，评析本文语言运用上的特点。（主要从排比、拟人、比喻等方面分析。）

2015 年高考语文湖北卷：第⑨段中"目光流连于画面上一间江南小城临水的茶楼，似乎嗅到一缕明前龙井的清香"一句，运用了比拟的修辞手法，从视觉与嗅觉的角度展开联想。

2015 年高考语文安徽卷：某校拟开展以"自然·青春·团队"为主题的郊游活动，全校同学将以班级为单位参与。请撰写本班活动标语。要求：紧扣主题，语言鲜明、生动，至少使用一种修辞手法。

2015 年高考语文四川卷：创业、创新是时代的呼唤。请拟写一则宣传语，倡导同学们升入大学后积极参与创业、创新活动，培养创业、创新能力。要求：①紧扣宣传目的；②运用比喻手法。

## 写作手法

### 【释义】

写作手法，即在用书面形式反映客观事物、表达思想感情、传递知识信息的文本创造过程中所使用的策略、方式与技巧。在文学作品中，写作手法与表现手法所指相当。

## 描写角度

### 【释义】

描写角度，即用语言文字把人或事物的形象描绘摹写出来时的着眼点。如果直接对人物或景物的状态进行描写，就是正面描写或直接描写，如果通过写其他人或事来烘托所要写的人或事，就是侧面描写或间接描写。文学作品在刻画艺术形象时也往往有把正面描写与侧面描写结合起来的。

### 【示例】

◇ 直接描写

2013 年高考语文全国大纲卷

### 林肯中心的鼓声

木　心

写不下去了——鼓声，单是鼓声，由徐而疾，疾更疾，忽沉忽昂，渐渐消失，突然又起翻腾,恣意癫狂,石破天惊,戛然而止。再从极慢极慢的节奏开始,一程一程,稳稳地进展……终于加快……又回复凝重的持续,不徐不疾,永远这样敲下去,永远这样敲下去了,不求加快,不求减慢,不求升强降弱,唯一的节奏,唯一的音量……其中似乎有微茫、偶然的变化,变化太难辨识,却使听觉出奇地敏感,出奇敏感的绝望者才能感觉到它。之后鼓声似乎有所加快,有所升强……后又加快升强,渐快,更快,越来越快,越来越快……快到不像是人力击鼓,但机械的鼓声绝不会有这"人"味,是人在击鼓,是个非凡的人,否定了旋律、调性、音色,各种记谱符号。这鼓声引醒的不是一向由管乐、弦乐、声乐所引醒的因素。人,除了历来习惯于被管乐、弦乐、声乐所引醒的因素之外,还确有非管乐、弦乐、声乐所能引醒的因素,它们一直沉睡着,淤积着,荒芜着,原始而古老。在尚无管乐、弦乐、声乐伴随时,这些因素出现于打击乐,在漫长的遗弃废置之后,被今晚的鼓声所引醒,显得陌生新鲜。这非音乐的鼓声使我回到古老的蛮荒状态,更接近宇宙的本质。这鼓声接近于无声,最后仿佛只剩下鼓手一个人,而这人必定是道劲与美貌、粗犷与秀丽浑然一体的无年龄的人——真奇怪,单单鼓声就可以这样顺遂地把一切欲望击退,把一切观念敲碎,不容旁骛,不可方物,把它们粉碎得像基本粒子一样分裂飞扬在宇宙中……

◇ 间接描写

2013 年高考语文全国课标 Ⅱ 卷

# 峡　谷

## 阿　城

　　山被直着劈开,于是当中有七八里谷地。大约是那刀有些弯,结果谷地中央高出如许,愈近峡口,便愈低。

　　森森冷气漫出峡口,收掉一身黏汗。峡口处,倒一棵大树,连根拔起,似谷里出了什么不测之事,把大树唬得跑,一跤仰翻在那里。峡顶一线蓝天,深得令人不敢久看。一只鹰在空中移来移去。

　　峭壁上草木不甚生长,石头生铁般锈着。一块巨石和百十块斗大石头,昏死在峡壁根,一动不动。巨石上伏着两只四脚蛇,眼睛眨也不眨,只偶尔吐一下舌芯子,与石头们赛呆。

　　因有人在峡中走,壁上时时落下些许小石,声音左右荡着升上去。那鹰却忽地不见去向。

顺路上去，有三五人家在高处。临路立一幢石屋，门开着，却像睡觉的人。门口一幅布旗静静垂着。靠近人家，便有稀松的石板垫路。

中午的阳光慢慢挤进峡谷，阴气浮开，地气熏上来，石板有些颤。似乎有了噪音，细听却什么也不响。忍不住干咳一两声，总是自讨没趣。一世界都静着，不要谁来多舌。

走近了，方才辨出布旗上有个藏文字，布色已经晒退，字色也相去不远，随旗沉甸甸地垂着。

忽然峡谷中有一点异响，却不辨来源。往身后寻去，只见来路的峡口有一匹马负一条汉，直腿走来。那马腿移得极密，蹄子踏在土路上，闷闷响成一团，骑手侧着身，并不上下颠。

愈来愈近，一到上坡，马慢下来。骑手轻轻一夹，马上了石板，蹄铁连珠般脆响。马一耸一耸向上走，骑手就一坐一坐随它。蹄声在峡谷中回转，又响又高。那只鹰又出现了，慢慢移来移去。

骑手走过眼前，结结实实一脸黑肉，直鼻紧嘴，细眼高颧，眉睫似漆。皮袍裹在身上，胸微敞，露出油灰布衣。手隐在袖中，并不拽缰。藏靴上一层细土，脚尖直翘着。眼睛遇着了，脸一短，肉横着默默一笑，随即复原，似乎咔嚓一响。马直走上去，屁股锦缎一样闪着。

到了布旗下，骑手俯身移下马，将缰绳缚在门前木桩上。马平了脖子立着，甩一甩尾巴，曲一曲前蹄，倒换一下后腿。骑手望望门，那门不算大，骑手似乎比门宽着许多，可拐着腿，左右一晃，竟进去了。

屋里极暗，不辨大小。慢慢就看出两张粗木桌子，三四把长凳，墙里一条木柜。木柜后面一个肥脸汉子，两眼陷进肉里，渗不出光，双肘支在柜上，似在瞌睡。骑手走近柜台，捉出几张纸币，撒在柜上。肥汉也不瞧那钱，转身进了里屋，少顷拿出一大木碗干肉，一副筷，放在骑手面前的木桌上，又回去舀来一碗酒，顺手把钱划在柜里。

骑手喝一口酒，用袖擦一下嘴。又摸出刀割肉，将肉丢进嘴里，脸上凸起，腮紧紧一缩，又紧紧一缩，就咽了。把帽摘了，放在桌上，一头鬈发沉甸甸慢慢松开。手掌在桌上划一划，就有嚓嚓的声音。手指扇一样地散着，一般长短，并不拢。肥汉又端出一碗汤来，放在桌上冒气。

一刻工夫,一碗肉已不见。骑手将嘴啃进酒碗里,一仰头,喉结猛一缩,又缓缓移下来,并不出长气,就喝汤。一时满屋都是喉咙响。

不多时,骑手立起身,把帽捏在手里,脸上蒸出一团热气,向肥汉微微一咧嘴,晃出门外,肥汉梦一样待着。

阳光又移出峡谷,风又窜来窜去。布旗上下扭着动。马鬃飘起来,马打了一串响鼻。

骑手戴上帽子,正一正,解下缰绳,马就踏起四蹄。骑手翻上去,紧一紧皮袍,用腿一夹,峡谷里响起一片脆响,不多时又闷闷响成一团,越来越小,越来越小。

耳朵一直支着,不信蹄声竟没有了,许久才辨出风声和布旗的响动。

……

(4)小说中的主要人物是骑手,但几乎一半篇幅是在写峡谷。作者为什么这样处理?

可答:从形象塑造上看,峡谷是骑手的主要活动空间,所以峡谷的描写对塑造骑手形象、表现骑手性格起着关键作用;峡谷的描写,使人与物有机融合,峡谷的原始沉静与骑手的孤独沉默相辅相成,互为比照映衬,产生更好的艺术效果。

◇ 正面描写与侧面描写结合

2014年高考语文江西卷

(原文略)

阿城的《抻面》哪些地方运用了间接描写(侧面烘托)的方法表现铁良的抻面手艺? 请简要分析。

可答:①"客人出到街上,靠在铺面窗口看铁良抻面,好像是买了一张看戏的站票。"②"客人就笑了,转身回到店里的座位上。"③"客人挑起一筷子面,撑开嘴吃,热气蒸得额头儿有点儿亮。"运用比喻、心理描写、行动描写等手法,写出客人不同阶段的反应,衬托铁良抻面手艺的高超。④"老头儿挑起面迎光看看,手上的镯哗啦啦响,吃了一口,说:'是这个意思。'"运用行动描写、语言描写等手法,表现出"老头儿"对铁良抻面手艺的肯定,衬托铁良抻面手艺的高超。

# 人物性格

## 【释义】

人物性格,指文学和艺术作品中所描写的人物身上体现出来的思想情感、动作行为、气质习惯等方面的特征。2003 年版《普通高中语文课程标准(实验)》在小说与戏剧选修课中要求"朗诵小说或表演剧本的精彩片段,品味语言,深入领会作品内涵,体验人物的命运遭遇和内心世界,把握人物的性格特征"。在语文考试中,小说阅读与文言文阅读都可能要求对人物性格进行分析鉴赏。对人物性格的分析,较多是个体性格,也可能是群体性格。

**【示例】**

◇ 现代文学作品的人物性格

2007 年高考语文海南卷:要求依据小说《林冲见差拨》一节的内容,回答"林冲等他发作过了,去取五两银子,赔着笑脸告道"这句话表现了林冲什么样的性格和心理。

2008 年高考语文海南卷:要求分析欧·亨利小说《二十年以后》中的鲍勃具有什么样的性格。

2009 年高考语文海南卷:要求概括分析贾平凹小说《遗璞》中遗璞村人的性格特点。

2012 年高考语文全国课标卷:要求分析老舍的《马裤先生》中马裤先生有哪些性格特点。

◇ 文言文中的人物性格

2010 年高考语文浙江卷:要求判断《北史·胡叟传》是否叙述了胡叟在京城受人召见的过程,刻画出他言辞犀利,不能容忍他人怠慢自己的性格特征。

2011 年高考语文上海卷:用填空的方式要求根据《史记·循吏列传》中"故三得相而不喜,知其材自得之也;三去相而不悔,知非己之罪也",写出孙叔教有什么样的性格特征。

## 人物形象

**【释义】**

人物形象,指文艺作品中创造出来的特定人物的神情面貌和性格特征。用来刻画人物形象的方法主要有外貌描写、语言描写、动作描写、心理描写、细节描写等。人物形象与人物性格关系密切,人物性格的刻画是人物形象刻画的重要手段。《普通高中语文课程标准》在课程目标中提到"增强形象思维能力,获得对语言和文学形象的直觉体验"。在学习任务群"整本书阅读与研讨"中要求

"感受、欣赏人物形象"。语文考试中的人物形象主要指小说中的人物塑造,考查的题型有分析人物的情感、形象、内心活动、性格特点等。

**【示例】**

◇ 人物形象的特点

2013 年高考语文全国课标卷:要求分析阿根廷作家莱·巴尔莱塔的小说《喂自己影子吃饭的人》中主人公马里诺这一形象有哪些特点。

2014 年高考语文全国课标Ⅱ卷:要求分析刘庆邦小说《鞋》中守明是一个什么样的人物形象,她有什么样的心态。

◇ 人物形象描写的语言特点

2013 年高考语文四川卷:要求判断清代全祖望《姚敬恒先生事略》中是否主要以传神的语言描写来刻画人物形象,这与《烛之武退秦师》的写法相同。

◇ 人物形象的特定艺术表现手法

2013 年高考语文重庆卷:要求分析徐树建《枪口下的人格》在塑造贝尔蒂这一形象中用了哪种艺术手法。

2013 年高考语文重庆卷:要求分析清代词人钱继章《鹧鸪天酬孝峙》上片中用什么手法刻画了词人怎样的自我形象。

◇ 人物形象的综合艺术表现

2007 年高考语文湖南卷:要求写 300 字左右的文章赏析《忆刘半农君》中刘半农这一人物形象的表现艺术。

此题的综合性主要表现在:抓住人物性格特点,选取有代表性的事件,在对比中表现人物。

## 作者观点

**【释义】**

作者观点,指文学、艺术和科学作品的创作者的立场与态度。该立场与态度是通过自己独立构思、运用自己的技巧与方法形成的文学、艺术和科学作品中体现出来的。语文教育与考试中的作者观点范围包括所有的阅读文本,对作者观点的理解和把握是阅读活动的核心内容,也是阅读能力的重要检测项。《普通高等学校统一招生考试大纲语文(2018 年版)》要求在论述类文本阅读中能分析概括作者在文中的观点态度。《普通高中语文课程标准(实验)》要求发展独立阅读的能力。从整体上把握文本内容,理清思路,概括要点,理解文本所表达的思想、观点和感情。在文化论著选读中要能把握论著的主要观点和基本倾向,了解用以支撑观点的关键材料。在新闻与传记中可以深入把握作者立场、观点,在传记的阅读中能了解传记作者的基本观点,结合自己的阅读感受作出评价。《普通高中语文课程标准(2017年版)》要求在指定范围内选择阅读一部学术著作。通读全书,勾画圈点,争取读懂;梳理全书大纲小目及其关联,做出全书内容提要;把握书中的重要观点和作品的价值取向。阅读古今中外论说名篇,把握论者的观点、态度和语言表述,理解论者阐述观点的方法和逻辑。阅读与本书相关的资料,了解本书的学术思想及学术价值。通过反复阅读和思考,探究本书的语言特点和论述逻辑。

【示例】

◇ 分析概括作者观点

2014年高考语文全国课标Ⅰ卷:《科学巨人玻尔》文中说:"玻尔领导的哥本哈根学派具备了一个科学学派应有的优秀特质。"请结合材料,具体分析哥本哈根学派有哪些"优秀特质"。

2014年高考语文江苏卷:从所选的金克木《与小说对话:不败求败》中的这段文字看,作者对金庸有哪些评价?

◇ 阐释作者观点

2014年高考语文重庆卷:作者说,学习数学时机械的题海战术很难让人享受到数学的韵律之美。你赞同吗? 结合原文提供的信息说明理由。

此题要求评价作者观点。

2014年高考语文北京卷:通读《废墟之美》全文,用一句话简要表述作者所理解的"废墟"。

◇ 分析判断作者观点

2014年高考语文江西卷:从李泽厚《美的历程》节选的文本来看,下列表述符合作者观点的一项是

A. 母系氏族社会的巫术礼仪、原始图像及其把图像化符号形象是相对和平安定的。

B. 仰韶彩陶中的鱼纹多达十余中,鱼纹意味着先民对氏族子孙"瓜瓞绵绵"的祝福。

C. 由图腾形象抽象化而来的几何纹饰,一般包含着形式,想象等观念内容。

D. 新时期时代的仰韶彩陶上的动物形象呈现出生气勃勃、健康成长的童年气派。

◇ 分析推断作者观点

2014 年高考语文江西卷:请结合苏轼的思想和《被酒独行,遍至子云、威、徽、先觉四黎之舍三首(其二)》的内容,分析这首诗,表现了作者怎样的人生态度。

# 作者意图

**【释义】**

作者意图,也叫写作意图或创作意图,指创作人想要在作品中表达的主题、内容和思想。作者意图与作者观点是有差别的,意图是想要达到某种目的的意向,观点是对事物或问题的看法。《普通高等学校统一招生考试大纲语文(2018年版)》要求在文本阅读中能探讨作者的写作背景和写作意图。《普通高中语文课程标准(2017 年版)》在学习任务群"文学阅读与写作"中要求"精读古今中外优秀的文学作品,感受作品中的艺术形象,理解欣赏作品的语言表达,把握作品的内涵,理解作者的创作意图"。《普通高中语文课程标准(实验)》要求"指导学生阅读新闻、通讯作品,学会迅速、准确地捕捉基本信息,并能综合其他相关知识,就所涉及的事件和观点、文本的写作意图和实效,作出自己的评判"。

**【示例】**

2014 年高考语文上海卷:分析《宁静》的作者(美)西格德·F.奥尔森描写多种声音的意图。

此题对作者意图的解释可以这样分析:自然界的声音增加了宁静感,作者写这类声音是为了表现宁静之美;工业文明的喧闹破坏了宁静,作者描写这类声音来表达批评和担忧。作者通过描写这两大类声音,表达了宁静无价的主旨,和作者对宁静的赞美与向往。

2014 年高考语文重庆卷:何晓的《东坛井的陈皮匠》写了陈皮匠和其他古城人面对无限商机的不同态度,请予评价;作者这样写的意图是什么,请予探讨。

此题对作者意图的解释可以这样分析:肯定守护传统文化的行为,批判将传统文化遗产过度商品化的社会现象,表达对时下强烈功利化的社会现象的忧虑。

## 语言风格

### 【释义】

语言风格,指语言表达上形成的作风、气质、格调,也叫语言特点、语言特色。文学作品的语言风格往往与作者的思想性格和素养有关,也与所要描写或论述的对象有关,反映到作品中会形成特别的语言格调,成为作品的艺术特色之一,分析与鉴赏作品总是离不开它。除了文学作品,实用文、应用文也一样有语言风格问题,这种风格较多体现为一种范式,受到文体需求的制约。《普通高中语文课程标准(实验)》要求"阅读规范的应用文,了解应用文的性质和用途,注意应用文的格式、术语和语言风格"。《普通高中语文课程标准(2017 年版)》提出"在运用口语和书面语表达的过程中,对比两种语体用词和造句的差别,体会口语与书面语风格差异"。语言风格种类众多,或朴实或绚烂,或含蓄或清丽,或柔婉或豪壮,或谨严或疏放,不一而足。在语文试题中,有的直叩语言风格,有的细化到风格的具体小类。有时题面虽然没有使用"语言风格",但实际赏析的角度与语言风格有很大关系。

### 【示例】

2011 年高考语文湖南卷:高启的《春暮西园》绿池芳草满晴波,春色都从雨里过。知是人家花落尽,菜畦今日蝶来多。请任选一个角度赏析本诗。

回答可从语言的角度分析总体的语言风格,也可抓住"满""过""知"等字分析炼字的精当。

2015 年高考语文天津卷:三段文字虽然都涉及了古代能工巧匠鲁班,但体裁有别,叙议各有侧重,文字风格不同,表达主旨各异。

2012 年高考语文浙江卷:欧阳修的《与荆南乐秀才书》语言朴实,感情真挚,表达委婉;通过现身说法,运用对比,巧妙地表明了作者对时文的不同看法。

2012 年高考语文上海卷:张九龄的《春江晚景》全诗的语言清新淡雅,又不失朴实之风。

2012 年高考语文上海卷:林海音为自传体小说《城南旧事》写的序言全文语言平实质朴,通过怀想童年趣事,使我们在感受到童心、童真、童趣的同时,也感受到了那份蕴藏在字里行间的深情。

有人评论林海音的文字"细致而不柔弱",结合这一评论,赏析第⑦段画线句"看它从不着急,慢慢地走,慢慢地嚼,总会走到的,总会吃饱的"。

此题所说"语言平实质朴""细致而不柔弱"都是对语言风格的描述,题目要求对画线句进行赏析,是对"细致而不柔弱"风格的具体体验要求。

2011年高考语文湖北卷:汪曾祺的《才子赵树理》本文语言很有特色,请结合文中画线的①②两处分别加以赏析。

## 意象

【释义】

意象,即客观形象与主观心灵融合成的带有某种意蕴与情调的艺术形象。"意"是意念,"象"是物象,物体是客观的,当这个物体被人写进作品并被赋予特定的意蕴和情调的时候,就产生了意象,成为有某种特殊含义和文学意味的具体形象。《普通高中语文课程标准(实验)》要求在诗歌赏析中"学习从创意和构思、意境和意象、语言技巧等方面对唐诗作品进行赏析,感悟作品的艺术魅力,获得丰富的审美感受"。

【示例】

2011年高考语文全国卷阅读文本:在中国传统美学中,情景交融所规定的是"意象",而不是"意境"。中国传统美学认为艺术的本体就是意象,任何艺术作品都要创造意象,都应该情景交融,而意境则不是任何艺术作品都具有的。意境除了有意象的一般规定性之外,还有自己的特殊规定性,意境的内涵大于意象,意境的外延小于意象。

2011年高考语文四川卷:高中语文教材中的许多文化景点或文学意象,常常会引发我们的情思。请从下列词语中选择一个作开头,仿照例句写一句话。要求:①体现景点或意象特征;②句式一致;③运用拟人和反问的修辞手法。

康桥　边城　雨巷　蜀道

例句:赤壁,你的雄奇伟岸,你的大气磅礴,你的壮丽多姿,不正好激荡起我心中的豪情吗?

2011年高考语文浙江卷:简析纳兰性德的《蝶恋花·出塞》中画线句"一往情深深几许,深山夕照深秋雨。"的表现手法。

可答:①以情相问,以景作答。②化抽象之情为形象之景,增强了全词的抒情效果。③"深山""夕照""秋雨"三个意象连用,委婉地表达出词人心中的孤寂、惆怅之情。

2011 年高考语文重庆卷:

## 渡　　江

[明]张　弼

扬子江头几问津,风波如旧客愁新。

西飞白日忙于我,南去青山冷笑人。

孤枕不胜乡国梦,敝裘犹带帝京尘。

交游落落俱星散,吟对沙鸥一怆神。

指出"吟对沙鸥一怆神"中"沙鸥"意象的作用。

可答:以到处飞翔的沙鸥衬托作者的孤单漂泊。

## 意境

【释义】

意境,即文艺作品借助形象描写表现出来的意蕴和境界,该意蕴与境界意味丰富,能让人感受领悟却难以尽言。意境与意象都是文学形象,是审美对象,但意象是具体易感的,意境是意象的升华,需要抽象体悟。《普通高中语文课程标准(实验)》提出"可通过多种途径帮助学生阅读和鉴赏,如加强诗文的诵读,在诵读中感受和体验作品的意境和形象,得到精神陶冶和审美愉悦"。认为"能否对作品的形象和意境产生感情的共鸣"是学生审美能力、艺术趣味和欣赏个性评价的重点。《考试大纲》把"材料丰富,论据充实,形象丰满,意境深远"作为作文评分发展等级的评价项目。

【示例】

2010 年高考语文浙江卷阅读材料:整个古典时期,在山水画的意境处理上,大多脱离不开"山水自然"加"渔樵隐士"的基本构思和构图模式。

2010 年高考语文山东卷阅读材料:人生的最高精神境界是"审美境界"。这是因为此时审美意识超越了求知境界的人事关系,它把对象融入自我之中,而达到情景交融的意境。

　　2011年高考语文全国大纲卷阅读材料:意境除了有意象的一般规定性之外,还有自己的特殊规定性,意境的内涵大于意象,意境的外延小于意象。那么意境的特殊规定性是什么呢? 唐代刘禹锡有句话:"境生于象外。""境"是对于在时间和空间上有限的"象"的突破,只有这种象外之"境"才能体现作为宇宙的本体和生命的"道"。

　　2011年高考语文福建卷:

## 晓至湖上

### [清]历　鹗

出郭晓色微,临水人意静。

水上寒雾生,弥漫与天永。

折苇动有声,遥山淡无影。

稍见初日开,三两列舴艋。

安得学野凫,泛泛逐清景。

　　请从表达技巧的角度对"折苇动有声,遥山淡无影"进行赏析。

　　可答:对比,以"有声"与"无影"对比,近写声觉,远些视觉,突出层次的远近和景致的深阔。对偶,以"折苇"对"遥山",近景与远景相结合,以"动有声"对"淡无影",听觉与视觉相结合,节奏优美,意境深阔淡雅。

　　2012年高考语文湖南卷:

## 度破讷沙(其二)

### 李　益

破讷沙头雁正飞,鸊鹈泉上战初归。

平明日出东南地,满碛寒光生铁衣。

　　请从意境营造的角度,赏析全诗。

　　可答:全诗描绘了戍边将士战罢归来的图景。前两句写大漠辽远、大雁高飞,既有胜利者的喜悦,也有征人的乡思;后两句写日出东南、铁衣生寒,既表现了壮阔背景上军容的整肃,也暗含了军旅生活的艰辛。诗歌撷取极具边塞特色的含蕴丰富的意象,通过喜忧、暖冷、声色等的比照映衬,营造出雄健、壮美的意境,抒写了征人慷慨悲壮的情怀。

2012 年高考语文福建卷：

# 望 江 南

[宋]李　纲

江上雪,独立钓鱼翁。箬笠但闻冰散响,蓑衣时振玉花空。图画若为工。　　　云水暮,归去远烟中。茅舍竹篱依小屿,缩鳊圆鲫入轻笼。欢笑有儿童。

"箬笠但闻冰散响,蓑衣时振玉花空"这两句的描写颇为精妙。请简要赏析。

可答:"箬笠""蓑衣"勾勒出钓翁雪天垂钓的外在形象,画面简约,意境空灵。"冰散响"描写轻细的声音,衬托出环境的寂静、钓翁的宁静。钓翁"时振玉花空"的动作,衬托出钓翁的凝定。"但"字写出了钓翁的心无旁骛。

## 意蕴

**【释义】**

意蕴,即作品内在的意义。意蕴不是语言文字表面上的普通的意义有所不同,而是文学作品里渗透出来的理性内涵。意蕴是文学类阅读能力培养的重要目标。《普通高中语文课程标准(实验)》要求学生能"阅读古今中外优秀的诗歌、散文作品,理解作品的思想内涵,探索作品的丰富意蕴,领悟作品的艺术魅力"。《普通高中语文课程标准(2017 年版)》要求学生能"根据诗歌、散文、小说、剧本不同的艺术表现方式,从语言、构思、形象、意蕴、情感等多个角度欣赏作品,获得审美体验,认识作品的美学价值,发现作者独特的艺术创造"。《考试大纲》把"从不同角度和层面发掘作品的意蕴、民族心理和人文精神"列为文学作品探究能力的项目。

**【示例】**

2015 年高考语文江苏卷:王安忆的《比邻而居》,请探究文章最后一段中画线句的意蕴。

⑦这一日,厨房里传出了艾草的熏烟。原来,端午又到了。艾草味里,所有的气味都安静下来,只由它弥漫,散开。一年之中的油垢,在这草本的芬芳中,一点点消除。渐渐的,连空气也变了颜色,有一种灰和白在其中洇染,洇染成青色的。明净的空气其实并不是透明,它有它的颜色。

可答:不同的生活状态也有相同的生活内容;蕴含了对端午等传统文化的认同感;艾草的熏烟升华了不同的生活状态,从而达成一种火辣与安静、绚烂与明净的平衡。

2015年高考语文山东卷:冯骥才《四堡雕版》文中的五个问句,意蕴丰富,设置巧妙,请结合全文谈谈你的认识。

2015年高考语文天津卷:汉字是中华文明的重要载体,许多汉字如山、日、水、火、土……都具有丰富的文化意蕴。请参照例句,任选一个字写一段话。

## 情景关系

### 【释义】

情景关系,即文艺作品中思想感情的抒发与所写环境、气氛相互作用相互影响的状态。情景关系是解读文艺作品尤其是诗歌的重要内容,诗歌创作总是围绕着情与景进行的,诗歌的意境也总是由情景关系构成。触景生情、情景相生、情景交融对构建意象、形成意境是必不可少的方式。

### 【示例】

2016年高考语文浙江卷:宋代刘克庄的《北来人》写道:"试说东都事,添人白发多。寝园残石马,废殿泣铜驼。胡运占难久,边情听易讹。凄凉旧京女,妆髻尚宣和。"赏析诗中的画线句。

可答:运用对仗(对偶)、拟人的手法,借陵园、宫殿的荒凉残破之景,抒亡国之痛,情景交融。

2005年高考语文全国卷:李华《春行即兴》写道:"宜阳城下草萋萋,涧水东流复向西。芳树无人花自落,春山一路鸟空啼。"古人在谈到诗歌创作时曾说:"作诗不过情、景二端。"请从"景"和"情"的角度来赏析这首诗。

可答:这首诗写了作者"春行"时的所见所闻,有草有水,有树有山,有花有鸟,可谓一句一景,且每个画面都有特色。但诗又不是纯粹写景,而是景中含情,情景交融。诗中"花自落""鸟空啼"之景都显出了山中之静,并透露出一丝伤春、凄凉之情。该题考察对诗歌特色"情景交融"的理解。解答本题时,要具体指出景是什么,情是什么,两者是怎样交融在一起的。

# 七、评分关键词

## 译出大意

### 【释义】

译出大意,语文考试专指文言文阅读中对指定语句进行现代汉语翻译的评分要求。文言文翻译成现代汉语是文言文阅读考核的常用方式,它能有效地检测学生对古代文本中字词句的理解情况,综合考察古代汉语阅读水平。通常对这种翻译的评判分两步走,第一步是看能否将大意译出,包括原文中事件特点与过程、人物关系等,翻译时还要注意古代的特殊句式,第二步是看重要词语能否准确译出,重要的词语往往是容易理解错的实词和虚词。

### 【示例】

2016 高考语文全国Ⅰ卷:译出大意给 3 分;"虔""处之"两处,每译对一处给 1 分。

## 言之成理

### 【释义】

言之成理,即言说某个问题时,所说的话有道理。考试中的言之成理指对试题的解答能自成道理、自圆其说,是语文考核中对分析性、探究性命题的作答进行评价的辅助性标准。语文测试中的现代文阅读、古诗文阅读往往需要用分析性、探究性的命题来检测考生理解含意、品味作品、推论评议等的素质和能力;而这种命题具有相对开放性,在作答时由于视角不一,观点有别,甚至见解独特,也会造成答案的多样性。所以虽然试题会拟定一两种参考答案,但给作答者留有空间,只要言之成理的答案都会酌情给分。此外,语文测试中的文言文翻译、现代汉语表达题虽然相对于文本阅读分析不具有那样大的开放性,但由于语言本身同义词句现象的客观存在,相关试题给出的参考答案也是示意性的,不是唯一的,只要言之成理,也应允许使用不同的表达。

### 【示例】

2014 年高考语文全国卷:韦庄在诗《含山店梦觉作》中是用什么方法表现

感情的？请简要分析。

参考答案:诗人是用衬托的方法来表现感情的。诗人虽然到处漂泊,但好像对此并不在意,认为这是"等闲"之事;而客中一觉梦醒,思家乡、念亲人的惆怅之情不禁油然而生。

评分说明:如有其他答案,只要言之成理,可酌情给分。

## 意思答对

### 【释义】

意思答对,即对试题所作答的内容与命题要求回答的内容具有一致性,是语文考核中对分析性、探究性命题的作答进行评价的辅助性标准。同样是辅助性标准,与"言之成理"不同的是,"意思答对"要求所作答的内容与所给参考答案的大意相符,"言之成理"则是离开了参考答案的大意,但符合命题的意向范围。

### 【示例】

2014年高考语文全国卷:叶紫的《古渡头》中的渡夫有哪些性格特点? 请简要分析。

可答:①热情坦诚,乐于助人,喜欢孝顺父母的子女;②刚强不屈,不畏身心劳苦,靠自己的气力赚钱;③坚韧不拔,不向命运低头,坚持自由自在的生活信念。

评分说明:意思答对即可。

2014年高考语文全国卷:刘庆帮的《鞋》的文末"后记"是独立于小说外的写作说明,还是属于小说的有机组成部分? 请结合全文,谈谈你的观点和理由。

可答:观点一:"后记"是独立于小说外的写作说明。①从形式上看,"后记"与小说没有直接关系,两者是各自独立的文本;②从内容上看,小说是乡土生活的诗意想象,"后记"是作者的自我忏悔,两者无法融为一体;③从人物塑造上看,"后记"的"真实"事实,限制了小说的想象空间。观点二:"后记"是小说的有机组成部分。①从形式上看,小说是一个开放性的文本结构,"后记"是其中的有机组成部分;②从内容上看,"后记"的"真实"改变了小说的田园牧歌风格,于诗意中多了一丝冷峻;③从创作倾向上看,"后记"中的自我审视,将传统与现代联系起来,深化了小说的思想主题。

评分说明:意思答对即可。

## 观点明确

### 【释义】

观点明确,指对人物、事件、问题等进行分析阐述时,立场态度表达得明白清楚,使读者或听者不用过多思索就能了解。《普通高中语文课程标准(实验)》要求"书面表达要观点明确,内容充实,感情真实健康;思路清晰连贯,能围绕中心选取材料,合理安排结构"。《普通高中语文课程标准(2017 年版)》把"在表达时,能做到观点明确、内容完整、结构清楚"作为"学业质量标准水平一"的要求。语文高考中,"观点明确"常用于探究性、开放性试题要求中。

### 【示例】

2012 年高考语文全国课标卷:有人认为,老舍小说《马裤先生》中的"我"也有人性弱点,你同意这种观点吗? 谈谈你的具体理由。

要素:观点明确,理由充分、论述合理。

2014 年高考语文全国课标Ⅱ卷:刘庆邦《鞋》的文末"后记"是独立于小说外的写作说明,还是属于小说的有机组成部分? 请结合全文,谈谈你的观点和理由。

评分补充:如有其他答案,可根据观点明确、理由充分、论述合理的程度,酌情给分。

2013 年高考语文湖北卷:有媒体统计了诺贝尔文学奖得主莫言与作家郭敬明 2012 年度的作品总销量,发现前者的总销量远低于后者。中国社会科学院发布的《中国文情报告(2012—2013)》显示,2012 年度小说类图书的销量冠军仍然是郭敬明的作品。你如何看待这种现象? 请简要点评。

要求:①观点明确;②语言表达简明、得体。

2013 年高考语文辽宁卷:匈牙利作者约卡伊·莫尔的小说《圣诞夜的歌声》结尾写道亚诺什心存歉疚。他是否应该还钱? 请结合作品加以解说,并谈谈给你的启示。

评分要素:观点明确;结合作品、论述合理;谈出启示。

## 理由充分

### 【释义】

理由充分,即对问题或观点的分析阐述能提出足够的道理或依据。《普通高中语文课程标准(2017 年版)》对学生发表、论述自己观点所持的依据有不同的要求,在"学业质量标准水平四"中提出基本级别的要求:"在理解语言时,能准确、清楚地分析和阐明观点与材料之间的关系,能就文本的内容或形式提出质疑,展开联想,并能找出相关证据材料支持自己的观点,反驳或补充解释文本的观点。"在"学业质量标准水平五"中提出充分级别的要求:"能比较多个不同作品的异同,能对同一作品的不同阐释发表自己的观点,且内容具体,依据充分。"这里的依据充分指的就是理由充分。高考语文中,理由充分常用于探究性、开放性的试题的答题要求中。

【示例】

2013 年高考语文全国课标Ⅱ卷:阿城小说《峡谷》中的主要人物是骑手,但几乎一半篇幅是在写峡谷。作者为什么这样处理? 请结合全文,谈谈你的看法。

评分补充:如有其他答案,可根据观点明确、理由充分、论述合理的程度,酌情给分。

2014 年高考语文全国课标Ⅰ卷:《科学巨人玻尔》中玻尔"特有的人格魅力"表现在哪些方面? 请结合材料谈谈你的看法。

评分补充:如有其他答案,可根据观点明确、理由充分、论述合理的程度,酌情给分。

## 逻辑严密

【释义】

逻辑严密,在语文考试中指表达中的结构合理、说明的顺序合理、各个内容具有内在的合理联系、概念判断推理等符合语境所给的事理要求。语文中的逻辑不同于形式逻辑,主要是文从字顺,上下文内容丝丝入扣。

【示例】

2010 年高考语文全国大纲Ⅱ卷:要求在文中画线处填上适当的关联词语,使整个段落语意连贯,层次清楚,逻辑严密。

人们都知道爱因斯坦创造了举世闻名的相对论学说,＿＿①＿＿很少有人确切地了解这种理论。跟我们所熟知的经典物理学相比,相对论学说中有关新概念的表述充满了数学公式和演算,＿＿②＿＿目前常见的有关相对论的科普书籍一涉及重要概念，　③　在表达上或含糊不清，或烦琐难懂。　④　这也不能全怪那些作者，　⑤　用非数学语言来表述那些新概念的确不是一件容易的事。

2017年高考语文全国Ⅰ卷：在下面一段文字横线处补写恰当的语句，使整段文字语意完整连贯，内容贴切，逻辑严密。

药品可以帮我们预防、治疗疾病，但若使用不当，　①　。以口服药为例，药物进入胃肠道后逐渐被吸收进血液，随着时间推移，　②　。当药物浓度高于某一数值时就开始发挥疗效。然而，　③　，超过一定限度就可能产生毒性，危害身体健康。

2014年高考语文广东卷：阅读下面三幅图，联系第二幅图的文字，给另两幅图配上文字，要求前后内容相关，逻辑严密。

①_____　　②当你越过平衡点后，以　　③_____
　　　　　　　　　　　　为还会越走越高，却惊
　　　　　　　　　　　　讶地发现在走下坡路了

2009年高考语文全国大纲Ⅰ卷：下面文字中画线部分的词语，有的使用不当，请指出并改正，使修改后的这段文字衔接自然，语意连贯，逻辑严密。

三仙姑对女儿小芹一直管得很严。小芹长大后，跟小二黑好上了，三仙姑
　　　　　　　　　　　①　　　　　　　　②
说什么也不同意。她知道后，就一个人悄悄跑到前庄上去找小二黑，恰巧小二
　③　　　　　　　　　　　　　　　　　　　　　　　　④
黑这时也正要找她。于是两个人就商量对付她的办法。她把小芹娘怎样装神
　　　　　　　　　　　⑤　　　　　　　　　　　　⑥　　⑦
弄鬼的事从头至尾向小二黑细说了一遍。

# 论述合理

**【释义】**

论述合理，即对问题或论点的论证阐述合乎道理和逻辑事理。《普通高中语文课程标准（实验）》在评价论述类文本写作条目中提出"应考查能否恰当地表达自己的观点，并能用可靠的材料支撑观点"，"语言表达是否严密而有条理，

并讲究语言艺术和实际效果",这里,"恰当地表达"可以理解为表达的分寸与方式要适度、合理,"可靠的材料"可以理解为用来论证的材料要真实而又能为主题服务,"表达严密有条理"可以理解为论证过程要有逻辑性。《普通高中语文课程标准(2017年版)》在"学业质量标准水平二"和"水平三"中对论述合理给予了分层要求:"在表达时,能注意自己的语言运用,力求概念准确、判断合理、推理有逻辑。""在表达时,讲究逻辑,做到中心突出、内容具体、语篇连贯、语言简明通顺……能根据语文课程学到的内容,对阅读和表达交流中涉及的有关文化现象展开讨论,有依据、有逻辑地阐明自己的观点。"语文高考中,"论述合理"常用于探究性、开放性试题的答题要求中。

**【示例】**

2015年高考语文全国Ⅱ卷:《塾师老汪》中老汪这一形象与鲁迅笔下的孔乙己在性情气质上有不少相似之处,但二人精神困境的根源实则不同。请简要分析这种相似与不同。

评分补充:如有其他答案,可根据观点明确、理由充分、论述合理的程度,酌情给分。

## 语言

**【释义】**

语言,即人们用来进行思维、表达和交流思想的工具,也指人们用这个工具进行表达和交流的成果,包括口头形式和书面形式。可以说,语文课程的所有活动都是在进行语言理解和语言表达,前者是怎么看语言成果,后者是怎么用语言工具,语文素养就体现在这两个方面。

语言作品的理解是多方面的,总体来说可以分为对于作品语言本身的理解和对于作品语言所传达的内容与价值的理解。比如2015上海卷给出阅读材料《地图与理论模型》,要求"综览全文,概括理论模型的特点",这是理解作品的内容;要求回答"全文以地图作类比的作用",这是理解作品相关的价值;要求回答"作为说明文,本文的语言除严谨准确外还有其他特点,请举例分析",这是理解作品的语言特点。2015广东卷要求分析所给材料中"未被遮蔽的日光,红光/远红光的比率为1,然而,阳光穿过树林后,大部分红光为树叶吸收,这时比率远小于1"的语言特色,这是理解作品中科技语言的特点。

　　语言表达形成作品,其要求也是多方面的。《普通高中语文课程标准(实验)》对表达提出的要求是"能调动自己的语言积累,推敲、锤炼语言,表达力求准确、鲜明、生动",《普通高等学校统一招生考试大纲语文(2018 年版)》要求"语言表达简明、连贯、得体,准确、鲜明、生动"。作为语文高考,语言表达题的考查包括对表达中语言规律的掌握情况和对独立写作的能力高低的考查。前者也叫语言文字运用,后者也叫写作。

【示例】

　　2015 年高考语文北京卷:乱涂乱贴、违禁吸烟、赛场京骂等不文明的现象,与首都形象极不相称。请针对社会上的某一种不文明现象,拟一条劝说短信。要求态度友善,语言幽默。文体不限。

　　2015 年高考语文四川卷:《论语》中"己所不欲,勿施于人""己欲立而立人,己欲达而达人",蕴含了丰富的人生智慧。请根据其中一句给你的启示,写出自己处理人际关系的想法和做法。要求:①内容具体;②句式工整;③语言简明、得体。

　　2015 年高考语文天津卷:汉字是中华文明的重要载体,许多汉字如山、日、水、火、土……都具有丰富的文化意蕴。请参照例句,任选一个字写一段话。评分要求:包含文化信息;语意准确、语言通畅。

　　例:"月"字形如弯弯的月牙,"月"加"日"是"明媚"的"明"。"月"在中华文化中总是与清纯、静谧、乡情相联系,"朗月清风"让人神清气爽,"月是故乡明"则勾起人们对故乡和亲人的思念。

　　2015 年高考语文天津卷:下列三幅劝阻吸烟的手势图,你认为哪一幅最好?请结合图像说明理由。

　　评分要求:结合图像解说;理由充分;语言通畅。

　　2015 年高考语文湖北卷:南水北调中线干线工程输水路线,源起湖北丹江口水库,终至北京、天津。请依据右图,用一段文字描述该干线工程的输水路线。要求:①包含图示总干渠经过地;②不少于 5 个动词;③语言表达准确、简明、连贯。

　　2015 年高考语文湖南卷:要求结合下面的材料用自己的语言阐述为什么"青春应该是读诗的旺季"。

　　请一定别忘记诗歌!诗是会飞的,会把你带向神秘、自由和解放的语境,带向语言乌托邦。诗,表达着语言的最高理想和生命的最纯粹区域,其追求与音乐很像。青春应该是读诗的旺季。这时候的你,内心清澈、葱茏、轻盈,没有瞽中的世故,杂芜的沉积和理性的禁忌;你的精神体质与诗歌的灵魂是吻合的,美能轻易地诱惑你、俘虏你,你会心甘情愿地跟她走。(节选自王开岭《读书:最美好的生命举止》)

此题是对语言概括与表达的考查。

2015 年高考语文上海卷:根据张抗抗作品《雪天》内容,进行想象,为本文续写结尾。

| 整体印象 | 等级描述 | 答案示例 |
|---|---|---|
| 优秀 | 想象丰富,合乎作品内在情理;起到结尾作用,语言有意蕴 | 轻轻将那张已经揉皱并被雪水润湿的纸条撕碎,然后回转身,慢慢朝火车站方向走去。 |
| 良好 | 想象合乎作品内在情理;有结尾作用;语言通顺 | (1) 将那张记录着怨恨的纸条扔进了垃圾箱,然后向火车站走去。<br>(2) 敲开了门……午夜的月台上,她向我挥着手,隐没在漫天雪花中。 |
| 中等 | 想象基本合乎作品内在情理,结尾作用不明显;语言较通顺 | (1) 想了想,转身走了。<br>(2) 敲开门,看着她诧异又有些许不安的眼神,我告诉了她我的来意,不再愤恨,畅谈后愉快启程。 |
| 较差 | 想象与作品内在情理不一致 | (1) 但此时的我却已失去了再向她质问的兴趣了,这一场雪早就将这之前的怨气都吹得烟消云散了。<br>(2) 想来想去,还是觉得应该讨伐一番。但是,我又想起了老妇人的话。怎么办呢? |
| 很差 | 内容与作品内在情理相悖或毫无关联 | (1) 晕倒了。<br>(2) 敲开了门。门后出现的竟然是那位老妇人。 |

此题将"语言"作为对续写优劣进行评价的指标。

2015 年高考语文全国卷作文中的语言表达层级评判参照项目:

| 表达<br>20分 | 符合文体要求<br>结构严谨<br>语言流畅<br>字迹工整 | 符合文体要求<br>结构完整<br>语言通顺<br>字迹清楚 | 基本符合文体要求<br>结构基本完整<br>语言基本通顺<br>字迹基本清楚 | 不符合文体要求<br>结构混乱<br>语言不通顺,语病多<br>字迹潦草难辨 |
|---|---|---|---|---|

## 准确

**【释义】**

准确,即语言理解和语言表达完全符合语言交际的要求和目标。《普通高中语文课程标准(实验)》在语言准确能力培养方面的要求是多角度的,对文本内容要准确解读,对文本语言的准确性要能够体会,书面表达要力求准确,口语交际也要准确地表达自己的思想感情。准确性是语言活动达到成功有效的基础。《考试大纲》把"准确解读文本,筛选整合信息,分析思想内容、构成要素和语言特色"当作实用类文本阅读的重要内容。《普通高中语文课程标准(2017年版)》学业质量标准水平四、水平五多次提到"准确"要求,"文从字顺、准确生动地表达自己的真情实感","观点明确,内容丰富,思路清晰,感情真实健康,表达准确、生动","在表达时,讲究语言运用,追求独创性力求用不同的词语准确表达概念","追求表达的准确性、深刻性、灵活性、生动性"。

高考语文以"准确"为考点的方式也是多种多样的,可以单独设点,也可以与其他语言要素一起综合设点。

**【示例】**

◇ 语音、字形、词语、篇章内容的准确理解和识别

2012 年高考语文浙江卷:不了解清代学者对经学的重新检讨研究,念字就会念错,发音就会不准确。

2017 年高考语文山东卷:要求将有错别字的一项选出来

A. 肆虐    凋凌              B. 集结    昼夜兼程

C. 版图    稚嫩              D. 嫣然    抱憾退出

2012 年高考语文重庆卷:以下对文中双语者的"优势"理解不准确的一项是

2017 年高考语文北京卷:要求根据材料选择下列成语中最能准确表达 VR技术带给人的体验的一项

A. 身不由己              B. 感同身受

C. 设身处地              D. 身临其境

2017 年高考语文全国 2 卷:要求判断苏轼《送子由使契丹》尾联"单于若问君家世,莫道中朝第一人"中,用李揆的典故是否准确贴切。

2012 年高考语文全国课标卷:谢希德在科学工作中的求真态度体现在哪些地方?请简要说明。

该题是对篇章内容的理解,谢希德的求真态度的表现之一是修改科普文章一丝不苟,注重概念和表述准确无误,不片面追求形象生动。

◇ 作品语言的准确分析与评价

2012 年高考语文山东卷:叶永烈《古怪的重水》第③④段的语言有哪些特点?请做简要分析。

2012 年高考语文福建卷:夏丏尊《蟋蟀之话》:请就这篇文章的语言特色,谈谈你的看法,并举例说明。

以上两例没有在题面要求语言怎样准确,但作答时文本语言准确是一个重要特点。

◇ 考生表达准确

2012 年高考语文江西卷:"生活一曲旋律或几句诗歌,拨动过你的心弦,引起过你的共鸣……"请你用动情的笔墨把它抒写出来。要求:(1)侧重在描写中抒情,并结合使用议论。(2)运用排比修辞和疑问句式。(3)结构相对完整,语言简明、准确、生动。

2014 年高考语文全国卷:下面是某中学暑期瑶族村考察的初步构思框架,请把这个构思写成一段话,要求内容完整,表述准确,语言连贯。

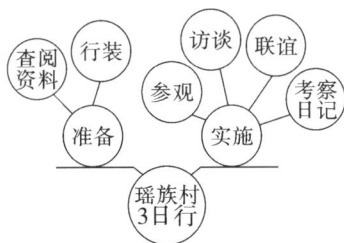

# 鲜明

【释义】

鲜明,即语言表达明白而确定。鲜明可表现在语言活动的多个方面,比如主旨观点、思想情感、语言节奏、文体特征、风格特点等。《普通高中语文课程标准(实验)》要求学生"学会演讲,做到观点鲜明、材料充分、生动,有说服力和感染力,力求有个性和风度","体会传记褒贬鲜明、文采斐然的语言特色,吸收有用的语言表达方式"。

**【示例】**

2012 年高考语文全国大纲卷:修睦的《落叶》最后一联为什么要写松?请简要分析。

该题题面没有"鲜明"的要求,但解释为什么的时候自然会落到"鲜明"上,文中以松"立"与叶"落"二者的不同构成鲜明对比来表达作者对松树不凋的赞叹,强化了对落叶飘零的感慨。

2012 年高考语文湖北卷:杜鹃鸟的文学形象总是或隐或显地与"不如归去"的啼鸣声联系在一起。古往今来,大量的文学作品经常用杜鹃啼来表达思归之情。比如本文引用的唐人诗句"早是有家归未得,杜鹃休向耳边啼",就鲜明地表现了这一特点。

2012 年高考语文湖北卷:

欣赏右边这幅漫画,请为其题诗或配文。

要求:①符合画面情景;②表达鲜明生动。

## 生动

**【释义】**

生动,多指语言的叙述、描写和议论做到灵活而不呆板,有趣而不枯燥,有活力,能使人感动。生动是语言表达的较高境界,也是语文素质高的表现。如果说"准确"是求稳,打基础,则"生动"是求活,为创新,既稳又活,就会让语言多姿多彩,具有魅力。文学类的作品需要生动,实用类的传记也需要生动,《普通高中语文课程标准(实验)》说:"传记写作的评价应关注内容的真实,文字的生动,以及是否给人以有益的启示。"当然,应用文一类的写作"准确"是第一位的,"生动"不是必需的。

**【示例】**

◇ 画面生动

2012 年高考语文四川卷:刘亮程的《柴禾》第 6 自然段的画线句子运用了反复的修辞手法。请结合文章内容赏析其表达效果。

可答:运用反复的修辞手法逐层再现柴禾被冷落忽视、逐渐朽去过程中的三个袭击,层层渲染,画面生动,富有感染力;四个"看见了"突出柴禾朽去过程中我们始终在场又始终旁观的态度,传达出深深的自责和无奈情绪。

◇ 语言生动

2012年高考语文广东卷:为活跃校园文化生活,华南七中学生会举办了一个"四季花卉"的摄影作品展,请你为作品展写一段前言,要求语言鲜明、生动,语意连贯,至少使用两种修辞手法。

◇ 人物生动

2012年高考语文辽宁卷:王琼华小说《最后一碗黄豆》运用动作、语言、细节和对比等艺术手法,生动凸显人物个性。小说多次写到爷爷嚼黄豆,这在全文中有何作用? 请简要概括。

可答:①生动揭示"爷爷"心理,反映"爷爷"专注、执着和顽强的性格特征;②是贯穿全文的线索,将"爷爷"创业、守成过程中的和环节紧密联系起来;③为情节发展做铺垫,使故事情节更丰富、更合理。

## 连贯

### 【释义】

连贯,即语言表达中语句排列组合连接贯通,衔接自然。语言表达中句与句、段与段、上文与下文在语意内容、逻辑关系、气韵文脉等方面有贯通性要求。《普通高中语文课程标准(实验)》要求学生"书面表达要观点明确,内容充实,感情真实健康;思路清晰连贯,能围绕中心选取材料,合理安排结构"。

### 【示例】

2012年高考语文重庆卷:请在下面横线处补上恰当的语句。要求:运用比拟,与前面的语句构成排比,语意连贯。

水,有着很强的可变性:伸长脖子,就变成了江河;站直身子,就变成了喷泉;＿＿＿＿＿＿＿,＿＿＿＿＿＿＿。

2012年高考语文天津卷:请补写出空缺的语句,与前两句构成排比,使语段意思连贯,风格统一。

作一次心灵旅行,就以那一本本零落的古卷残页为车票,感受着穿越时空的欣喜。我与李白共攀蜀道,与辛弃疾拍遍栏杆,＿＿＿＿＿＿,＿＿＿＿＿＿。无论是漠北黄沙,还是江南水乡,我都一一留下足迹。

2011年高考语文课标卷:依次填入下面一段文字横线处的语句,衔接最恰当的一组是

我国是食品生产和消费大国,_____,_____,_____,_____,_____,_____。这样才能有效解决食品安全领域损害群众利益的突出问题,切实增强消费安全感。

①强化执法措施,严惩违法犯罪分子

②食品产业涉及环节多,哪一环出现漏洞都会给食品安全带来严重威胁

③创新食品安全监管机制

④坚决淘汰劣质企业,以震慑所有企业使之不敢越雷池半步

⑤保障食品安全需要生产经营者诚信自律,更需要严格的法律制度约束和有效监管

⑥因此,必须保持严厉打击违法违规行为的态势,及时消除各环节的隐患

A. ②⑥①③④⑤　　　　　　　　　B. ②⑤⑥①④③

C. ⑤②⑥③①④　　　　　　　　　D. ⑤⑥②④③①

## 得体

**【释义】**

得体,即语言表达中,能够根据时间、地点、场合、对象、话题等不同的语境,恰当地运用语言,掌握不同表达方式的风格特征。得体的表达是一种修养,甚至与品行相关。

**【示例】**

《普通高中语文课程标准(实验)》:"能根据需要,按照相关格式和要求,写作应用文,力求准确、简明、得体。"《普通高中语文课程标准(2017年版)》学业质量标准水平五要求"能根据具体的语境组织表达内容,选择合适的表达方式,有效地运用口头和书面语言实现沟通交流"。

2012年高考语文重庆卷:阅读下面一段文字,在画横线处补出得体的话语。

小张和小李住在不同宿舍楼,相约次日天一亮就到操场回合,一起练球。小李睡过了头,迟到了好一会儿。

小张含蓄地批评说:是不是_____?

小李幽默地回应说:不是_____,是_____。

2012年高考语文山东卷:以下是小张在收到郑先生著作后回信的正文,其中有使用不得体的词语,请找出四处并修改。

您寄奉的大作已收到。过目后,深感对我的论文写作有些许帮助,定当惠存。感激之情,无以言表,他日光临贵府,当面致谢。

此题该修改的不得体的词语是"寄奉""过目""些许""惠存""光临"。

2012年高考语文广东卷:以下是一家公司发布的招聘信息,请将这一信息改写成正式的招聘启事(以"本公司"开头),要求内容准确、层次清晰、表达得体。

帅哥靓女,你大学本科毕业不?办公软件英语交流顺溜不?有没有驾照?会不会粤语?快来看哦,这儿招人国合资公司,马上要在"2012亚运会"举办的地方广州开业咯。现需要行政秘书3名,机不可失,时不再来哦。要是有意,可以电话168168,8月31日面试,海心大厦908,不见不散哦。

此题的招聘信息可修改为:本公司系合资公司,即将开业,现拟聘行政秘书3名,要求会操作办公软件,粤语、英语口语流畅,有驾照,本科,性别不限,待遇面谈,有意者请拨打168168。

2012年高考语文湖北卷:2012年4月9日,湖北省"书香荆楚·文化湖北"全民读书月活动正式启动。为配合这次读书月活动,请从《楚辞》和《史记》两本书中任选一本,写一则阅读宣传语。要求:①联系该书内容;②表达简明得体。

回答示例一:著《离骚》屈子行吟泽畔,书香荆楚传华章;读《楚辞》楚人再诵乡音,文化湖北续辉煌!回答示例二:史家绝唱,无韵离骚;读史明志,鉴古通今。史学经典,请读《史记》!

2012年高考语文湖南卷:下列选项是四则"遗失启事"的主要内容,其中表达通顺、得体的一项是

A. 本人昨天在体育馆遗失一副红色羽毛球球拍,您若及时联系鄙人,不胜感激之至。

B. 昨日本人不慎丢失《随想录》一书于阅览室,期盼拾得者璧还原物,谢谢哟。

C. 本人昨日在图书馆不慎丢失黑色眼镜一副,希望拾得者与我联系,不胜感激。

D. 昨日本人遗失饭卡于学校饮食服务中心,肯请拾者高抬贵手交还,万分感激。

# 语意

**【释义】**

语意,即话语所包含的意义及情味,是各种语言单位在语境中产生的语言单位本身的意义与表达者的情感或主观意味相融合的意义。与之相应的"语义"主要指词语、句子等语言单位本身所具有的意义。在语文考试中,语意在语篇中考查,习惯上总与"连贯"相连,称作"语意连贯"。

**【示例】**

2012年高考语文全国大纲卷:从整个文段来看,下面画线的三个句子在语言表达上都有问题,请予修改。要求语意连贯,衔接自然,语句通顺,不改变原意。

我的朋友老王,人称"戏痴",自号"梨园客"。①由于用"客"来称呼,可见不是戏曲界的专业人士。但是,凡说起他,②他在戏曲界人人都知道。他特别爱听戏、爱唱戏,后来还成了有名的票友。他退休后又热衷于戏曲资料的收藏:买剧本,集唱片,淘剧照等,忙得不亦乐乎。③还有700余份戏单是他搜集的,而且都是上个世纪的。

2012年高考语文全国课标卷:根据所给材料的内容,在下面画线处补写恰当的句子。要求内容贴切,语意连贯,逻辑严密,语句通顺。

材料:司马迁《史记》记载:"黄帝采首山铜,铸鼎于荆山下。"晋代王嘉在《拾遗记》中说:"神农采峻岭之铜,以为器。"如果这些史料可靠,则我们祖先大约在5000年前就开始使用铜器了。但是,考古学家一直没有发掘到可以确证是夏代之前的铜器。因此,这些记载还只能视为传说。

早在传说中的远古时期,___①___。从传世文献记载来看,我国在夏代之前就已进入铜器时代,但是,___②___。上个世纪50年代,考古工作者在河南偃师二里头一带发掘出了不少青铜器。经鉴定,这批青铜器的制作年代距离现在3500多年,这个时间大概是夏晚期。它们出土的地点正好是古书中所说的夏代开采铜矿之地,因此,可以确信,___③___。

可答:①我们的祖先就开始采掘铜矿,铸造铜器了;②这却一直没有得到考古发掘的证实;③我国至迟在夏晚期就已经开始使用铜器了。

2012年高考语文安徽卷:请根据上下文,在下面文字的画线处补写出相应内容。要求:语意连贯,表达明确。

中国古代园林艺术的基本思想是可游、可居、可望。其中,___①___。一切美术都是"望"、都是欣赏。不但"游"可以发生"望"的作用,___②___,也同样要"望"。一切亭台楼阁、都是为了"望",都是为了得到和丰富对于空间的美的感受。在园林建筑艺术中,___③___,有了窗子,内外就能发生交流。窗外的竹子或青山,经过窗子的框框望去,就是一幅画。而且同一个窗子,从不同的角度望出去,___④___,于是引发人们不同的联想。这样,画的境界就无限地丰富了。如"窗含西岭千秋雪,门泊东吴万里船",诗人从一个小房间"望"到千秋之雪、万里之船,以小见大,从而获得了___⑤___。

可答:①"望"最重要;②即使是"居";③窗子起着"望"的重要作用;④景色都不相同;⑤丰富的审美感受。

2012 年高考语文四川卷:按照要求续写句子。要求:①运用比喻修辞手法;②"回忆"与"希望"的内容形成对比;③语意连贯。

回忆和希望的关系,我们或许可以这样说:回忆毕竟是远了、暗了的暮霭,希望才是近了、亮了的晨光;回忆_____,希望_____;回忆_____,希望_____。

可答:毕竟是秋日的缤纷落叶;才是枝头的盎然春意;毕竟是扬尘逃去的背影;才是迎面而来的微笑。

# 语 文 教 师

## 中华人民共和国教师法

### 【释义】

中华人民共和国教师法,即中华人民共和国为维护教师的合法权益,保障教师待遇,提高教师社会地位,加强教师队伍的规范化管理,确保教师队伍整体素质不断优化和提高而制定的法律。首部《教师法》于 1993 年 10 月 31 日由第八届全国人民代表大会常务委员会第四次会议通过,并于 1994 年 1 月 1 日起施行,2009 年 8 月 27 日修订了部分内容。《教师法》对教师的权利和义务、资格和任用、培养和培训、考核、待遇、奖励、法律责任等进行了明确规定,是教师开展教育教学活动、促进自身发展和学校等教育行政部门开展教师工作的行为准则。

### 【例句】

在实施教师资格制度后,学校或者其他教育机构违反《教师法》,聘任不具备教师资格者担任教师工作的,由学校主管部门或者教育行政部门责令其改正,情节严重的,应由上级主管部门或者教育行政部门对学校负责人给予行政处分。

## 教师资格条例

### 【释义】

教师资格条例,即中华人民共和国国务院为提高全国教师素质,加强教师队伍建设,于 1995 年 12 月 12 日依据《中华人民共和国教师法》而制定的文件。它对教师资格分类与适用、教师资格条件、教师资格考试、教师资格认定等进行了明确规定,提出了"中国公民在各级各类学校和其他教育机构中专门从事教育教学工作,应当依法取得教师资格"的要求,指定国务院教育行政部门主管全国教师资格工作。

### 【例句】

国务院教育行政部门负责全国教师资格制度的组织实施和协调监督工作;

县级以上(包括县级,下同)地方人民政府教育行政部门根据《教师资格条例》规定权限负责本地教师资格认定和管理的组织、指导、监督和实施工作。

## 教师资格考试

### 【释义】

教师资格考试,即依据《教育部关于开展中小学和幼儿园教师资格考试改革试点的指导意见》(教师函[2011]6号)和《教育部办公厅关于2012年扩大中小学教师资格考试改革和定期注册制度试点工作的通知》(教师厅[2012]1号)等要求实施的考试项目。其主要目的是建立国家教师资格考试标准,强化职业道德、心理素养、教育教学能力和教师专业发展潜质等内容的考查,引导教师教育改革,严把教师职业入口关,逐步形成"国标、省考、县聘、校用"的教师准入和管理制度。根据幼儿园、小学、中学教师资格考试标准和考试大纲命题,包括笔试和面试两部分。

### 【例句】

属于幼儿园、小学、初级中学、高级中学、中等职业学校教师资格考试和中等职业学校实习指导教师资格考试的,由县级以上人民政府教育行政部门组织实施;属于高等学校教师资格考试的,由国务院教育行政部门或者省、自治区、直辖市人民政府教育行政部门委托的高等学校组织实施。

## 《中小学教师继续教育规定》

### 【释义】

《中小学教师继续教育规定》,即教育部为提高中小学教师队伍整体素质,适应基础教育改革发展和全面推进素质教育的需要,根据《中华人民共和国教育法》和《中华人民共和国教师法》制定的教师继续教育规定,于1999年9月13日发布和实施。这一规定对中小学教师继续教育的内容与类别、组织管理、条件保障、考核与奖惩等进行了明确规定。要求中小学教师继续教育要以提高教师实施素质教育的能力和水平为重点,主要内容包括:思想政治教育和师德修养;专业知识及更新与扩展;现代教育理论与实践;教育科学研究;教育教学技能训练和现代教育技术;现代科技与人文社会科学知识等。分为非学历教育和学历教育两个类别,原则上每五年为一个培训周期。

【示例】

本规定所称中小学教师,是指幼儿园,特殊教育机构,普通中小学,成人初等、中等教育机构,职业中学以及其他教育机构的教师。

## 新任教师培训

【释义】

新任教师培训,即为新任教师在试用期内适应教育教学工作需要而设置的培训。《中小学教师继续教育规定》要求新任教师的培训时间不少于120学时。

【例句】

新任教师的培训重在养成职业规范,强化必备的职业技能。

## 教师岗位培训

【释义】

教师岗位培训,即为教师适应岗位的基本要求与不断变革带来的挑战而设置的培训。《中小学教师继续教育规定》要求教师岗位培训时间每五年累计不少于240学时。

【例句】

不同年龄段的教师都应接受教师岗位培训,才能与时俱进地进行教育教学变革。

## 骨干教师培训

【释义】

骨干教师培训,即对有培养前途的中青年教师按教育教学骨干的要求和对现有骨干教师按更高标准执行的培训活动。

【例句】

骨干教师培训应要求受训者反思和提炼自己的教育教学思想。

## 《乡村教师支持计划(2015—2020)》

【释义】

《乡村教师支持计划(2015—2020)》,即国务院办公厅为加强老少边穷岛等边远贫困地区乡村教师队伍建设,明显缩小城乡师资水平差距,而制定的包括全国中心区、村庄学校教师等乡村教师的支持计划,于 2015 年 6 月 1 日向全国公布。这份计划由重要意义、总体要求、主要举措和组织实施四个部分组成,"总体要求"部分提出了"师德为先,以德化人""规模适当,结构合理""提升质量,提高待遇""改革机制,激发活力"的基本原则,明确了 2017 年和 2020 年乡村教师队伍建设的目标。"主要举措"部分提出了"全面提高乡村教师思想、政治素质和师德水平""拓展乡村教师补充渠道""提高乡村教师生活待遇""统一城乡教职工编制标准""职称(职务)评聘向乡村学校倾斜""推动城镇优秀教师向乡村学校流动""全面提升乡村教师能力素质""建立乡村教师荣誉制度"等八项举措。

**【例句】**

2015 年 6 月,国务院办公厅印发《乡村教师支持计划(2015—2020 年)》,直指乡村教师这个教师队伍最短板,围绕师德建设、培养补充、待遇提升、资源配置、能力提升等出台系列政策,吹响了加强乡村教师队伍建设的号角。〔王炳明:《乡村教师队伍建设的政策分析》,《中国教育学刊》2017 年第 2 期,第 35～40 页〕

## 普通话水平测试等级证书

**【释义】**

普通话水平测试等级证书,即通过普通话水平测试并达到相应等级后颁发的由国家语言文字工作委员会统一印制的普通话水平等级达标证书。普通话水平测试一律采用口试方式进行,根据应试者在运用普通话进行口语表达的过程中所表现的语音、词汇、语法规范程度,评定其所达到的水平等级。普通话一级乙等以下的证书由省(直辖市)级语言文字工作委员会审核并加盖印章后颁发,普通话一级甲等证书由国家普通话水平测试中心审核并加盖印章后颁发。

**【例句】**

普通话水平测试等级证书全国通用。等级证书遗失,可向原发证单位申请补发。伪造或更改的普通话水平测试等级证书无效。

## 师范类专业

**【释义】**

师范类专业,即师范类高校开设的以培养教师为主要任务的专业,包括教师工作心理,教育学,心理学,师范类高校中的数学、物理、化学、中文、外语、政治、体育、信息技术等与中小学教育科目相关的专业。

【例句】

统计显示,在师范类各专业中,需求较大的专业有教育学、特殊教育、教育技术、数学、汉语言文学、英语、日语、物理、计算机等专业。

## 汉语言文学专业

【释义】

汉语言文学专业,即培养具有汉语和中国文学专业理论知识,并能熟练运用汉语言文字、进行文学写作和评论及其他有关科学研究的学生的专业。本专业的毕业生能在新闻文艺出版部门、科研机构、机关企事业单位、中小学等从事文学评论、汉语言文学教学与研究工作,以及文化、宣传方面的实际工作。

【例句】

以语文教师教育为核心的"语文课程与教学论",是高等师范院校中国语言文学专业的主干课程。

## 语文教师的专业素养

【释义】

语文教师的专业素养,指语文教师在语文知识、语文能力,语文教育教学思想、理论、方法和实践等方面水平的综合反映,是语文教师合格乃至优秀的基础性素养。

【例句】

只有具备了语文教师的专业素养,才能专心行走于课堂间,散发出独特的语文味。

## 语文教师的实践智慧

【释义】

语文教师的实践智慧,指语文教师在语文教学实践中能够不断生成和积累超越现有实践的想法与策略,并能"因时应势"地灵动处理教学实践问题的聪明才智。

【例句】

(语文教师)的实践智慧是动态生成的,是语文教师对教学情境的及时反应。

## 语文教师的职业技能

**【释义】**

语文教师的职业技能,即语文教师从事语文教育教学工作时必须具备的专业知识、专业能力与教育教学技能。

**【例句】**

语文教师的职业技能具体表现为八个方面:知识的处理能力、教学组织能力、言语表达能力、书面表达能力、研究能力、书写能力、现代教学媒体操作能力和教学课件的制作能力。

## 语文教师的教学知识

**【释义】**

语文教师的教学知识,即语文教师关于"教什么""如何教""如何教得更好"的认识与经验。

**【例句】**

语文教学知识是语文学科领域的学科教学知识,是语文教师关于"如何教"的知识,其核心内容是语文教师就特定教学内容向特定学生有效呈现和阐释的知识。

## 语文教师的专业知识

**【释义】**

语文教师的专业知识,即语文教师进行语文教育教学工作所具备的学科知识、学科教学知识和自我发展知识等。

**【例句】**

语文教师的专业知识主要体现在语文学科知识、语文教育理论知识和语文实践性知识三个方面。

## 语文实践性知识

**【释义】**

语文实践性知识,指语文教师在教育教学实践中获得并积累,可用于改进语文教育教学工作的认识与经验。

## 语文教师的汉语素养

### 【释义】

语文教师的汉语素养,即语文教师立足汉语特性形成的语文素养,是汉语母语使用者在汉字、篇章、思维、文化等方面形成的综合能力与素质。

### 【例句】

把汉语作为第一语言的母语使用者,其汉语素养应主要包括汉语字词能力、汉语语篇能力、汉语思维能力与汉语文化能力四个方面。

## 学高为师

### 【释义】

学高为师是陶行知先生的教育名言,意为学识渊博才能成为老师。

### 【例句】

学高为师,教师如果不能持续不断地学习,又怎能成为知识不断更新的信息社会的好老师?

## 身正为范

### 【释义】

身正为范是陶行知先生的教育名言,意为品行端正才能成为学生的楷模。

### 【例句】

身正为范,教师必须首先在人品上做好学生的楷模,才能成为令学生信服的好老师。

## 每天四问

### 【释义】

每天四问是陶行知先生对教师进德修业提出的要求,即每天问自己四个问题以供反省和改进。第一问:我的身体有没有进步;第二问:我的学问有没有进步;第三问:我的工作有没有进步;第四问:我的道德有没有进步。

### 【例句】

我今天所讲的"每天四问",提供大家作为进德修业的参考。

## 第一流的教育家

### 【释义】

第一流的教育家,即高品质的、具有引领和示范作用的教育专家。陶行知先生把教育家分为四种,即政客的教育家、书生的教育家、经验的教育家和一流的教育家。一流的教育家敢探未发明的新理、敢入未开化的边疆。

### 【例句】

敢探未发明的新理,即是创造精神;敢入未开发的边疆,即是开辟精神。创造时,目标要深;开辟时,目光要远。总起来说,创造、开辟都要有胆量。在教育界,有胆量创造的人,即是创造的教育家;有胆量开辟的人,即是开辟的教育家,都是第一流的人物。

## 语文骨干教师

### 【释义】

语文骨干教师,即在语文教育教学和语文课程建设与改革中起引领或主要作用的教师。

### 【例句】

在学校教育生态系统中,骨干教师作为一个重要的生态因子,其成长与发展,既受其作为生态主体的内在因素的影响,又离不开社会(社区)、家庭和学校等各种生态环境因子的影响与支持。〔高旺蓉:《骨干教师成长的支持性因素:生态学分析》,《教育发展研究》2007 年第 14 期,第 72 ~ 76 页〕

## 语文名师

### 【释义】

语文名师,即在语文课程建设和语文教育教学研究与改革中,具有引领思想和实践示范作用,富有人格魅力,教学业绩突出,研究成果丰富,优秀学生众多,影响和辐射面广的语文教师。

### 【例句】

语文名师有诸多的教育成果,其中就包括文学文本多元解读的成果。〔段双全:《语文名师文学文本多元解读评论的两个标准》,《教学与管理》2016 年第 9 期,第 86 ~ 90 页〕

## 教师专业标准

### 【释义】

教师专业标准,是国家对合格教师专业精神、职业道德和专业素质的基本要求,是教师专业发展和实施教育教学行为的基本规范和准则,是教师培养、准入、培训和考核等的重要依据。教育部于 2012 年颁布了中小学和幼儿园教师的试行标准,这一标准提出了"师德为先""学生为本""能力为重""终身学习"的基本理念,从专业理念与师德、专业知识、专业能力三个领域,从"职业理解与认识""对学生的态度与行为""教育教学的态度与行为""个人修养与行为""学生发展知识""学科知识""教育教学知识""通识性知识""教育教学设计""组织与实施""激励与评价""沟通与合作""反思与发展""班级管理与教育活动"等方面提出了较为具体的可参照标准。

### 【例句】

各级教育行政部门要将《专业标准》作为小学教师队伍建设的基本依据。

## 语文教师综合素质

### 【释义】

语文教师综合素质,即语文教师在教书育人时所需要的人格魅力、道德境界、语文专业素养等的整体表现。

### 【例句】

教师教育院校要创新教师培养模式,着力提升教师综合素质,增强育人能力。

## 专业理念

### 【释义】

专业理念,即发展专业道德、情意、知识与能力等所遵循的基本思想、原则或主张。国家颁布的"教师标准"把教师的专业理念分为四个维度,即职业理解与认识、对学生的态度与行为、教育教学的态度与行为、个人修养与行为,包含了职业观、学生观、教育观、个人专业发展观等内容。

### 【例句】

教师有了正确的专业理念,就能在各种环境和条件下都把自己所从事的工作与社会发展的未来联系在一起,以强烈的事业心和高度的责任感投身教育事业,从而加快教师职业专业化的进程。〔杨红英:《兴教育人,责在人师——谈教育的专业理念与教师专业化》,《教育探索》2003 年第 12 期,第 106 ~ 108 页〕

## 专业知识

【释义】

专业知识,即有关专业道德、情意、知识与能力构成及其发展的认识和经验的总和。教育部颁布的"教师标准"把教师专业知识细化为学生发展知识、学科知识、教育教学知识、通识性知识四个方面。

【例句】

中学教师是履行中学教育工作职责的专业人员,需要经过严格的培养与培训,具有良好的职业道德,掌握系统的专业知识和专业技能。

## 校本教学研究能力

【释义】

校本教学研究能力,即在本校或自己推进的教育教学活动中,发现、提出和解决教学问题所具备的本领和水平。

【例句】

所谓"校本教学研究",也就是教师为了改进自己的教学,在自己的教室中发现某个教学问题,并在自己的教学过程中以"追踪"或汲取"他人的经验"的方式解决问题。

## 区域教研能力

【释义】

区域教研能力,即立足区域实际,聚集区域教育资源,发现和解决区域教学问题,总结区域教育教学经验,研究和改进区域教育教学实践所具备的本领和水平。

【例句】

为统筹区域教育资源,提升区域教研指导能力与水平,提高学校教育教学质量,实现区域教育均衡发展,江苏省泰州市通过构建"本土教育智囊团",与市区(县)教研员一起对区域教育教学精准发力。〔陆全贵;王同林:《本土教育智囊助推区域教研贴地行走》,《人民教育》2017 年第 11 期,第 64 ~ 66 页〕

## 网络教研能力

### 【释义】

网络教研能力,即利用网络手段,选择和利用网络资源研讨教学问题、总结教学经验、改善教育教学实践所具备的本领和水平。

### 【例句】

网络教研作为传统教研的延伸与发展,无限拓展了教师的教学研究时空。〔戴心来;严雪松;郭莹:《网络教研的采纳行为与教师教学能力提升的关系研究》,《电化教育研究》2014 年第 10 期,第 114~120 页〕

## 信息素养

### 【释义】

信息素养,即接收、辨析、筛选、整合与利用各种资料、消息等所具备的综合能力。

### 【例句】

面对新世纪的挑战,为了实现教育的跨越式发展,我们必须重视将迅速提高青少年的信息素养作为渗透整个素质教育的核心要素,并力求将信息素养的培育融入有机联系着的教材、认知工具、网络以及各种学习与教学资源的开发之中,以形成人对信息的需求,培养人查找、评估、有效利用、传达和创造具有各种表征形式信息的能力,并由此拓展对信息本质的认识。

## 选课指导能力

### 【释义】

选课指导能力,即引导学生分析学习基础、兴趣、潜能和未来发展需求,并据此选择适合自己的课程进行学习所具备的本领和水平。

### 【例句】

随着"走班"教学制度的不断完善和普及,教师的选课指导能力将越来越重要。

## 专业能力

### 【释义】

专业能力,即从事专业活动所具备的本领和水平。教育部颁布的"教师标准"把教师的专业能力分为教育教学设计能力、组织与实施能力、激励与评价能力、班级管理与教育活动的设计与实施能力、沟通与合作能力、反思与发展能力等。

【例句】

坚持实践、反思、再实践、再反思,不断提高专业能力。

## 专业发展规划

【释义】

专业发展规划,即对专业道德、情意、理念、知识、能力等的发展进行较为长远和全面的计划与安排。

【例句】

制订自我专业发展规划,爱岗敬业,增强专业发展自觉性。

# 附　　录

# 中华人民共和国国家通用语言文字法

## 第一章　总　则

**第一条**　为推动国家通用语言文字的规范化、标准化及其健康发展,使国家通用语言文字在社会生活中更好地发挥作用,促进各民族、各地区经济文化交流,根据宪法,制定本法。

**第二条**　本法所称的国家通用语言文字是普通话和规范汉字。

**第三条**　国家推广普通话,推行规范汉字。

**第四条**　公民有学习和使用国家通用语言文字的权利。国家为公民学习和使用国家通用语言文字提供条件。地方各级人民政府及其有关部门应当采取措施,推广普通话和推行规范汉字。

**第五条**　国家通用语言文字的使用应当有利于维护国家主权和民族尊严,有利于国家统一和民族团结,有利于社会主义物质文明建设和精神文明建设。

**第六条**　国家颁布国家通用语言文字的规范和标准,管理国家通用语言文字的社会应用,支持国家通用语言文字的教学和科学研究,促进国家通用语言文字的规范、丰富和发展。

**第七条**　国家奖励为国家通用语言文字事业做出突出贡献的组织和个人。

**第八条**　各民族都有使用和发展自己的语言文字的自由。少数民族语言文字的使用依据宪法、民族区域自治法及其他法律的有关规定。

## 第二章　国家通用语言文字的使用

**第九条**　国家机关以普通话和规范汉字为公务用语用字。法律另有规定的除外。

**第十条** 学校及其他教育机构以普通话和规范汉字为基本的教育教学用语用字。法律另有规定的除外。

学校及其他教育机构通过汉语文课程教授普通话和规范汉字。使用的汉语文教材,应当符合国家通用语言文字的规范和标准。

**第十一条** 汉语文出版物应当符合国家通用语言文字的规范和标准。

汉语文出版物中需要使用外国语言文字的,应当用国家通用语言文字作必要的注释。

**第十二条** 广播电台、电视台以普通话为基本的播音用语。需要使用外国语言为播音用语的,须经国务院广播电视部门批准。

**第十三条** 公共服务行业以规范汉字为基本的服务用字。因公共服务需要,招牌、广告、告示、标志牌等使用外国文字并同时使用中文的,应当使用规范汉字。提倡公共服务行业以普通话为服务用语。

**第十四条** 下列情形,应当以国家通用语言文字为基本的用语用字:

(一)广播、电影、电视用语用字;

(二)公共场所的设施用字;

(三)招牌、广告用字;

(四)企业事业组织名称;

(五)在境内销售的商品的包装、说明。

**第十五条** 信息处理和信息技术产品中使用的国家通用语言文字应当符合国家的规范和标准。

**第十六条** 本章有关规定中,有下列情形的,可以使用方言:

(一)国家机关的工作人员执行公务时确需使用的;

(二)经国务院广播电视部门或省级广播电视部门批准的播音用语;

(三)戏曲、影视等艺术形式中需要使用的;

(四)出版、教学、研究中确需使用的。

**第十七条** 本章有关规定中,有下列情形的,可以保留或使用繁体字、异体字:

(一)文物古迹;

(二)姓氏中的异体字;

（三）书法、篆刻等艺术作品；

（四）题词和招牌的手书字；

（五）出版、教学、研究中需要使用的；

（六）经国务院有关部门批准的特殊情况。

**第十八条** 国家通用语言文字以《汉语拼音方案》作为拼写和注音工具。

《汉语拼音方案》是中国人名、地名和中文文献罗马字母拼写法的统一规范，并用于汉字不便或不能使用的领域。

初等教育应当进行汉语拼音教学。

**第十九条** 凡以普通话作为工作语言的岗位，其工作人员应当具备说普通话的能力。

以普通话作为工作语言的播音员、节目主持人和影视话剧演员、教师、国家机关工作人员的普通话水平，应当分别达到国家规定的等级标准；对尚未达到国家规定的普通话等级标准的，分别情况进行培训。

**第二十条** 对外汉语教学应当教授普通话和规范汉字。

# 第三章 管理和监督

**第二十一条** 国家通用语言文字工作由国务院语言文字工作部门负责规划指导、管理监督。

国务院有关部门管理本系统的国家通用语言文字的使用。

**第二十二条** 地方语言文字工作部门和其他有关部门，管理和监督本行政区域内的国家通用语言文字的使用。

**第二十三条** 县级以上各级人民政府工商行政管理部门依法对企业名称、商品名称以及广告的用语用字进行管理和监督。

**第二十四条** 国务院语言文字工作部门颁布普通话水平测试等级标准。

**第二十五条** 外国人名、地名等专有名词和科学技术术语译成国家通用语言文字，由国务院语言文字工作部门或者其他有关部门组织审定。

**第二十六条** 违反本法第二章有关规定，不按照国家通用语言文字的规范和标准使用语言文字的，公民可以提出批评和建议。

本法第十九条第二款规定的人员用语违反本法第二章有关规定的，有关单位应当对直接责任人员进行批评教育;拒不改正的,由有关单位作出处理。

城市公共场所的设施和招牌、广告用字违反本法第二章有关规定的,由有关行政管理部门责令改正;拒不改正的,予以警告,并督促其限期改正。

第二十七条　违反本法规定,干涉他人学习和使用国家通用语言文字的,由有关行政管理部门责令限期改正,并予以警告。

## 第四章　附　则

第二十八条　本法自 2001 年 1 月 1 日起施行。

# 教　育　部
# 《义务教育语文课程标准(2011 年版)》
## (摘编)

## 前　言

语言文字是人类最重要的交际工具和信息载体,人类文化的重要组成部分。语言文字的运用,包括生活、工作和学习中的听说读写活动以及文学活动,存在于人类社会的各个领域。当今世界,经济全球化趋势日渐增强,现代科学和信息技术迅猛发展,新的交流媒介不断出现,给社会语言生活带来巨大变化,对中华民族优秀传统文化的继承,对语言文字运用的规范带来新挑战。时代的进步要求人们要求人们具有开阔的视野、开放的心态、创新的思维,对人们的语言文字运用能力和文化选择能力提出了更高的要求,也给语文教育的发展提出了新的课题。

语文课程致力于培养学生的语言文字运用能力,提升学生的综合素养,为学好其他课程打下基础;为学生形成正确的世界观、人生观、价值观,形成良好个性和健全人格打下基础;为学生的全面发展打下基础。语文课程对继承和弘扬中华民族优秀文化传统和革命传统,增强民族文化认同感,增强民族凝聚力和创造力,具有不可替代的优势。语文课程的多重功能和奠基作用,决定了它在九年义务教育中的重要地位。

# 一、课程性质

语文课程是一门学习语言文字运用的综合性、实践性课程。义务教育阶段的语文课程,应使学生初步学会运用祖国语言文字进行交流沟通,吸收古今中外优秀文化,提高警惕思维文化修养,促进自身精神成长。工具性与人文性的统一,是语文课程的基本特点。

# 二、课程基本理念

(一)全面提高学生的语文素养

九年义务教育阶段的语文课程,必须面向全体学生,使学生获得基本的语文素养。

语文课程应激发和培育学生热爱祖国语文的思想感情,引导学生丰富语言积累,培养语感,发展思维,初步掌握学习语文的基本方法,养成良好的学习习惯,具有适应实际生活需要的识字写字能力、阅读能力、写作能力、口语交际能力,正确运用祖国语言文字。语文课程还应通过优秀文化的熏陶感染,促进学生和谐发展,使他们提高思想道德修养和审美情趣,逐步形成良好的个性和健全的人格。

(二)正确把握语文教育的特点

语文课程丰富的人文内涵对学生精神世界的影响是广泛而深刻的,学生对语文材料的感受和理解又往往是多元的。因此,应该重视语文课程对学生思想情感所起的熏陶感染作用,注意课程内容的价值取向,要继承和发扬中华民族优秀文化传统和革命传统,体现(树立)社会主义核心价值体系的引领作用,突出中国特色社会主义共同理想,弘扬以爱国主义为核心的民族精神和以改革创新为核心的时代精神,树立社会主义荣辱观,培养良好思想道德风尚,同时也要尊重学生在语文学习过程中的独特体验。

语文课程是实践性课程,应着重培养学生的语文实践能力,而培养这种能力的主要途径也应是语文实践。语文课程是学生学习运用祖国语言文字的课程,学习资源和实践机会无处不在,无时不有。因而,应该让学生多读多写,日积月累,在大量的语文实践中体会、把握运用语文的规律。

语文课程应特别关注汉语言文字的特点对学生识字写字、阅读、写作、口语交际和思维发展等方面的影响,在教学中尤其要重视培养良好的语感和整体把握的能力。

(三)积极倡导自主、合作、探究的学习方式

学生是学习的主体。语文课程必须根据学生身心发展和语文学习的特点,爱护学生的好奇心、求知欲,鼓励自主阅读、自由表达,充分激发他们的问题意识和进取精神,关注个体差异和不同的学习需求,积极倡导自主、合作、探究的学习方式。教学内容的确定,教学方法的选择,评价方式的设计,都应有助于这种学习方式的形成。

语文学习应注重听说读写的相互联系,注重语文与生活的联系,注重知识与能力、过程与方法、情感态度与价值观的整体发展。综合性学习既符合语文教育的传统,又具有现代社会的学习特征,有利于学生在感兴趣的自主活动中全面提高语文素养,有利于培养学生主动探究、团结合作、勇于创新的精神,应该积极提倡。

(四)努力建设开放而有活力的语文课程

语文课程的建设应继承我国语文教育的优良传统,注重读书、积累和感悟,注重整体把握和熏陶感染;同时应密切关注现代社会发展的需要。拓宽语文学习和运用的领域,并注重跨学科的学习和现代科技手段的运用,使学生在不同内容和方法的相互交叉、渗透和整合中开阔视野,提高学习效率,逐步养成现代社会所需要的语文素养。

语文课程应该是开放而富有创新活力的。要尽可能满足不同地区、不同学校、不同学生的需求,确立适应时代需要的课程目标,开发与之相适应的课程资源,形成相对稳定而又灵活的实施机制,不断地自我调节、更新发展。

## 三、课程设计思路

1. 九年义务教育语文课程,应以邓小平理论和"三个代表"重要思想为指导,深入贯彻落实科学发展观,坚持以人为本,继承我国语文教育的优良传统,汲取当代语文教育科学理论的精髓,借鉴国外母语教育改革的经验,遵循语文教育的规律,努力提高学生的语文素养,为弘扬民族精神、增强民族创造力和凝聚力、培养德智体美全面发展的社会主义建设者和接班人,发挥积极的作用,为

学生的终身发展奠定基础。

2. 语文课程应注重引导学生多读书、多积累,重视语言文字运用的实践,在实践中领悟文化内涵和语文应用规律。

3. 课程目标九年一贯整体设计。课程标准在"总目标"之下,按 1 ~ 2 年级、3 ~ 4 年级、5 ~ 6 年级、7 ~ 9 年级四个学段,分别提出"学段目标与内容",体现语文课程的整体性和阶段性。各个学段相互联系,螺旋上升,最终全面达成总目标。

4. 学段目标与内容从"识字与写字"、"阅读"、"写作"(第一学段为"写话",第二、第三学段为"习作")、"口语交际"四个方面提出要求。课程标准还提出了"综合性学习"的要求,以加强语文课程内部诸多方面的联系,加强与其他课程以及与生活的联系,促进学生语文素养全面协调地发展。

5. 课程标准的"实施建议"部分,对教学、评价、教材编写,以及课程资源的开发与利用等提出了实施的原则、方法和策略,也为具体实施留有创造的空间。

# 课程目标与内容

## 一、总体目标内容

课程目标从知识与能力、过程与方法、情感态度与价值观三个方面设计。三者相互渗透,融为一体。目标的设计着眼于语文素养的整体提高。

1. 在语文学习过程中,培养爱国主义、集体主称、社会主义思想道德和健康的审美情趣,发展个性,培养创新精神和合作精神,逐步形成积极的人生态度和正确的世界观、价值观。

2. 认识中华文化的丰厚博大,汲取民族文化智慧。关心当代文化生活,尊重多样文化,吸收人类优秀文化的营养,提高文化品位。

3. 培植热爱祖国语言文字的情感,增强学习语文的自信心,养成良好的语文学习习惯,初步掌握学习语文的基本方法。

4. 在发展语言能力的同时,发展思维能力,学习科学的思想方法,逐步养成实事求是、崇尚真知的科学态度。

5. 能主动进行探究性学习,在实践中学习和运用语文。

6. 学会汉语拼音。能说普通话。认识 3500 个左右常用汉字。能正确工整地书写汉字,并有一定的速度。

7. 具有独立阅读的能力,学会运用多种阅读方法。有较为丰富的积累和良好的语感,注重情感体验,发展感受和理解的能力。能阅读日常的书报杂志,能初步鉴赏文学作品,丰富自己的精神世界。能借助工具书阅读浅易文言文。背诵优秀诗文 240 篇(段)。九年课外阅读总量应在 400 万字以上。

8. 能具体明确、文从字顺地表述自己的见闻、体验和想法。能根据需要,运用常见的表达方式写作,发展书面语言运用能力。

9. 具有日常口语交际的基本能力,学会倾听、表达与交流,初步学会运用口头语言文明地进行人际沟通和社会交往。

10. 学会使用常用的语文工具书。初步具备搜集和处理信息的能力,积极尝试运用新技术和多种媒体学习语文。

## 二、学段目标与内容

第一学段(1~2 年级)

(一)识字与写字

1. 喜欢学习汉字,有主动识字、写字的愿望。

2. 认识常用汉字 1600 个左右,其中 800 个左右会写。

3. 掌握汉字的基本笔画和常用的偏旁部首,能按笔顺规则用硬笔写字,注意间架结构。初步感受汉字的形体美。

4. 努力养成良好的写字习惯,写字姿势正确,书写规范、端正、整洁。

5. 学会汉语拼音。能读准声母、韵母、声调和整体认读音节。能准确地拼读音节,正确书写声母、韵母和音节。认识大写字母,熟记《汉语拼音字母表》。

6. 学习独立识字。能借助汉语拼音认读汉字,学会用音序检字法和部首检字法查字典。

(二)阅读

1. 喜欢阅读,感受阅读的乐趣。养成爱护图书的习惯。

2. 学习用普通话正确、流利、有感情地朗读课文。学习默读。

3. 结合上下文和生活实际了解课文中词句的意思,在阅读中积累词语。借助读物中的图画阅读。

4. 阅读浅近的童话、寓言、故事,向往美好的情境,关心自然和生命,对感兴趣的人物和事件有自己的感受和想法,并乐于与人交流。

5. 诵读儿歌、儿童诗和浅近的古诗,展开想象,获得初步的情感体验,感受语言的优美。

6. 认识课文中出现的常用标点符号。在阅读中体会句号、问号、感叹号所表达的不同语气。

7. 积累自己喜欢的成语和格言警句。背诵优秀诗文 50 篇(段)。课外阅读总量不少于 5 万字。

(三)写话

1. 对写话有兴趣,留心周围事物,写自己想说的话,写想象中的事物。

2. 在写话中乐于运用阅读和生活中学到的词语。

3. 根据表达的需要,学习使用逗号、句号、问号、感叹号。

(四)口语交际

1. 学说普通话,逐步养成说普通话的习惯。

2. 能认真听别人讲话,努力了解讲话的主要内容。

3. 听故事、看音像作品,能复述大意和自己感兴趣的情节。

4. 能较完整地讲述小故事,能简要讲述自己感兴趣的见闻。

5. 与别人交谈,态度自然大方,有礼貌。

6. 有表达的自信心。积极参加讨论,敢于发表自己的意见。

(五)综合性学习

1. 对周围事物有好奇心,能就感兴趣的内容提出问题,结合课内外阅读,共同讨论。

2. 结合语文学习,观察大自然,用口头或图文等方式表达自己的观察所得。

3. 热心参加校园、社区活动。结合活动,用口头或图文等方式表达自己的见闻和想法。

第二学段(3~4 年级)

(一)识字与写字

1. 对学习汉字有浓厚的兴趣,养成主动识字的习惯。

2. 累计认识常用汉字 2500 个左右,其中 1600 个左右会写。

3. 有初步的独立识字能力。会运用音序检字法和部首检字法查字典、词典。

4. 能使用硬笔熟练地书写正楷字,做到规范、端正、整洁。用毛笔临摹正楷字帖。

5. 写字姿势正确,有良好的书写习惯。

(二)阅读

1. 用普通话正确、流利、有感情地朗读课文。

2. 初步学会默读,做到不出声,不指读。学习略读,粗知文章大意。

3. 能联系上下文,理解词句的意思,体会课文中关键词句表达情意的作用。能借助字典、词典和生活积累,理解生词的意义。

4. 能初步把握文章的主要内容,体会文章表达的思想感情。能对课文中不理解的地方提出疑问。

5. 能复述叙事性作品的大意,初步感受作品中生动的形象和优美的语言,关心作品中人物的命运和喜怒哀乐,与他人交流自己的阅读感受。

6. 诵读优秀诗文,注意在诵读过程中体验情感,展开想象,领悟诗文大意。

7. 在理解语句的过程中,体会句号与逗号的不同用法,了解冒号、引号的一般用法。

8. 积累课文中的优美词语、精彩句段,以及在课外阅读和生活中获得的语言材料。背诵优秀诗文50篇(段)。

9. 养成读书看报的习惯,收藏图书资料,乐于与同学交流。课外阅读总量不少于40万字。

(三)习作

1. 乐于书面表达,增强习作的自信心。愿意与他人分享习作的快乐。

2. 观察周围世界,能不拘形式地写下自己的见闻、感受和想象,注意把自己觉得新奇有趣或印象最深、最受感动的内容写清楚。

3. 能用简短的书信、便条进行交流。

4. 尝试在习作中运用自己平时积累的语言材料,特别是有新鲜感的词句。

5. 学习修改习作中有明显错误的词句。根据表达的需要,正确使用冒号、引号等标点符号。

6. 课内习作每学年16次左右。

(四)口语交际

1. 能用普通话交谈。学会认真倾听,能就不理解的地方向人请教,就不同的意见与人商讨。

2. 听人说话能把握主要内容,并能简要转述。

3. 能清楚明白地讲述见闻,说出自己的感受和想法。讲述故事力求具体生动。

(五)综合性学习

1. 能提出学习和生活中的问题,有目的地搜集资料,共同讨论。

2. 结合语文学习,观察大自然,观察社会,用书面或口头方式表达自己的观察所得。

3. 能在教师指导下组织有趣味的语文活动,在活动中学习语文,学会合作。

4. 在家庭生活、学校生活中,尝试运用语文知识和能力解决简单问题。

第三学段(5~6 年级)

(一)识字与写字

1. 有较强的独立识字能力。累计认识常用汉字 3000 个左右,其中 2500 个会写。

2. 硬笔书写楷书,行款整齐,力求美观,有一定速度。

3. 能用毛笔书写楷书,在书写中体会汉字的优美。

4. 写字姿势正确,有良好的书写习惯。

(二)阅读

1. 能用普通话正确、流利、有感情地朗读课文。

2. 默读有一定速度,默读一般读物每分钟不少于 300 字。学习浏览,扩大知识面,根据需要搜集信息。

3. 能联系上下文和自己的积累,推想课文中有关词句的意思,辨别词语的感情色彩,体会其表达效果。

4. 在阅读中了解文章的表达顺序,体会作者的思想感情,初步领悟文章的基本表达方法。在交流和讨论中,敢于提出看法,作出自己的判断。

5. 阅读叙事性作品,了解事件梗概,能简单描述自己印象最深的场景、人物、细节,说出自己的喜爱、憎恶、崇敬、向往、同情等感受。阅读诗歌,大体把握诗意,想象诗歌描述的情境,体会作品的情感。受到优秀作品的感染和激励,向往和追求美好的理想。阅读说明性文章,能抓住要点,了解课文的基本说明方法。阅读简单的非连续性文本,能从图文等组合材料中找出有价值的信息。

6. 在理解课文的过程中,体会顿号与逗号、分号与句号的不同用法。

7. 诵读优秀诗文,注意通过语调、韵律、节奏等体味作品的内容和情感。背诵优秀诗文60篇(段)。

8. 扩展阅读面。课外阅读总量不少于100万字。

(三)习作

1. 懂得写作是为了自我表达和与人交流。

2. 养成留心观察周围事物的习惯,有意识地丰富自己的见闻,珍视个人的独特感受,积累习作素材。

3. 能写简单的记实作文和想象作文,内容具体,感情真实。能根据内容表达的需要,分段表述。学写读书笔记,学写常见应用文。

4. 修改自己的习作,并主动与他人交换修改,做到语句通顺,行款正确,书写规范、整洁。根据表达需要,正确使用常用的标点符号。

5. 习作要有一定速度。课内习作每学年16次左右。

(四)口语交际

1. 与人交流能尊重和理解对方。

2. 乐于参与讨论,敢于发表自己的意见。

3. 听人说话认真、耐心,能抓住要点,并能简要转述。

4. 表达有条理,语气、语调适当。

5. 能根据对象和场合,稍作准备,作简单的发言。

6. 注意语言美,抵制不文明的语言。

(五)综合性学习

1. 为解决与学习和生活相关的问题,利用图书馆、网络等信息渠道获取资料,尝试写简单的研究报告。

2. 策划简单的校园活动和社会活动,对所策划的主题进行讨论和分析,学写活动计划和活动总结。

3. 对自己身边的、大家共同关注的问题,或电视、电影中的故事和形象,组织讨论、专题演讲,学习辨别是非、善恶、美丑。

4. 初步了解查找资料、运用资料的基本方法。

第四学段(7~9年级)

(一)识字与写字

1. 能熟练地使用字典、词典独立识字,会用多种检字方法。累计认识常用汉字 3500 个左右。

2. 在使用硬笔熟练地书写正楷字的基础上,学写规范、通行的行楷字,提高书写的速度。

3. 临摹名家书法,体会书法的审美价值。

4. 写字姿势正确,有良好的书写习惯。

(二)阅读

1. 能用普通话正确、流利、有感情地朗读。

2. 养成默读习惯,有一定速度,阅读一般的现代文,每分钟不少于 500 字。能较熟练地运用略读和浏览的方法,扩大阅读范围。

3. 在通读课文的基础上,理清思路,理解、分析主要内容,体味和推敲重要词句在语言环境中的意义和作用。

4. 对课文的内容和表达有自己的心得,能提出自己的看法,并能运用合作的方式,共同探讨、分析、解决疑难问题。

5. 在阅读中了解叙述、描写、说明、议论、抒情等表达方式。

6. 能够区分写实作品与虚构作品,了解诗歌、散文、小说、戏剧等文学样式。

7. 欣赏文学作品,有自己的情感体验,初步领悟作品的内涵,从中获得对自然、社会、人生的有益启示。对作品中感人的情境和形象,能说出自己的体验;品味作品中富于表现力的语言。

8. 阅读简单的议论文,区分观点与材料(道理、事实、数据、图表等),发现观点与材料之间的联系,并通过自己的思考,作出判断。阅读新闻和说明性文章,能把握文章的基本观点,获取主要信息。阅读科技作品,还应注意领会作品中所体现的科学精神和科学思想方法。阅读由多种材料组合、较为复杂的非连续性文本,能领会文本的意思,得出有意义的结论。

9. 诵读古代诗词,阅读浅易文言文,能借助注释和工具书理解基本内容。注重积累、感悟和运用,提高自己的欣赏品位。

10. 随文学习基本的词汇、语法知识,用来帮助理解课文中的语言难点;了解常用的修辞方法,体会它们在课文中的表达效果。了解课文涉及的重要作家作品知识和文化常识。

11. 能利用图书馆、网络搜集自己需要的信息和资料,帮助阅读。

12. 学会制订自己的阅读计划,广泛阅读各种类型的读物,课外阅读总量不少于 260 万字,每学年阅读两三部名著。背诵优秀诗文 80 篇(段)。

(三)写作

1. 写作要有真情实感,力求表达自己对自然、社会、人生的感受、体验和思考。

2. 多角度(地)观察生活,发现生活的丰富多彩,能抓住事物特征,有自己的感受和认识,表达力求有新意。

3. 注重写作过程中搜集素材、构思立意、列纲起草、修改加工等环节,提高独立写作能力。

4. 写作时考虑不同的目的和对象。根据表达的需要,围绕表达中心,选择恰当的表达方式。合理安排内容的先后和详略,条理清楚地表达自己的意思。运用联想和想象,丰富表达的内容。正确使用常用的标点符号。

5. 写记叙性文章,表达意图明确,内容具体充实;写简单的说明性文章,做到明白清楚;写简单的议论性文章,做到观点明确,有理有据;根据生活需要,写常见应用文。

6. 能从文章中提取主要信息,进行缩写;能根据文章的基本内容和自己的合理想象,进行扩写;能变换文章的文体或表达方式等,进行改写。

7. 根据表达的需要,借助语感和语文常识,修改自己的作文,做到文从字顺。能与他人交流写作心得,互相评改作文,以分享感受,沟通见解。

8. 作文每学年一般不少于 14 次,其他练笔不少于 1 万字。45 分钟能完成不少于 500 字的习作。

(四)口语交际

1. 注意对象和场合,学习文明得体地交流。

2. 耐心专注地倾听,能根据对方的话语、表情、手势等,理解对方的观点和意图。

3. 自信、负责地表达自己的观点,做到清楚、连贯、不偏离话题。

4. 注意表情和语气,根据需要调整自己的表达内容和方式,不断提高应对能力,增强感染力和说服力。

5. 讲述见闻,内容具体、语言生动。复述转述,完整准确、突出要点。能就适当的话题作即席讲话和有准备的主题演讲,有自己的观点,有一定说服力。

6. 讨论问题,能积极发表自己的看法,有中心、有根据、有条理。能听出讨论的焦点,并能有针对性地发表意见。

(五)综合性学习

1. 自主组织文学活动,在办刊、演出、讨论等活动过程中,体验合作与成功的喜悦。

2. 能提出学习和生活中感兴趣的问题,共同讨论,选出研究主题,制订简单的研究计划。能从书刊或其他媒体中获取有关资料,讨论分析问题,独立或合作写出简单的研究报告。

3. 关心学校、本地区和国内外大事,就共同关注的热点问题,搜集资料,调查访问,相互讨论,能用文字、图表、图画、照片等展示学习成果。

4. 掌握查找资料、引用资料的基本方法,分清原始资料与间接资料的主要差别,学会注明所援引资料的出处。

# 实施建议

## 一、教学建议

(一)充分发挥师生双方在教学中的主动性和创造性

学生是语文学习的主体,教师是学习活动的组织者和引导者。语文教学应在师生平等对话的过程中进行。

语文教学应激发学生的学习兴趣,注重培养学生自主学习的意识和习惯,引导学生掌握语文学习的方法,为学生创设有利于自主、合作、探究学习的环境。应尊重学生的个体差异,鼓励学生选择适合自己的学习方式。

教师应确立适应社会发展和学生需求的语文教育观念,注重吸收新知识,不断提高自身的综合素养。应认真钻研教材,正确理解、把握教材内容,创造性地使用教材;积极开发、合理利用课程资源,灵活运用多种教学策略和现代教育技术,努力探索网络环境下新的教学方式;精心设计和组织教学活动,重视启发式、讨论式教学,启迪学生智慧,提高语文教学质量。

(二)教学中努力体现语文的实践性和综合性

教师应努力改进课堂教学,整体考虑知识与能力、过程与方法、情感态度与价值观的综合,注重听说读写之间的有机联系,加强教学内容的整合,统筹安排教学活动,促进学生语文素养的整体提高。

重视学生读书、写作、口语交际、搜集处理信息等语文实践,提倡多读多写,改变机械、粗糙、烦琐的作业方式,让学生在语文实践中学习语文,学会学习。善于通过专题学习等方式,沟通课堂内外,沟通听说读写,增加学生语文实践的机会。充分利用学校、家庭和社区等教育资源,开展综合性学习活动,拓宽学生的学习空间。

(三)重视情感、态度、价值观的正确导向

培养学生正确的思想观念、科学的思维方式、高尚的道德情操和健康的审美情趣和积极的人生态度,是与帮助他们掌握学习方法、提高语文能力的过程融为一体的,不应该当作外在的附加任务。应该根据语文学科的特点,注重熏陶感染,潜移默化,把这些内容渗透于日常的教学过程之中。

(四)重视培养学生的创新精神和实践能力

语文教学要注重语言的积累、感悟和运用,注重基本技能训练,让学生打好扎实的语文基础。尤其要注重激发学生的好奇心、求知欲,发展学生的思维,培养想象力,开发创造潜能,提高学生发现、分析和解决问题的能力,提高语文综合应用能力。

(五)具体建议

学生生理、心理以及语言能力的发展具有阶段性特征,不同内容的教学也有各自的规律,应该根据不同学段学生的特点和不同的教学内容,采取合适的教学策略。

1. 关于识字、写字与汉语拼音教学。

识字、写字是阅读和写作的基础,是第一学段的教学重点,也是贯串整个义务教育阶段的重要教学内容。

低年级阶段学生"会认"与"会写"的字量要求有所不同。在教学过程中要"多认少写",要求学生会认的字不一定同时要求会写。本标准附有"识字、写字教学基本字表",建议先认先写字表中的 300 个字,逐步发展识字写字能力。

识字教学要注意儿童心理特点,将学生熟识的语言因素作为主要材料,结合儿童的生活经验,引导他们利用各种机会主动识字,力求识用结合。

要运用多种识字教学方法和形象直观的教学手段,创设丰富多彩的教学情境,提高识字教学效率。

按照规范要求认真写好汉字是教学的基本要求,练字的过程也是学生性情、态度、审美趣味养成的过程。每个学段都要指导学生写好汉字。要求学生写字姿势正确,指导学生掌握基本的书写技能,养成良好的书写习惯,提高书写质量。第一、第二、第三学段,要在每天的语文课中安排 10 分钟,在教师指导下随堂练习,做到天天练。要在日常书写中增强练字意识,讲究练字效果。

汉语拼音教学要尽可能有趣味性,宜多采用活动和游戏的形式,应与学说普通话、识字教学相结合,注意汉语拼音在现实语言生活中的运用。

2. 关于阅读教学。

阅读是运用语言文字获取信息、认识世界、发展思维、获得审美体验的重要途径。阅读教学是学生、教师、教科书编者、文本之间对话的过程。

阅读是学生的个性化行为,阅读教学应引导学生钻研文本,在主动积极的思维和情感活动中,加深理解和体验,有所感悟和思考,受到情感熏陶,获得思想启迪,享受审美乐趣。要珍视学生独特的感受、体验和理解。教师应加强对学生阅读的指导、引领和点拨,但不应以教师的分析来代替学生的阅读实践,不应以模式化的解读来代替学生的体验和思考;要善于通过合作学习解决阅读中的问题,但也要防止用集体讨论来代替个人阅读。

阅读教学应注重培养学生感受、理解、欣赏和评价的能力。这种综合能力的培养,各学段可以有所侧重,但不应把它们机械地割裂开来。

在理解课文的基础上,提倡多角度、有创意的阅读,利用阅读期待、阅读反思和批判等环节,拓展思维空间,提高阅读质量。但要防止逐字逐句的过深分析和远离文本的过度发挥。

各个学段的阅读教学都要重视朗读和默读。各学段关于朗读的目标中都要求"有感情地朗读",这是指,要让学生在朗读中通过品味语言,体会作者及其作品中的情感态度,学习用恰当的语气语调朗读,表现自己对作者及其作品情感态度的理解。朗读要提倡自然,要摒弃矫情做作的腔调。

应加强对阅读方法的指导,让学生逐步学会精读、略读和浏览。有些诗文应要求学生诵读,以利于丰富积累、增强体验,培养语感。

在阅读教学中,为了帮助理解课文,可以引导学生随文学习必要的语文知识,但不能脱离语文运用的实际去进行"系统"的讲授和操练,更不应要求学生死记硬背概念、定义。

要重视培养学生广泛的阅读兴趣,扩大阅读面,增加阅读量,提高阅读品位。提倡少做题,多读书,好读书,读好书,读整本的书。关注学生通过多种媒介的阅读,鼓励学生自主选择优秀的阅读材料。加强对课外阅读的指导,开展各种课外阅读活动,创造展示与交流的机会,营造人人爱读书的良好氛围。

3. 关于写作教学。

写作是运用语言文字进行表达和交流的重要方式,是认识世界、认识自我、创造性表述的过程。写作能力是语文素养的综合体现。写作教学应贴近学生实际,让学生易于动笔,乐于表达,应引导学生关注现实,热爱生活,积极向上,表达真情实感。

关于"写作"的目标,第一学段定位于"写话",第二学段开始"习作",这是为了降低学生写作起始阶段的难度,重在培养学生的写作兴趣和自信心。

在写作教学中,应注重培养学生观察、思考、表达和创造的能力。要求学生说真话、实话、心里话,不说假话、空话、套话,并且抵制抄袭行为。

为学生的自主写作提供有利条件和广阔空间,减少对学生写作的束缚,鼓励自由表达和有创意的表达,鼓励学生写想象中的事物。加强平时练笔指导,改进作文命题方式,提倡学生自主选题。

写作教学应抓住取材、构思、起草、加工等环节,指导学生在写作实践中学会写作。重视引导学生在自我修改和相互修改的过程中提高写作能力。

要重视写作教学与阅读教学、口语交际教学之间的联系,善于将读与写、说与写有机结合,相互促进。

善于利用信息技术与网络的优势,丰富写作形式,激发写作兴趣,增加学生创造性表达、展示交流与互相评改的机会。

4. 关于口语交际教学。

口语交际能力是现代公民的必备能力。应培养学生倾听、表达和应对的能力,使学生具有文明和谐地进行人际交流的素养。

口语交际是听与说双方的互动过程。教学活动主要应在具体的交际情境中进行,不宜采用大量讲授口语交际原则、要领的方式。应努力选择贴近生活的话题,采用灵活的形式组织教学。

重视在语文课堂教学中培养口语交际的能力,鼓励学生在各科教学活动以及日常生活中锻炼口语交际能力。

5. 关于综合性学习。

综合性学习主要体现为语文知识的综合运用、听说读写能力的整体发展、语文课程与其他课程的沟通、书本学习与生活实践的紧密结合。

综合性学习应贴近现实生活。联系生活中的实际问题开展学习活动，在实现语文学习目标的同时，提高对自然、社会现象与问题的认识，追求积极、健康、和谐的生活方式，增强抵御风险和侵害的意识，增强在与自然、社会和他人互动中的应对能力。

综合性学习应突出学生的自主性，重视学生主动积极的参与精神，主要由学生自行设计和组织活动，特别注重探索和研究的过程，要加强教师在各环节中的指导作用。

综合性学习应强调合作精神，注意培养学生策划、组织、协调和实施的能力。

综合性学习的设计应开放、多元，提倡与其他课程相结合，开展跨领域学习。跨学科学习，也应以提高学生语文素养为目的。

积极构建网络环境下的学习平台，拓展学生学习和创造的空间，支持和丰富语文综合性学习。

6. 关于语法修辞知识。

本标准不同学段课程目标涉及语音、文字、词汇、语法、修辞、文体、文学等丰富的知识内容。在教学中应根据语文运用的实际需要，从所遇到的具体语言实例出发进行指导和点拨。指导与点拨的目的是为了有助于识字写字，有助于对阅读文本的理解，帮助学生形成一定的语言应用能力和良好的语感，而不在于对知识系统的记忆。因此，要避免脱离实际运用，围绕相关知识的概念、定义进行"系统、完整"的讲授与操练。

课程目标中提到语法修辞知识，本标准通过所附的"语法修辞知识要点"，对这方面相关的内容略加展开，大致约定教学中点拨的范围和难度；表中提到有关的名称，则便于教师在引导学生认识语言现象和问题时称说。关于语言结构和运用的规律，须让学生在具有比较丰富的语言积累和良好语感的基础上，在实际运用中逐步体味把握。

## 二、评价建议

语文课程评价的根本目的是为促进学生学习，改善教师教学。语文课程评价应准确反映学生的学习水平和学习状况,全面落实语文课程目标。应充分发挥语文课程评价的多重功能,恰当运用多种评价方式,注重评价主体的多元与互动,突出语文课程评价的整体性和综合性。要根据不同年龄学生的学习特点,按照不同学段的课程目标,抓住关键,突出重点,采用合适方式,提高评价效率。语文课程评价应该改变过于重视甄别和选拔的状况,突出评价的诊断和发展功能。

(一)充分发挥语文课程评价的多种功能

语文课程评价具有检查、诊断、反馈、激励、甄别和选拔等多种功能,其目的是为了考查学生实现课程目标的程度,检验和改进学生的学习和教师的教学,改善课程设计,完善教学过程。应发挥语文课程评价的多种功能,尤其应注意发挥其诊断、反馈和激励的功能,有效地促进学生的发展。

(二)恰当运用多种评价方式

形成性评价关注学习过程,有利于及时揭示问题、及时反馈、及时改进教与学活动。终结性评价关注学习结果,有利于对教学活动作出总结性的结论。形成性评价和终结性评价都是必要的。应加强形成性评价,注意收集、积累能够反映学生语文学习与发展的资料,可采用成长记录袋等各种方式,记录学生的成长过程。对学生语文学习的日常表现,应以表扬、鼓励等积极的评价为主,采用激励性的评语,从正面加以引导。

要坚持定性评价和定量评价相结合,全面反映学生语文学习的状态及水平。评价方法除了纸笔测试以外,还有平时的行为观察与记录、问卷调查、面谈讨论等各种方法。语文学习具有重情感体验和感悟的特点,更应重视定性评价。学校和教师要对学生的成长记录和考试结果进行分析,评价结果的呈现方式除了等级或分数以外,还可用代表性的事实客观描述学生语文学习的进步,并提出建议。

各种评价方法都有其一定的适应性,在评价的客观性和深刻性上也各有差别,因此,评价设计要注重可行性和有效性,力戒烦琐,防止片面追求形式。

(三)注重评价主体的多元与互动

应注意将教师的评价、学生的自我评价及学生之间的相互评价相结合,加强学生的自我评价和相互评价,促进学生主动学习,自我反思。评价要理解和尊重学生的自我评价与相互评价。要尊重学生的个体差异,有利于每个学生的健康发展。

根据需要,可让学生家长、社区、专业人员等适当参与评价活动,争取社会对学生语文学习的更多关注和支持。

(四)突出语文课程评价的整体性和综合性

语文课程评价要体现语文课程目标的整体性和综合性,全面考察学生的语文素养。应注意识字与写字、阅读、写作、口语交际和综合性学习五个方面的有机联系,注意知识与能力、过程与方法、情感态度与价值观的交融、整合,避免只从知识、技能方面进行评价。

(五)具体建议

1. 关于识字与写字的评价。

汉语拼音学习的评价,重在考查学生认读和拼读的能力,以及借助汉语拼音认读汉字、说普通话、纠正地方音的情况。

识字的评价,要考查学生认清字形、读准字音、掌握汉字基本意义的情况,以及在具体语言环境中运用汉字的能力,借助字典、词典等工具书查检字词的能力。第一、第二学段应多关注学生主动识字的兴趣,第三、第四学段要重视考查学生独立识字的能力。

写字的评价,要考查学生对于要求"会写"的字的掌握情况,重视书写的正确、端正、整洁,在此基础上,逐步要求书写流利,第一学段要关注学生写好基本笔画、基本结构和基本字,第二、第三学段还要关注学生的毛笔书写,第四学段还要关注学生基本行楷字的书写和对名家书法作品的临摹。义务教育的各个学段的写字评价都要关注学生写字的姿势与习惯,引导学生提高书写质量。第三学段要求会写 2500 个字。对学生写字学习情况的评价,当以本标准附录5《义务教育语文课程常用字表·字表一》为依据。

评价要有利于激发学生识字、写字的兴趣,帮助学生养成写规范字的习惯,减少错别字。

2. 关于阅读的评价。

阅读的评价,要综合考查学生阅读过程中的感受、体验和理解,要关注其阅读兴趣与价值取向、阅读方法与习惯,也要关注其阅读面和阅读量,以及选择阅读材料的能力。重视对学生多角度、有创意阅读的评价。语文知识的学习重在运用,其概念不作为考试内容。

能用普通话正确、流利、有感情地朗读课文,是朗读评价的总要求。根据阶段目标,各学段的要求可以有所侧重。评价学生的朗读,可从语音、语调和语气等方面进行综合考察,评价"有感情地朗读",要以对内容的理解与把握为基础,要防止矫情做作。

诵读的评价,重在提高学生的诵读兴趣,增加积累,发展语感,加深体验和领悟。在不同学段,可在诵读材料的内容、范围、数量、篇幅、类型等方面逐渐增加难度。

默读的评价,应从学生默读的方法、速度、效果和习惯等方面进行综合考察。

精读的评价,重点评价学生对阅读材料的综合理解能力,要重视评价学生的情感体验和创造性的理解。第一学段可侧重考察对文章内容的初步感知和文中重要词句的理解、积累;第二学段侧重考察通过重要词句帮助理解文章,体会其表情达意的作用,以及对文章大意的把握;第三学段侧重考察对文章表达顺序和基本表达方法的了解领悟;第四学段侧重考察理清思路、概括要点、探究内容等方面的情况,以及读懂不同文体文章的能力。

略读的评价,重在考查学生能否把握阅读材料的大意。浏览的评价,重在考查学生能否从阅读材料中捕捉有用信息。

文学作品阅读的评价,着重考查学生感受形象、体验情感、品味语言的水平,对学生独特的感受和体验应加以鼓励。第一学段侧重考查学生能通过朗读和想象等手段,大体感受作品的情境、节奏和韵味;第二学段侧重考察在阅读全文基础上对重要段落和语句的细致阅读,具体感受作品的形象和语言;第三、第四学段,可通过考查学生对形象、情感、语言的领悟程度,以及自己的体验,来评价学生初步鉴赏文学作品的水平。

评价学生阅读古代诗词和浅易文言文,重点考查学生的记诵积累,考查他们能否凭借注释和工具书理解诗文大意。词法、句法等方面的概念不作为考试内容。

要重视学生课外阅读的评价。应根据各学段的要求,通过小组和班级交流、学习成果展示等方式,了解学生的阅读量和阅读面,进而考查其阅读的兴趣、习惯、品位、方法和能力。

3. 关于写作的评价。

写作的评价,应按照不同学段的目标要求,综合考查学生写作水平的发展状况。第一学段主要评价学生的写话兴趣;第二学段是习作的起始阶段,要鼓励学生大胆习作;第三、第四学段要通过多种评价,促进学生具体明确、文从字顺地表达自己的见闻、体验和想法。对于作文的评价还须关注学生汉字书写的情况。

写作的评价,要重视学生的写作兴趣和习惯,鼓励表达真情实感,鼓励有创意的表达,引导学生热爱生活,亲近自然,关注社会。

写作材料准备过程的评价,不仅要具体考查学生占有材料的丰富性、真实性,也要考查他们获取材料的方法。要引导学生通过观察、调查、访谈、阅读等途径,运用多种方法搜集材料。

重视对作文修改的评价。要考查学生对作文内容、文字表达的修改,也要关注学生修改作文的态度、过程和方法。要引导学生通过自改和互改,取长补短,促进相互了解和合作,共同提高写作水平。

评价结果的呈现方式,根据实际需要,可以是书面的,可以是口头的;可以用等级表示,也可以用评语表示;还可以采用展示、交流等多种方式。

提倡学生在成长记录中收存有代表性的课内外作文和有价值的典型案例分析,以反映写作的实际情况和发展过程。

4. 关于口语交际的评价。

口语交际的评价,须注重提高学生对口语交际的认识和表达沟通的水平。考察口语交际水平的基本项目可以有讲述、应对、复述、转述、即席讲话、主题演讲、问题讨论等。

口语交际的评价,应按照不同学段的要求,综合考查学生的参与意识、情意态度和表达能力。第一学段主要评价学生的口语交际的态度与习惯,重在鼓励学生自信地表达;第二、三学段主要评价学生日常口语交际的基本能力,学会倾听、表达与交流;第四学段要通过多种评价方式,促进学生根据不同的对象和内容,文明地进行人际沟通和社会交往。评价宜在具体的交际情境中进行,让学生承担有实际意义的交际任务,并结合学生在日常生活和学习活动中的表现,综合考查学生真实的口语交际水平。

5. 关于综合性学习的评价。

综合性学习的评价,应着重考查学生的语文综合运用能力、探究精神与合作态度。主要着眼于学生在综合性学习过程中的表现,如是否能积极参与活动,是否能主动提出问题,还有搜集整理材料、综合运用语文知识探究问题、展示与交流学习成果等方面的情况。第一、第二学段要较多地关注学生参与语文学习活动的兴趣与态度。第三、第四学段要多关注学生在语文活动中提出问题、探究问题以及展示学习活动成果的能力。各个学段综合性学习的评价都要着眼于促进学生提高语文水平的效率,并有助于他们扩大视野,更好地掌握学习语文的方法。

评价要尊重和保护学生学习的自主性和积极性,鼓励学生运用多种方法,从不同的角度进行探究。要充分注意学生解决问题的思路和方法。对有新意的思路和表达以及有特点的展示方式,尤其要给予足够的重视。除了教师的评价之外,要多让学生开展自我评价和相互评价。

## 三、教材编写建议

1. 教材编写应依据课程标准,全面有序地安排教学内容,设计教学活动,并注意体现基础性和阶段性,关注各学段之间的衔接。

2. 教材应体现时代特点和现代意识,关注现实,关注人类,关注自然,理解和尊重多样文化,有助于学生树立正确的世界观、人生观、价值观。

3. 教材要注重继承与弘扬中华民族优秀文化和革命传统,有助于增强学生的民族自尊心和爱国主义感情。

4. 教材应符合学生的身心发展特点,适应学生的认知水平,密切联系学生的经验世界和想象世界,有助于激发学生的学习兴趣和创新精神。

5. 教材选文要文质兼美,具有典范性,富有文化内涵和时代气息,题材、体裁、风格丰富多样,各种类别配置适当,难易适度,适合学生学习。要重视开发高质量的新课文。

6. 教材应注意引导学生掌握语文学习的方法,养成良好的学习习惯。课文注释和练习等应少而精,具有启发性,有利于学生在探究中学会学习。

7. 教材内容的安排要避免烦琐,简化头绪,突出重点,加强整合,注重情感态度、知识能力之间的联系,致力于学生语文素养的整体提高。

8. 教材的体例和呈现方式应灵活多样,避免模式化。设计的体验性活动和研究性专题要体现语文特点,内容适量,便于实施。

9. 教材要有开放性和弹性。在合理安排基本课程内容的基础上,给地方、学校和教师留有开发、选择的空间,也为学生留出选择和拓展的空间,以满足不同学生学习和发展的需要。

10. 教材编写应努力追求设计的创新和编写的特色。要重视现代教育技术在语文课程中的运用。编写语言应准确、规范。

### 四、课程资源的开发与利用

1. 语文课程资源包括课堂教学资源和课外学习资源,例如:教科书、相关配套阅读材料、其他图书、报刊、工具书、教学挂图,电影、电视、广播、网络,报告会、演讲会、辩论会、研讨会、戏剧表演,生产劳动与社会实践场所,图书馆、博物馆、纪念馆、展览馆,布告栏、报廊、各种标牌广告,等等。

自然风光、文化遗产、风俗民情、方言土语,国内外的重要事件,日常生活的话题等也都可以成为语文课程的资源。

2. 各地都蕴藏着多种语文课程资源。学校要有强烈的资源意识,认真分析本地和本校的特点,充分利用已有的资源,积极开发潜在的资源,特别是人的资源因素和在课程实施过程中生成的资源因素。

3. 学校应积极创造条件,努力为语文教学配置相应的设备;还应当争取社会各方面的支持,与社区建立稳定的联系,给学生创设语文实践的环境,开展多种形式的语文学习活动。

4. 语文教师应高度重视课程资源的开发与利用,创造性地开展各类活动,增强学生在各种场合学语文、用语文的意识,通过多种途径提高学生的语文素养。

# 教育部《普通高中语文课程标准(2017 年版)》
## (摘编)

### 一、课程性质与基本理念

(一)课程性质

语言文字是人类社会最重要的交际工具和信息载体,是人类文化的重要组成部分。语言文字的运用,包括生活、工作和学习中的听说读写活动以及文学活动,存在于人类社会的各个领域。

　　语文课程是一门学习祖国语言文字运用的综合性、实践性课程。工具性与人文性的统一,是语文课程的基本特点。语文课程应引导学生在真实的语言运用情境中,通过自主的语言实践活动,积累言语经验,把握祖国语言文字的特点和运用规律,加深对祖国语言文字的理解与热爱,培养运用祖国语言文字的能力;同时,发展思辨能力,提升思维品质,培育社会主义核心价值观,培养高尚的审美情趣,积累丰厚的文化底蕴,理解文化多样性。

　　普通高中语文课程,应使全体学生在义务教育的基础上,进一步提高语文素养,形成良好的思想道德修养和科学人文修养,为终身学习和全面而有个性的发展奠定基础,为传承和发展中华文化、增强民族凝聚力和创造力发挥应有的作用。

　　(二)基本理念

　　1. 坚持立德树人,增强文化自信,充分发挥语文课程的育人功能。

　　祖国语文是中华儿女的精神家园,语文课程对继承和弘扬中华优秀传统文化、革命文化、社会主义先进文化,培养文化自信,推动文化的创新发展,具有不可替代的优势。

　　普通高中语文课程,必须以习近平新时代中国特色社会主义思想为指导,坚持立德树人,弘扬民族精神,融入社会主义核心价值观教育,培养热爱中华文明、热爱祖国、热爱人民、热爱中国共产党的深厚感情,以及热爱美好生活和奋发向上的人生态度,使学生逐步形成自己的思想、行为准则,增强为中华民族伟大复兴而努力的历史使命感和社会责任感。坚持加强语文课程内容与学生成长的联系,引导学生积极参与实践活动,学习认识自然、认识社会、认识自我、规划人生,在促进人的全面发展方面发挥应有的功能。

　　2. 以核心素养为本,推进语文课程深层次的改革。

　　随着社会和教育事业的发展,语文课程更加强调以核心素养为本。要进一步改革语文课程的目标和内容,既要关注知识技能的外显功能,更要重视课程的隐形价值,还要关注语文课程在社会信息化过程中新的内涵变化;通过改革,让学生多经历、体验各类启示性、陶冶性的语文学习活动,逐渐实现多方面要素的综合和内化,养成现代社会所需要的思维品质、精神面貌和行为方式。

　　普通高中语文课程应继续引导学生丰富语言积累,培养良好语感,掌握学习语文的基本方法,养成良好的学习习惯,提高运用祖国语言文字的能力;语言文字运用和思维密切相关,语文教育必须同时促进学生思维能力的发展与思维品质的提升;语文教育也是提高审美素养的重要途径,要让学生在语言文字运用的学习中受到美的熏陶,培养自觉的审美意识和高尚的审美情趣,培养审美感知和创造表现的能力;语言文字的运用体现时代的发展状况和人的文化修养,语文课程应该引导学生自觉继承中华优秀传统文化和革命文化,吸收世界各民族文化精华,积极参与中国特色社会主义先进文化的建设与传播。

3. 加强实践性,促进学生语文学习方式的转变。

语文课程作为一门实践性课程,应着力在语文实践中培养学生的语言文字运用能力。学习运用祖国语言文字的资源和实践机会无处不在,应增强学生学语文、用语文的自觉意识,积极利用信息技术以及身边的各种资源和机会,通过阅读与鉴赏、表达与交流、梳理与探究等语文实践,积累言语经验,把握语文运用的规律,学会语文运用方法,有效地提高语文能力,并在学习语言文字运用的过程中促进方法、习惯及情感、态度与价值观的综合发展。

语文课程还应当适应当代社会发展的需要,为培养创新人才发挥重要作用。要引导学生在语言文字运用过程中发现问题,培养探究意识和发现问题的敏感性,探求解决问题和语言表达的创新途径。

4. 注重时代性,构建开放、多样、有序的语文课程。

普通高中语文课程应适应社会对人才的多样化需求和学生对语文教育的不同期待,精选学习内容,变革学习方式,确保全体学生都获得必备的语文素养;帮助学生认识自己语文学习的已有基础、发展需求和方向,激发学习兴趣和潜能,在跨文化、跨媒介的语文实践中开阔视野,在更宽广的选择空间发展各自的语文特长和个性。

普通高中语文课程应具有相对稳定的结构和富有弹性的实施机制。应在课程标准的指导下,提高教师水平,发展教师特长,引导教师开发语文课程资源,有选择地、创造性地实施课程;把握信息时代新特点,积极利用新技术、新手段,建设开放、多样、有序的语文课程体系,使学生语文素养的发展与提升能适应社会进步新形势的需要。

## 二、学科核心素养与课程目标

(一)学科核心素养

学科核心素养是学科育人价值的集中体现,是学生通过学科学习而逐步形成的正确价值观念、必备品格和关键能力。语文学科核心素养是学生在积极的语言实践活动中积累与构建起来，并在真实的语言运用情境中表现出来的语言能力及其品质；是学生在语文学习中获得的语言知识与语言能力，思维方法与思维品质，情感、态度与价值观的综合体现。主要包括"语言建构与运用""思维发展与提升""审美鉴赏与创造""文化传承与理解"四个方面。

1. 语言建构与运用。

语言建构与运用是指学生在丰富的语言实践中，通过主动的积累、梳理和整合，逐步掌握祖国语言文字特点及其运用规律，形成个体言语经验，发展在具体语言情境中正确有效地运用祖国语言文字进行交流沟通的能力。

2. 思维发展与提升。

思维发展与提升是指学生在语文学习过程中，通过语言运用，获得直觉思维、形象思维、逻辑思维、辩证思维和创造思维的发展，以及深刻性、敏捷性、灵活性、批判性和独创性等思维品质的提升。

3. 审美鉴赏与创造。

审美鉴赏与创造是指学生在语文学习中，通过审美体验、评价等活动形成正确的审美意识、健康向上的审美情趣与鉴赏品位，并在此过程中逐步掌握表现美、创造美的方法。

4. 文化传承与理解。

文化传承与理解是指学生在语文学习中，继承和弘扬中华优秀传统文化、革命文化、社会主义先进文化，理解和借鉴不同民族和地区的文化，拓展文化视野，增强文化自觉，提升中国特色社会主义文化自信，热爱祖国语言文字，热爱中华文化，防止文化上的民族虚无主义。

语文学科核心素养的四个方面是一个整体。语言是重要的交际工具，也是重要的思维工具；语言的发展与思维的发展相互依存，相辅相成。语言文字是文化的载体，又是文化的重要组成部分；学习语言文字的过程也是文化获得的过程。语言文字作品是人类重要的审美对象，语文学习也是学生审美能力和审美品质发展的重要途径。语言建构与运用是语文学科核心素养的基础，在语文课程中，学生的思维发展与提升、审美鉴赏与创造、文化传承与理解，都是以语言的建构与运用为基础，并在学生个体言语经验发展过程中得以实现的。

（二）课程目标

学生通过阅读与鉴赏、表达与交流、梳理与探究等语文学习活动，在语言建构与运用、思维发展与提升、审美鉴赏与创造、文化传承与理解几个方面都获得进一步的发展；坚定文化自信，自觉弘扬社会主义核心价值观，树立积极向上的人生理想，为全面发展和终身发展奠定基础。

1. 语言积累与建构。积累较为丰富的语言材料和言语活动经验，形成良好的语感；在已经积累的语言材料间建立起有机的联系，在探究中理解、掌握祖国语言文字运用的基本规律。

2. 语言表达与交流。能凭借语感和对语言运用规律的把握，根据具体的语言情境和不同的对象，运用口头和书面语言文明得体地进行表达与交流；能将具体的语言文字作品置于特定的交际情境和历史文化情境中理解、分析和评价。

3. 语言梳理与整合。通过梳理和整合，将积累的语言材料和学习的语文知识结构化，将言语活动经验逐渐转化为具体的学习方法和策略，并能在语言实践中自觉地运用。

4. 增强形象思维能力。获得对语言和文学形象的直觉体验；在阅读与鉴赏、表达与交流、梳理与探究活动中运用联想和想象，丰富自己对现实生活和文学形象的感受与理解，丰富自己的经验与语言表达。

5. 发展逻辑思维。能够辨识、分析、比较、归纳和概括基本的语言现象和文学现象，并能有理有据地表达自己的观点和阐述自己的发现；运用基本的语言规律和逻辑规则，判别语言运用的正误，准确、生动、有逻辑地表达自己的认识；运用批判性思维审视语言文字作品，探究和发现语言现象和文学现象，形成自己对语言和文学的认识。

6. 提升思维品质。自觉分析和反思自己的语文实践活动经验，提高语言运用的能力，增强思维的深刻性、敏捷性、灵活性、批判性和独创性。

7. 增进对祖国语言文字的美感体验。感受祖国语言文字独特的美，增强热爱祖国语言文字的感情。

8. 鉴赏文学作品。感受和体验文学作品的语言、形象和情感之美，能欣赏、鉴别和评价不同时代、不同风格的作品，具有正确的价值观、高尚的审美情趣和审美品位。

9. 美的表达与创造。能运用祖国语言文字表达自己的审美体验,表达自己的情感、态度和观念,表现和创造自己心中的美好形象;讲究语言文字表达的效果及美感,具有创新意识。

10. 传承中华文化。通过学习运用祖国语言文字,体会中华文化的博大精深、源远流长,体会中华文化的核心思想理念和人文精神,增强文化自信,理解、认同、热爱中华文化,继承、弘扬中华优秀传统文化和革命文化。

11. 理解多样文化。通过学习语言文字作品,懂得尊重和包容,初步理解和借鉴不同民族、不同区域、不同国家的优秀文化,吸收人类文化的精华。

12. 关注、参与当代文化。关注并积极参与当代文化传播与交流,在运用祖国语言文字的过程中,坚持文化自信,提高社会责任感,增强为中华民族伟大复兴而奋斗的使命感。

## 三、课程结构

(一)设计依据

1. 以中国特色社会主义理论体系为指导,落实立德树人根本任务,遵循教育规律,着力发展学生的核心素养,促进学生全面而有个性地发展,设计基础性与选择性相结合的课程。

2. 从祖国语文的特点和高中生学习语文的规律出发,以语文学科核心素养为纲,以学生的语文实践为主线,设计"语文学习任务群"。"语文学习任务群"以任务为导向,以学习项目为载体,整合学习情境、学习内容、学习方法和学习资源,引导学生在运用语言的过程中提升语文素养。若干学习项目组成学习任务群。学习任务所涉及的语言学习素材与运用范例、语文实践的话题与情境、语体与文体等,覆盖历来语文课程所包含的古今"实用类""文学类""论述类"等基本语篇类型。学习任务群的设计着眼于培养语言文字运用基础能力,充分顾及问题导向、跨文化、自主合作、个性化、创造性等因素,并关注语言文字运用的新现象和跨媒介运用的新特点。

3. 学习任务群以自主、合作、探究性学习为主要学习方式,凸显学生学习语文的根本途径。这些学习任务群追求语言、知识、技能和思想情感、文化修养等多方面、多层次目标发展的综合效应,而不是学科知识逐"点"解析、学科技能逐项训练的简单线性排列和连接。学习任务群的设计,旨在引领高中语文教学的改革,力求改变教师大量讲解分析的教学模式。

4. 整体设计,统筹安排,体现层次性与差异性。必修课程和选修课程均由若干学习任务群构成。不同学习任务群具体的学习内容有所区别,体现不同的学习要求;必修的学习任务群构成普通高中语文课程目标、内容的基本框架,体现高中阶段对每个学生基本、共同的语文素养要求;选修的学习任务群则是在此基础上的逐步延伸、拓展、提高和深化,以满足学生对不同发展方向、不同发展水平语文素养的追求。

(二)结构

普通高中语文课程由必修、选择性必修、选修三类课程构成。三类课程分别安排 7~9 个学习任务群。中华优秀传统文化、革命文化和社会主义先进文化方面的内容始终贯串必修、选择性必修、选修。

必修课程 7 个:"整本书阅读与研讨""当代文化参与""跨媒介阅读与交流""语言积累、梳理与探究""文学阅读与写作""思辨性阅读与表达""实用性阅读与交流"。

选择性必修课程 9 个:"整本书阅读与研讨""当代文化参与""跨媒介阅读与交流""语言积累、梳理与探究""中华传统文化经典研习""中国革命传统作品研习""中国现当代作家作品研习""外国作家作品研习""科学与文化论著研习"。

选修课程 9 个:"整本书阅读与研讨""当代文化参与""跨媒介阅读与交流""汉字汉语专题研讨""中华传统文化专题研讨""中国革命传统作品专题研讨""中国现当代作家作品专题研讨""跨文化专题研讨""学术论著专题研讨"。

(三)学分与选课

必修课程,开设 2 个学期,8 学分;选择性必修课程,开设 2 个学期,6 学分;选修课程,开设 2 个学期,设计 12 学分课程,供学生自由选择。

必修课程,每名高中学生必须修习;选择性必修课程,学生根据个人需求与升学考试要求选择修习;选修课程,学生可自由选择学习。对于选择性必修课程和选修课程,教师应根据学生个人未来发展的意愿和学业状况,有针对性地给予指导,使学生获得良好的发展方向和空间。

高中语文学习任务群的比重按学分计,安排如下。

### 普通高中语文课程结构及学分

| 必修（8学分） | 选择性必修（6学分） | 选修（任选） |
|---|---|---|
| 整本书阅读与研讨<br>（1学分） | （整本书阅读与研讨、当代文化参与、跨媒介阅读与交流在选择性必修和选修阶段不设学分,穿插在其他学习任务群中） | |
| 当代文化参与<br>（0.5学分） | | |
| 跨媒介阅读与交流<br>（0.5学分） | | |
| 语言积累、梳理与探究<br>（1学分） | 语言积累、梳理与探究<br>（1学分） | 汉字汉语专题研讨<br>（2学分） |
| 文学阅读与写作<br>（2.5学分） | 中华传统文化经典研习<br>（2学分） | 中华传统文化专题研讨<br>（2学分） |
| | 中国革命传统作品研习<br>（0.5学分） | 中国革命传统作品专题研讨<br>（2学分） |
| 思辨性阅读与表达<br>（1.5学分） | 中国现当代作家作品研习<br>（0.5学分） | 中国现当代作家作品专题研讨<br>（2学分） |
| | 外国作家作品研习<br>（1学分） | 跨文化专题研讨<br>（2学分） |
| 实用类阅读与交流<br>（1学分） | 科学与文化论著研习<br>（1学分） | 学术论著专题研讨<br>（2学分） |

## 四、课程内容

### （一）学习任务群

#### 学习任务群1　整本书阅读与研讨

本任务群旨在引导学生通过阅读整本书,拓展阅读视野,建构阅读整本书的经验,形成适合自己的读书方法,提升阅读鉴赏能力,养成良好的阅读习惯,促进学生对中华优秀传统文化、革命文化、社会主义先进文化的深入学习和思考,形成正确的世界观、人生观和价值观。

本任务群的学习贯串必修、选择性必修和选修三个阶段。

1. 学习目标与内容。

（1）在阅读过程中,探索阅读整本书的门径,形成和积累自己阅读整本书的经验。重视学习前人的阅读经验,根据不同的阅读目的,综合运用精读、略读与浏览的方法阅读整本书,读懂文本,把握文本丰富的内涵和精髓。

（2）在指定范围内选择阅读一部长篇小说。通读全书,整体把握其思想内容和艺术特点。从最使自己感动的故事、人物、场景、语言等方面入手,反复阅读品味,深入探究,欣赏语言表达的精彩之处,梳理小说的感人场景乃至整体的艺术架构,理清人物关系,感受、欣赏人物形象,探究人物的精神世界,体会小说的主旨,研究小说的艺术价值。

(3)在指定范围内选择阅读一部学术著作。通读全书,勾画圈点,争取读懂;梳理全书大纲小目及其关联,做出全书内容提要;把握书中的重要观点和作品的价值取向。阅读与本书相关的资料,了解本书的学术思想及学术价值。通过反复阅读和思考,探究本书的语言特点和论述逻辑。

(4)利用书中的目录、序跋、注释等,学习检索作者信息、作品背景、相关评价等资料,深入研读作家作品。

(5)联系个人经验,深入理解作品;享受读书的愉悦,从作品中汲取营养,丰富自己的精神世界,逐步形成正确的世界观、人生观和价值观。用自己的语言撰写全书梗概或提要、读书笔记与作品评介,通过口头、书面形式或其他媒介与他人分享。

2. 教学提示。

本任务群在必修阶段安排 1 学分,18 课时。应完成一部长篇小说和一部学术著作的阅读,重在引导学生建构整本书的阅读经验与方法。在选择性必修和选修阶段要运用这些经验与方法阅读相关作品,不专门安排学分。

(1)指定阅读的作品,应语言典范,内涵丰富,具有较高的思想水平和文化价值。根据学生的生活实际和发展需要,注意选择反映中华优秀传统文化、革命文化和社会主义先进文化的作品。指定阅读的作品可以从教材课文节选的长篇作品中选择,也可由师生共同商定 3~5 部作品,学生从中选择一部阅读;选择相同作品的学生可以自由结合,进行交流讨论。

(2)课时可安排在两个学期,宜集中使用,便于学生静下心来,集中时间和精力,认真阅读一本书。学生在反复阅读过程中,每读一遍,重点解决一两个问题,有些地方应仔细推敲,有些地方可以略读或浏览。阅读要有笔记,记下自己思考、探索、研究的心得。

(3)阅读整本书,应以学生利用课内外时间自主阅读、撰写笔记、交流讨论为主,不以教师的讲解代替或限制学生的阅读与思考。教师的主要任务是提出专题学习目标,组织学习活动,引导学生深入思考、讨论与交流。教师应以自己的阅读经验,平等地参与交流讨论,解答学生的疑惑。

(4)教师应善于发现学生阅读整本书的成功经验,及时组织交流与分享。应善于发现、保护和支持学生阅读中的独到见解。

学习任务群2　当代文化参与

本任务群旨在引导学生关注和参与当代文化生活,学习剖析、评价文化现象,积极参与中国特色社会主义先进文化的传播和交流,增强文化自信。

本任务群的学习贯串必修、选择性必修和选修三个阶段。

1. 学习目标与内容。

(1)聚焦特定文化现象,自主梳理材料,确定调查问题,编制调查提纲,访问调查对象,记录调查内容,完成调查报告,就如何传播社会主义核心价值观、弘扬中华文化精神、反映中国人审美追求等专题展开交流研讨。

(2)关注当代文化生活,开展社区文化调查,搜集整理材料,对社区的文化生活方式、风俗习惯、思想观念、生活演变等进行分析讨论,增强弘扬社会主义核心价值观的自觉性。通过各种传媒,关注当代文化生活观点,聚焦并提炼问题,展开专题研讨,解释文化现象,积极参与社会主义先进文化建设,提高对各种文化现象的认识能力和阐释自己见解的能力。

(3)建设各类语文学习共同体(如文学社团、新闻社、读书会等),在阅读、表达中探析有关文化现象,拓展视野,培养多方面语文能力;通过社会调查、观看演出、参与文化公益活动等,丰富语文学习方式,积极参与当代文化生活。

2. 教学提示。

本任务群在必修阶段安排0.5学分,9课时;可由教师根据教材内容或学校实际情况,在三类学习内容中有选择地组织教学。在选择性必修和选修阶段不单设学分,可与其他学习任务群组合,设计一些课内外相结合的学习活动。

(1)以参与性、体验性、探究性的语文学习活动为主,增强课程内容与学生成长的联系,通过开放式学习,引导学生积极参与当代文化生活;注意调查访问与书面学习相结合,现状调查与比较研究相结合,分析研究与参与传播建设相结合,提高学生语文综合运用的能力。

(2)引导学生自主创建各类社团,开展各类语文学习活动,如读书交流、习作分享、辩论演说、诗歌朗诵、戏剧表演等。

(3)利用家庭资源以及学校图书馆、校史馆、档案馆等,研究社会生活中的文化现象;利用图书馆、博物馆、纪念馆、文化馆、美术馆、音乐厅、影剧院、名人故居、革命遗址、名胜古迹,以及其他文化遗产等,通过实地考察,深化对某一文化现象的认识。

学习任务群3　跨媒介阅读与交流

本任务群旨在引导学生学习跨媒介的信息获取、呈现与表达,观察、思考不同媒介语言文字运用的现象,梳理、探究其特点和规律,提高跨媒介分享与交流的能力,提高理解、辨析、评判媒介传播内容的水平,以正确的价值观审视信息的思想内涵,培养求真求实的态度。

本任务群的学习贯串必修、选择性必修和选修三个阶段。

1. 学习目标与内容。

(1)了解常见媒介与语言辅助工具的特点。掌握利用不同媒介获取信息、处理信息、应用信息的能力。学习运用多种媒介展开有效的表达和交流。

(2)知道信息来源的多样性、真实性,辨识媒体立场,多角度分析问题,形成独立判断。

(3)关注当代网络文学和网络文化,坚持正确的价值导向,辩证分析网络对语言、文学的影响,提高语言、文学的鉴赏能力。

(4)建设跨媒介学习共同体,并将其作为支持语文学习的手段。

2. 教学提示。

本任务群在必修阶段安排0.5学分,9课时,选择性必修和选修阶段不安排学分,渗透在其他任务群的学习过程之中。

(1)教师可引导学生自主选择有关跨媒介的普及性著作进行研习。通过纸质文本、电子文本的阅读,或参观展览等途径,了解跨媒介的特点。

(2)教师要在学生感兴趣的媒介应用领域,创设应用场景,引导学生在实践中了解有关媒介对人们学习、工作、生活等方面的影响,并归纳分析,形成学习成果。

(3)通过实例分析,研讨多种媒介信息存储、呈现与传递的特点,分析合理选择、恰当运用不同类型的媒介对表现主题、传递信息、促进交往所产生的影响,总结形成结论。

(4)教师应主要引导学生理解多种媒介运用对语言的影响,提高学生综合运用多种媒介有效获取信息、表达交流的能力,培养学生求真务实的态度。

学习任务群4　语言积累、梳理与探究

本任务群旨在培养学生丰富语言积累、梳理语言现象的习惯,在观察、探索语言文字现象,发现语言文字运用问题的过程中,自主积累语文知识,探究语言文字运用规律,增强语言文字运用的敏感性,提高探究、发现的能力,感受祖国语言文字的独特魅力,增强热爱祖国语言文字的感情。

本任务群的学习贯串必修、选择性必修和选修三个阶段。

1. 学习目标与内容。

(1)在全部的语文活动中,积累汉字、汉语的有关现象和理性认识,了解汉字在汉语发展和应用中的重要作用,巩固和加深义务教育阶段所学的汉字知识;体会汉字、汉语与中华传统文化的关系及汉语的民族特性,增强热爱祖国语言文字的感情。

(2)通过在语境中解读词汇、理解语义的过程,树立语言和言语的相关性和差别性的观念。

(3)通过文言文阅读,梳理文言词语在不同上下文中的词义和用法,把握古今汉语词义的异同,既能沟通古今词义的发展关系,又要避免用现代意义理解古义,做到对中华优秀传统文化作品的准确理解。

(4)在自主修改病句和分析句子结构的过程中,体会汉语句子的结构特点和虚词的作用,进一步领悟语法规律。在学习文学作品时,观察词语的活用、句子语序的变化等,体会文学语言的灵活性和创造性。

(5)在运用口语和书面表达的过程中,对比两种语体用词和造句的差别,体会口语与书面语的风格差异。

(6)反思和总结自己写作时遣词造句的经验,建构初步的逻辑和修辞知识,提高语用能力,增强表达的个性化。

2. 教学提示。

本任务群贯串整个高中阶段,既有课内活动,也应有课外任务。必修和选择性必修阶段,均安排 1 个学分,选修阶段不安排学分。

(1)积累、梳理要有系统、有计划,要有步骤地、持续地进行。积累既是丰富学生词汇、表达方式等的需要,也是为以后的梳理所做的准备。要有布置,有鼓励和督促,持之以恒。

(2)本任务群的课时,在必修和选择性必修阶段,可以有两种分配方式:或集中安排,或穿插在其他学习任务群中。如何分配课时,由教材编者设计或教师根据自己的教学计划安排。

(3)本任务群在必修和选择性必修阶段,应贯串其他所有的学习任务群,与各个学习任务群中阅读与鉴赏、表达与交流、梳理与探究的语文活动有机结合在一起。每一个学习任务群,都要为"语言积累、梳理与探究"学习任务群提出问题,提供资料,准备必要的条件;有些学习任务群也可以与本任务群共同完成。例如,在既有书面语读写,又有口语活动的学习任务群中,即可探讨语体风格的问题。

(4)积累、整合与探究,都要边积累,边记录。必修阶段主要写语言札记,随时记录点滴材料。选择性必修阶段可试写短文,整合和解释有关现象。

(5)本任务群重在过程的典型性,不论是积累、梳理还是探究,都注重发展语感,增强对语言规律的认识,不追求知识点的全面与系统,切忌违背学生自主学习的精神,生硬灌输一些语言学条文。

(6)在完成任务的过程中,针对学习内容,可通过专门文章的阅读,引导学生深入思考。

### 学习任务群5　文学阅读与写作

本任务群旨在引导学生阅读古今中外诗歌、散文、小说、剧本等不同体裁的优秀文学作品,使学生在感受形象、品味语言、体验感情的过程中提升文学欣赏能力,并尝试文学写作,撰写文学评论,借以提高审美鉴赏能力和表达交流能力。课内阅读篇目中中国古代优秀作品应占1/2。

1. 学习目标与内容。

(1)精读古今中外优秀的文学作品,感受作品中的艺术形象,理解欣赏作品的语言表达,把握作品的内涵,理解作者的创作意图。结合自己的生活经验和阅读写作经历,发挥想象,加深对作品的理解,力求有自己的发现。

(2)根据诗歌、散文、小说、剧本不同的艺术表现方式,从语言、构思、形象、意蕴、情感等多个角度欣赏作品,获得审美体验,认识作品的美学价值,发现作者独特的艺术创作。

(3)结合所阅读的作品,了解诗歌、散文、小说、剧本写作的一般规律。捕捉创作灵感,用自己喜欢的文体样式和表达方式写作,与同学交流写作体会。尝试续写或改写文学作品。

（4）养成写读书提要和笔记的习惯。根据需要,可选用杂感、随笔、评论、研究论文等方式,写出自己的阅读感受和见解,与他人分享,积累、丰富、提升文学鉴赏经验。

2. 教学提示。

本任务群为 2.5 学分,45 课时。写作次数不少于 8 次(不含读书笔记和提要)。

（1）运用专题阅读、比较阅读等方式,设置阅读情境,激发学生阅读兴趣,引导学生阅读、鉴赏、探究与写作。

（2）文学作品的阅读与写作,应以学生自主阅读、讨论、写作、交流为主。应结合作品的学习和写作实践,由学生自主梳理探究,使所学的文学知识结构化。

（3）教师应向学生提供有效的学习支持。如做好问题设计,提供阅读策略指导,适时组织经验分享和成果交流活动;在学习过程中相机进行指导点拨,组织并平等参与问题讨论;引导学生制定阅读计划,并要求阅读一定数量的经典文学作品,包括反映党领导人民进行革命、建设、改革伟大历程的作品,关心当代文学生活;鼓励和引导学生自主组织、举办诗歌朗诵会、读书报告会、话剧表演等活动,丰富学生的审美体验;创造更多展示交流学生作品的机会或平台,激发学生文学创作的成就感;引导学生进行自我反思性评价,为学生提供观察记录表、等级量表等自评互评的工具,促进学生不断进步。

### 学习任务群6　思辨性阅读与表达

本任务群旨在引导学生学习思辨性阅读和表达,发展实证、推理、批判与发现的能力,增强思维的逻辑性和深刻性,认清事物的本质,辨别是非、善恶、美丑,提高理性思维水平。课内阅读篇目中中国古代优秀作品不少于1/2。

1. 学习目标与内容。

（1）阅读古今中外论说名篇,把握作者的观点、态度和语言特点,理解作者阐述观点的方法和逻辑。阅读近期重要的时事评论,学习作者评说国内外大事或社会热点问题的立场、观点、方法。在阅读各类文本时,分析质疑,多元解读,培养思辨能力。

（2）学习表达和阐发自己的观点,力求立论正确,语言准确,论据恰当,讲究逻辑。学习多角度思考问题。学习反驳,能够做到有理有据,以理服人。

（3）围绕感兴趣的话题开展讨论和辩论,能理性、有条理地表达自己的观点,平等商讨,有针对性、有风度、有礼貌地进行辩驳。

2. 教学提示。

本任务群为 1.5 学分,27 课时。写作 3 篇以上,专题讨论与辩论不少于 3 次。

(1)以专题性学习为主要方式。选择日常生活和学习中、历史或当今社会中学生共同关心的话题,要求学生通过阅读与鉴赏、表达与交流、梳理与探究等语文学习活动,阅读古今中外典型的思辨性文本,学习并梳理论证方法,学习用口头与书面语言阐述和论证自己的观点,驳斥错误的观点。

(2)教学过程要注重对学生思维过程和思维方法的引导,注意发展学生的辩证思维和批判性思维,注重培养学生思维的逻辑性。结合学生阅读和表达中遇到的实际问题,适时适度地引导学生学习必要的逻辑知识;相关知识的教学要简明、实用,能有效地帮助学生解决概念、判断、推理等方面遇到的问题;避免进行不必要的、机械的训练。

### 学习任务群 7　实用性阅读与交流

本任务群旨在引导学生学习当代社会生活中的实用性语文,包括实用性文本的独立阅读与理解,日常社会生活需要的口头与书面的表达交流。通过本任务群的学习,丰富学生的生活经历和情感体验,提高阅读与表达交流的水平,增强适应社会、服务社会的能力。

1. 学习目标与内容。

(1)学习多角度观察社会生活,掌握当代社会常用的实用文本,善于学习并运用新的表达方式。

(2)学习运用简明生动的语言,介绍比较复杂的事物,说明比较复杂的事理。

(3)具体学习内容,可选择社会交往类的,如会谈、谈判、讨论及其纪要,活动策划书、计划、制度等常见的文书,应聘面试的应对,面对大众的演讲、陈述和致辞;也可选择新闻传媒类的,如新闻、通讯、调查、访谈、述评,主持、电视演讲与讨论,网络新文体(包括比较复杂的非连续性文本);还可选择知识性读物类的,如复杂的说明文、科普读物、社会科学类通俗读物等。

2. 教学提示。

本任务群为 1 学分,18 课时。

（1）教学以社会情境中的学生探究性学习活动为主，合理安排阅读、调查、讨论、写作、口语交际等活动。

（2）社会交往类内容，在社会调查与研究过程中学习。

（3）新闻传媒类内容，在分析与研究当代社会传媒的过程中学习。如自主选择、分析研究一份报纸或一个网站一周的内容。分析其栏目设置、文体构成、内容的价值取向，撰写文字分析报告，多媒体展示交流。推荐最精彩的一个栏目、不同体裁的精彩文章 1~2 篇，并说明理由。尝试选择传统媒体和新媒体写作。

（4）知识性读物类内容，自主选择一部介绍最新科技成果的科普作品或流行的社会科学通俗作品阅读研习。

学习任务群 8　中华传统文化经典研习

本任务群旨在引导学生通过阅读中华传统文化经典作品，积累文言阅读经验，培养民族审美趣味，增进对中华优秀传统文化的理解，提升对中华民族文化的认同感、自豪感，增强文化自信，更好地继承和弘扬中华优秀传统文化。

1. 学习目标与内容。

（1）选择中国文化史上不同时期、不同类型的一些代表性作品进行精读，体会其精神内涵、审美追求和文化价值。

（2）在特定的社会文化场景中考察传统文化经典作品，以客观、科学、礼敬的态度，认识作品对中国文化发展的贡献。

（3）梳理所学作品中常见的文言实词、虚词、特殊句式和文化常识，注意古今语言的异同。

（4）阅读作品应写出内容提要和阅读感受。选择一部（篇）作品，从一个或多个角度讨论分析，撰写评论。

（5）学习传统文化经典作品的表达艺术，提高自己的写作水平。

2. 教学提示。

本任务群为 2 学分，36 课时。

（1）重视诵读在培养学生语感、增进文本理解中的作用，引导学生积累古代作品的阅读经验。

（2）引导学生借助注释、工具书独立研读文本，并联系学过的古代作品，梳理常用文言实词、虚词和特殊句式，提高阅读古代作品的能力。

（3）多角度、多层面地组织主题学习单元，引导学生合理运用精读、略读的方式，由点到面地体会中华传统文化的精神和丰富，初步认识所读作品在中国文化史上的贡献。

（4）组织学生在具有一定阅读量的基础上，展开交流和专题讨论，就传统文化的历史价值、时代意义和局限等问题，用历史和现代的观念进行审视，表达自己的看法。

（5）引导学生坚持在研读的过程中勤查资料，勤做笔记；围绕所读作品，利用图书馆、互联网查阅相关注释、评点等资料，加深和拓展对作品的理解；学习运用评点方法，记录自己的感受和见解，不断提高独立阅读能力。

学习任务群9　中国革命传统作品研习

本任务群旨在阅读和研讨语言典范、论辩深刻、时代精神突出的革命传统作品，深入体会革命志士以及广大群众为民族解放事业英勇奋斗、百折不挠的革命精神和革命人格；学习在中国特色社会主义建设过程中涌现的英雄事迹，感受其无私无畏的爱国精神；进一步发展语言运用能力、思维能力和审美鉴赏能力；陶冶性情，坚定志向，形成正确的世界观、人生观和价值观。

本任务群的学习内容贯串必修、选择性必修和选修三个阶段。

1. 学习目标与内容。

（1）诵读革命先辈的名篇诗作，体会崇高的革命情怀。精读反映革命传统的优秀文学作品，特别注意选择反映党领导人民进行革命、建设、改革伟大历程的作品，感受作品中革命志士和英雄人物的艺术形象，弄清作品的时代背景，把握作品的内涵，理解作者的创作意图，获得审美体验。结合自己的生活经验和阅读写作经历，发挥想象，加深对作品的理解，力求有自己的独到认识。

（2）阅读阐发革命精神的优秀论文与杂文，特别注意选择具有理论高度和引领作用的论著，分析其中论证的逻辑性和深刻性，体会革命理论著作严密逻辑和崇高精神有机结合的特点，提高理性思维水平。

（3）阅读关于革命传统的新闻、通讯、报告、演讲、访谈、述评等实用性文体的优秀作品，联系思想实际和亲身见闻，以正确的价值观，深入理解其内容，学习其写作手法。

2. 教学提示。

本任务群为0.5学分，9课时。

（1）在选择阅读材料时,既要关注作品的思想深刻性和语言规范性,又要尽量有针对性;同时要视野开阔,努力发掘新的材料,尤其是具有现实意义的新材料,使这一任务群的内容,逐渐丰富起来。

（2）教师应利用多种形式,针对学生思想实际,敏锐发现热门话题,开展研讨活动,增强学生的论辩能力。也可在学生充分发表不同意见的基础上,邀请观点正确、有影响力的专家来指导、答疑或总结,以引导学生形成正确的结论。

（3）重视对作品有关背景的深入了解,可通过实地考察、人物访谈等课外活动,获取真实资料,撰写读书笔记,整理采访记录,撰写学习体会和感想,以加深对革命活动背景和英雄人物思想境界的深刻理解。也可与历史课、地理课结合,组织跨学科的学习活动,在提高思想水平的同时,提高学生口头交流、现场记录、文稿整理、理论论证的能力和水平。

学习任务群 10　中国现当代作家作品研习

本任务群研习中国现当代代表性作家作品,包括反映改革开放以来社会主义先进文化的作品,旨在大体了解现当代作家作品概貌,培养阅读现当代文学作品的兴趣,以正确的价值观鉴赏文学作品,进一步提高文学阅读和写作能力,把握中国现当代文学作品思想性、艺术性、观赏性有机统一的价值取向。

1. 学习目标与内容。

（1）精读代表性作家作品,把握其精神内涵与艺术价值。至少选读 10 位现当代代表性作家的诗歌、散文、小说、戏剧方面的作品,大体了解现当代文学的发展概貌。

（2）关注当代文学创作动态,选读新近发表的有影响的作品及相关评论。

（3）养成撰写读书笔记的习惯,阅读作品应写出内容提要和阅读感受。选择喜欢的作品,从不同角度撰写作品评论,发表自己的见解。

（4）可根据自己的兴趣,选择喜欢的文学体裁,练习创作短篇作品。

2. 教学提示。

本任务群为 0.5 学分,9 课时。

（1）阅读材料可以是单篇作品,包括作家作品专集的选篇,也可以是长篇著作的节选。建议从体裁特征、题材内容、文学发展阶段等不同角度,组织现当代作家作品研习的专题内容。其中,反映社会主义先进文化的作品要占一定比例。

（2）要有足够的课时保证学生独立自主阅读，设计促进学生个性化体验的阅读活动。如创设多样化的学习活动，丰富学习体验；朗诵不同流派或作家的诗歌、散文，体悟作品的情感特点和语言风格；阅读剧本，把握戏剧冲突，并选择片段尝试表演。

（3）要有一定的课时开展研讨活动，交流阅读和写作的体会与感悟。重视学生研读后的交流和评价活动。如为"现当代作家作品研习读书报告会"做一份文案设计；在读书报告会上，推荐一部现当代作家作品，并说明理由；制作一份"现当代作家作品研读情况"调查问卷；等等。

### 学习任务群 11　外国作家作品研习

本任务群旨在引导学生研习外国文学名著名篇，了解若干国家和民族不同时期的社会文化面貌，感受人类精神世界的丰富，培养阅读外国经典作品的兴趣和开放的文化心态。

1. 学习目标与内容。

（1）阅读外国文学经典作品，认识所读作品的地位和价值。

（2）撰写读书笔记，阅读作品应写出内容提要和阅读感受。选择感兴趣的作家、作品或话题，撰写评论。

（3）尝试探讨不同民族文学之间的共同话题和文化差异，尊重文化多样性，提升文化鉴别力。

2. 教学提示。

本任务群为 1 学分，18 课时。

（1）引导学生深入阅读作品，整体把握作品的情感基调与思想内涵。设计有挑战性的学习任务，激发学生阅读外国文学作品的兴趣，引导学生广泛阅读不同时期、不同国家的优秀文学作品。

（2）调动学生关于世界历史、地理以及不同民族文化的知识，促进对外国文学作品中的社会生活及心灵世界的理解。

（3）组织学生选择自己感兴趣的作家作品或专题，充分利用各种学习资源，拓展阅读，研讨交流。

### 学习任务群 12　科学与文化论著研习

本任务群研习自然科学和社会科学论文、著作，旨在引导学生体会和把握科学与文化论著表达的特点，提高阅读、理解科学与文化论著的能力，开阔视野,培养求真求实的科学态度和勇于探索创新的精神。

1. 学习目标与内容。

(1)选择阅读简明易懂的自然科学和社会科学类论文、著作(节选),领会不同领域科学与文化论著的内容,培养科学态度和创新精神。

(2)撰写内容提要和读书笔记,学习体验概括、归纳、推理、实证等科学思维方法,把握科学与文化论著观点明确、逻辑严密、语言准确精练簷特点。

2. 教学提示。

本任务群1学分,18课时。

(1)选择适合高中生阅读的有关科学技术和社会发展的论文和著作(节选),引导学生理解文本内容,体会科学与文化论著的表达方式,提高阅读科学与文化论著的能力。

(2)引导学生结合所学的其他学科知识,借助工具书、资料,了解文本中的基本概念和观点,理清文本结构脉络、论证逻辑;还可以通过撰写读书笔记,加深对论著的理解。

(3)组织交流和讨论,分享学习成果,研讨学习中遇到的问题。

学习任务群13　汉字汉语专题研讨

本任务群是在必修和选择性必修"语言积累、梳理与探究"的基础上,就汉字或汉语的某一问题,加以归纳、梳理,训练学生从应用中观察语言文字现象和总结规律的综合分析能力,旨在加深学生对汉字、汉语的理性认识。

1. 学习目标与内容。

(1)有意识地在义务教育和高中必修阶段积累的基础上,发现与汉字、汉语有关的某些问题,结合汉字、汉语普及读物的阅读,进行归纳梳理,验证汉字、汉语的理论规律,例如汉字的表意性质、汉语的韵律特点、词汇意义的系统性、文学语言的灵活性、口语与书面语的不同特点等,提高对语言现象的理性认识。

(2)针对语言生活中的现实问题,例如网络语言与汉字汉语规范问题、方言与普通话关系问题、成语典故运用问题等,阅读相关论著,整理事实与数据,对社会上出现的语言热点问题展开讨论,用正确的观点与方法分析问题,得出结论,在实际语言运用中努力促进祖国语言文字健康发展。

(3)学生以撰写读书报告、语言专题调查报告、小论文等形式呈现学习成果,并在专题讨论会上发表自己的成果。

2. 教学提示。

本任务群为 2 学分,36 课时。建议设置 4~6 个专题,每个专题 6~9 课时。

(1)要恰当选择专题,专题应是各阶段学习中已经积累的并有利于将来长期应用的问题,同时要注意现有研究成果是否足以供学生参考。

(2)要配备适用的学习材料。可选用或专门为专题编写主题明确、语料充分、具有启发性的学习材料来引领学习。

(3)要充分利用先进的媒介手段。观察事实、收集数据、贮存资料、分析问题、发表成果要充分利用先进的信息手段,发挥网络等信息工具的优势,优化研究方法,提高研究质量。

### 学习任务群 14　中华传统文化专题研讨

本任务群是在"中华传统文化经典研习"的基础上选择中华优秀传统文化的内容组成专题进行深入探讨,旨在加深对传统文化的认识和理解,增强传承、弘扬中华优秀传统文化的自信心、责任感。

1. 学习目标与内容。

(1)选读体现传统文化思想精华的代表作品,参阅相关的研究论著,确定专题,进行研讨。加强理性思考,增进对中华文化核心思想理念和中华人文精神的认识和理解,体会中华文化创造性转化和创新性发展的趋势。

(2)阅读应做读书笔记。围绕中心论题进行有准备的研讨,围绕专题选择合适的方式展示探究的成果。

(3)进一步提高文言文阅读能力。尝试阅读未加标点的文言文。阅读古代典籍,注意精选版本。

2. 教学提示。

本任务群为 2 学分,36 课时。建议设置 3~4 个专题,每个专题 9~12 课时。

(1)教师依据传统文化学习内容、学习兴趣、学习资源等,推荐相关专题,供学生选择学习。学生也可自主设计,确定学习专题。

(2)专题的角度可以是多样的。参阅阐释经典的作品应作为研读原著的辅助手段,可以将经典作品与参阅的研究论著结合起来学习。

(3)设计多种专题研讨与交流活动。可以引导学生在独立完成相关专题研习的基础上,从研究的资料、过程、方法、收获等多个角度展示研究成果,并且围绕学习中的若干问题,组织交流讨论、合作探究等活动,要求学生尝试把自己的探究发现用论文形式呈现出来。

学习任务群15　中国革命传统作品专题研讨

本任务群在"中国革命传统作品研习"的基础上,选择反映中国革命传统的代表性作品,设置相关研究专题进行深入学习,旨在进一步认识中国革命、建设和改革的历程,加深对中国革命传统的认识和理解,激发热爱中国共产党、热爱社会主义祖国的情感,进一步提升研究性学习的能力。

1. 学习目标与内容。

(1)精读一部老一辈无产阶级革命家的诗文专集,参阅传记和相关研究文献,围绕作品的思想内涵和语言风格确定具体的研究专题;开展合作学习,撰写专题研究报告,组织专题报告会,深入理解老一辈无产阶级革命家的革命精神和人格品质,感受思想和语言的力量。

(2)精读一部反映党领导人民进行革命、建设、改革伟大历程的长篇文学作品,参阅相关研究文献,理解作品的时代背景、思想内涵和艺术特点。结合具体作品,选择一两个角度,撰写文学评论,组织专题研讨会,深入理解革命志士以及广大群众为民族解放事业英勇奋斗、百折不挠的革命精神和革命人格,学习在中国特色社会主义建设中涌现的英雄事迹,感受其无私无畏的爱国精神。

(3)学习整理研究资料的方法,做读书笔记和摘要;结合研究专题,进行调查、访问,提升思想认识水平和语言运用能力。

2. 教学提示。

本任务群为2学分,36课时。建议设置3~4个专题,每个专题9~12课时。

(1)教师要注意激发学生的情感,引导学生深入阅读指定作品,从多角度理解、分析作品。例如,鲁迅作品的时代精神、艺术特色,革命传统经典中的英雄形象、理想信念等。要做好相关阅读资料的推荐工作;同时,要结合作品和学生的实际,帮助学生确定适合的研究题目,注重研究思路和方法的指导。

(2)在教学过程中,教师要充分利用地方课程资源,将本任务群的专题学习与综合实践活动有机结合起来。有条件的地方和学校,要通过组织学生参观爱国主义教育基地、革命博物馆,访问革命前辈、英雄模范人物等活动,深化学生对中国革命历程的切身体验。

（3）要与政治、历史等学科的教师组成专题指导组，引导学生开展跨学科的研究，以深化学生对革命传统的理解和认识。

学习任务群 16　中国现当代作家作品专题研讨

本任务群在"中国现当代作家作品研习"的基础上，就我国现当代作家作品的若干专题深入研讨，进一步培养理性思维与探究能力，提高学生对现当代文学的理解和认识，提升鉴赏品位，把握时代精神和时代走向。

1. 学习目标与内容。

（1）梳理影响中国现当代文学发展的重要作家作品，发现有价值的文学现象与问题，从中选择自己感兴趣的专题进行研讨。

（2）阅读新近发表的有影响的文学作品，尝试参与文学评论。关注近期文学热点问题，了解不同观点，深入思考研讨，提高探究能力。

（3）每读一篇必做读书笔记。围绕中心论题进行有准备的研讨，围绕专题选择合适的方式展示探究的成果。

2. 教学提示。

本任务群为 2 学分，36 课时。建议设置 3～4 个专题，每个专题 9～12 课时。

（1）所设立的专题涉及的作家不宜过多，角度可以多样。

（2）教师可以依据学习内容、学习兴趣、学习资源等，推荐相关专题，供学生选择学习。学习也可自主设计，确定学习专题。

（3）反映社会主义先进文化的作品要占一定比例。

学习任务群 17　跨文化专题研讨

本任务群是在"外国作家作品研习"的基础上，深入研讨外国文学名著和文化经典的若干专题，旨在引导学生思考丰富多样的人类文化，汲取人类思想精华，培养开放的文化心态，发展批判性思维，增强文化理解力。

1. 学习目标与内容。

（1）研讨不同时期、不同国家与民族的文学、文化经典作品，增进对人类文明史上多样文化并进的事实及全球化背景下文化多样性的理解。

（2）选读一本外国文学理论名著，了解世界文学批评中某一流派的基本主张和文学解读方法；或者选读一本研究中外文学或文化比较的著作，尝试运用其中的观点研读以前读过的作品。

（3）借助已有的阅读经验，选择合适的内容进行跨文化专题研究，在中外文化的比较中，深化对中华优秀传统文化的理解，增强对中国特色社会主义文化的自信。

2. 教学提示。

本任务群为 2 学分，36 课时。建议设置 4 ~ 6 个专题，每个专题 6 ~ 9 课时。

（1）可以根据"学习目标内容"（1）（2）（3）分别设立专题，以内容（1）为主；也可以将内容（1）（2）（3）有机整合，设立专题。

（2）激发学生兴趣，在阅读外国文学、文化经典的基础上，指导学生选择有意义的课题，开展跨文化专题研究，组织专题研讨与交流，选择合适的方式呈现研究成果。

（3）积极拓展学习渠道，如组织学生利用社会实践参与跨文化的交流，利用网络参与跨文化课题讨论。向学生推荐跨文化研究的文章或专业杂志，促进学习活动的深化。

学习任务群18　学术著作专题研讨

本任务群旨在引导有这方面追求的学生阅读学生著作，体验学者发现问题、探索解决问题的路径，以及陈述学术见解的思维过程和表述方式，尝试写作小论文。

1. 学习目标与内容。

（1）根据个人的阅读兴趣和平时积累、思维特点以及未来发展方向，选择适宜的学术著作深入研讨，撰写研讨笔记。

（2）将研读学术著作过程中生成的关注点、问题点、质疑点等进行梳理概括，形成专题，深入研讨；或围绕相关学术话题，组织研讨活动。

（3）整理提炼专著研读或专题研讨的成果，借鉴专业学术论文的形式写成学术性小论文，相互交流。

2. 教学展示。

本任务群为 2 学分，36 课时。建议学术著作选读为 22 课时，学术专题研讨为 8 课时，学术性小论文写作为 6 课时。

（1）学术著作选读，应在"科学与文化论著研习"学习的基础上，结合"整本书阅读与研讨"进行，以学生自主研读为主。选读的学术著作篇目，可由教师充分考虑各类学术著作的特质，参照本地、本校的图书、网络等资源向学生推荐；

学生也可以依据自身阅读兴趣、发展方向,自主选择。

(2)学术专题研讨在研读著作的基础上进行,由参与这项学习的学生各自报告阅读心得,交流研讨;也可以围绕与所读学术著作相关或相近的话题组织研讨。学术专题研讨倡导平等对话、学术自由,坚持学术规范;表达观点有理有据,符合逻辑。

(3)学术性小论文不同于一般的议论文,其写作的重点在表达研究成果,可参阅学术论著的基本格式和语言表达。理论推导、数据引用等应坚持学术规范,不作假,不抄袭,不强词夺理。尊重他人研究成果,引用资料应注明出处,文末应注明参考书目。

(二)学习要求

**必修课程学习要求**

(1)多读多想多写,多角度地观察生活,多方面地增进语文积累,丰富自己的精神世界、生活经历和情感体验,完善自我人格,提升人生境界。培养广泛的阅读兴趣,努力扩大阅读视野。学会正确、自主地选择阅读材料,读好书,读整本书,多媒介获取信息,提高文化品位,提高阅读与表达能力。必修阶段各类文本的阅读量不低于150万字。学会灵活使用常用语文工具书和网络,检索所需的信息和资料。学会以多种形式表达和交流自己对自然、社会与人生的感受和思考。

(2)发展独立阅读的能力。灵活运用精读、略读、浏览等阅读方法,从整体上把握文本内容,理清思路,概括要点,理解文本所表达的思想、观点和感情。努力从不同的角度和层面进行阐发、评价和质疑,对文本做出自己的分析判断。能借助注释和工具书,阅读中国古代作品,读懂文章内容,背诵一定数量的名篇。注重个性化阅读,学习探究性阅读和创造性阅读。养成相互切磋的习惯,乐于与他人交流自己的阅读鉴赏心得,展示自己的学习成果。

(3)阅读实用类文本,能准确、迅速地把握主要内容和关键信息,对文本所涉及的材料有自己的思考和评判。阅读论述类文本,能够准确把握和评价作者的观点与态度,辨析观点与材料(道理、事实、数据、图表等)之间的联系。阅读古今中外文学作品,注重审美体验,能感受形象,品味语言,领悟作品的丰富内涵,体会其艺术表现力;努力探索作品中蕴含的民族心理和时代精神,了解人类丰富的社会生活和情感世界,增强民族文化自信。

（4）自主写作，自由表达，以负责的态度陈述自己的看法，表达真情实感，培育科学理性精神。书面表达观点明确，内容充实，感情真实健康；思路清晰连贯，能围绕中心选取材料，合理安排结构；进一步提高记叙、说明、描写、议论、抒情等基本表达能力，并努力学习综合运用多种表达方式，力求有个性、有创意地表达。能推敲、锤炼语言，表达力求准确、鲜明、生动。学会用现代信息技术辅助交流。能独立修改自己的文章，乐于相互展示和评价写作结果。45 分钟能写600 字左右的文章。课外练笔不少于 2 万字。

（5）增强人际交往能力，在口语交际中梳理自信，尊重他人，文明得体，仪态大方，善于倾听，敏捷应对。注意口语的特点，能根据不同的交际场合和交际目的，恰当地进行表达。借助语调和语气、表情和手势，增强口语交际效果。学会演讲，做到观点鲜明，材料充实、生动，有说服力和感染力，力求有个性和风度。在讨论或辩论中积极主动地发言，恰当地应对和辩驳。朗诵文学作品，能准确把握作品内容，传达作品的思想内涵和感情倾向，具有一定的感染力。

（6）在语文学习中养成有意识地积累的习惯，积累有利于丰富自己运用的字词句篇语文素材、语言运用典型案例等。在积累的过程中，注重梳理。通过归纳、分类，逐步领悟语文运用的规律，自主建构相关知识。尝试梳理文学作品的基本样式和概念，了解文学鉴赏的基本方法，在文学阅读过程中领悟鉴赏和创作的规律。注意观察语言、文学和中外文化现象，学习从习以为常的事实和过程中发现问题，培养探究意识和发现问题的敏感性。在探究活动中，勇于提出自己的见解，尊重他人的成果，不断提高探究能力，逐步养成严谨、求实的学风。

**选择性必修和选修课程学习要求**

（1）学习多角度、多层次地阅读，对优秀作品能够常读常新，获得新的体验和发现。借助工具书、图书馆和网络查找有关资料，加深对作品的理解。选择性必修阶段各类文本的阅读总量不低于 150 万字。在阅读鉴赏中，了解诗歌、散文、小说、戏剧等文学体裁的基本特征及主要表现手法，了解相关的中国古代文化常识，丰富传统文化积累，汲取思想、情感和艺术的营养，培养健康高尚的审美情趣，丰富、深化对历史、社会和人生的认识。

（2）选读古今中外文化论著，在整体了解论著内容的基础上，把握论著的主要观点和基本倾向，了解用以支撑观点的关键材料，拓宽文化视野和思维空间，提高文化修养。以发展的眼光和开放的心态看待传统文化和外来文化,关注当代文化生活,能通过多种途径开展文化专题研讨。学会尊重、理解作品所体现的不同时代、不同民族、不同流派风格的文化,尝试对感兴趣的古今中外文学作品进行比较研究或专题研究,理解作品所表现出来的价值判断和审美取向,作出恰当的评价。

(3)注意在生活和跨学科的学习中学语文、用语文,在学习和运用的过程中提高表达、交流能力。能综合运用在语文与其他学科中获得的知识、能力和方法,运用多种方式展开交流和讨论,留心观察社会生活,丰富人生体验,有意识地积累写作素材,广泛搜集资料,根据表达需要和体裁要求,尝试多种文本的写作,相互交流。在实践活动中增强口头应用的能力,能根据交际的需要,选择恰当的时机和场合,提出话题,敏捷应对,注意表达效果。参加演讲与辩论,学习主持集会、演出等活动。

(4)了解语言文字法规的有关内容,增强规范意识,学会辨析和纠正错误,提高语言文字运用的正确性和有效性。掌握学习语文的基本方法,学会灵活运用合适的方法解决语言文字运用中的问题。根据自己的特点,借鉴经验,适时总结,逐步形成富有个性的语文学习方式。

## 五、学业质量

### (一)学业质量内涵

学业质量是学生在完成本学科课程学习后的学业成就表现。学业质量标准是以本学科核心素养及其表现水平为主要维度,结合课程内容,对学生学业成就表现的总体刻画。依据不同水平学业成就表现的关键特征,学业质量标准明确将学业质量划分为不同水平,并描述了不同水平学习结果的具体表现。

### (二)学业质量水平

| 水平 | 质量描述 |
| --- | --- |
| 1 | 1-1 有主动积累的意识,不断扩展自己的语文积累,能对学过的各类语言材料进行归类;留心观察生活,记录对生活的观察和感受;能主动将自己的积累用于语言理解和表达。能注意语境与交流的关系,能根据具体的语言环境理解语言,能凭借语感和积累及时调整自己的语言表达,力求使语言表达准确清晰。有反思和总结自己语文学习经验的意识,关注语文学习方法的学习。 |

（续表）

| 水平 | 质量描述 |
|---|---|
| 1 |     1-2  在理解语言时,能提取和概括主要信息,能区分事实和观点,分析各部分内容之间的关系,发现观点和材料之间的联系;能利用获得的信息解决具体的实际问题。在表达时,能做到观点明确、内容完整、结构清楚。<br>    1-3  有欣赏文学作品的兴趣,能整体感受作品中的形象,把握作品的思想观点和情感倾向;能运用口头语言和书面语言传达自己对作品的感受和理解。在文学鉴赏中,有正确的价值观。<br>    1-4  有通过语文学习理解文化的意愿,能通过阅读文学作品,扩展自己的视野,丰富自己的人生体验,感受和理解不同时代和地区的文化。能主动梳理语文课程中涉及的文化现象,了解其中包含的中国传统文化内容,重视优秀传统文化的继承。 |
| 2 |     2-1  具有主动积累的习惯,能进一步扩展语言积累,运用多种方法整理自己积累的语言材料,发现其中的联系。能凭借语感,结合具体语境理解重要词语的隐含意思,体会词句所表达的情感;能发现语言运用中存在的比较明显的问题,并运用自己掌握的语言知识予以纠正。具有反思并整理语文学习经验的意识,能用多种形式整理、记录自己学习、生活中的所得。<br>    2-2  在理解语言时,能区分主要信息和次要信息,理解并准确概括其内容、观点和情感倾向;能对获得的信息及其表述逻辑作出评价;能利用获得的信息分析并解决具体问题。在表达时,能注意自己的语言运用,力求概念准确、判断合理、推理有逻辑。<br>    2-3  喜欢欣赏文学作品,能整体感受作品的语言、形象和情感,展开合理的联想和想象;能对作品的内容和形式作出自己的评价。在文学鉴赏中,有正确的价值观,有追求高尚审美情趣和审美品位的意愿。<br>    2-4  表现出对中华优秀传统文化的兴趣,喜欢学习汉语和汉字,喜欢积累优秀古代诗文,能主动梳理和探究语言材料中蕴含的中国传统文化内容。能在自己的表达中运用富有文化意蕴的语言材料和语言形式。增强语言的表现力。能理解各类作品中涉及的文化现象和观念,能理解和包容不同的文化观念,能运用所学的知识对学习中遇到的一些文化现象发表自己的看法。关注当代语言文化现象,积极参与相关的多种语文实践活动。 |
| 3 |     3-1  在扩展和整理自己语文积累的过程中,能发现联系,探索规律,尝试结合具体的语言材料,说明自己对语言运用规则的理解。能借助已有的语言知识和语感,结合具体语境分辨词语语义和情感上的细微差别;能凭借语感推断结构比较复杂的语句的意思。能体味重要语句在语言环境中的意义和作用。能根据具体的语境和表达的目的、要求,运用口头和书面语言,文从字顺、清晰明了地表达自己的真情实感。在总结语文学习经验的基础上,能有意识地规划自己的语文学习,提高学习的质量和效率。 |

| 水平 | 质量描述 |
|---|---|
| 3 | 3－2　在理解语言时,能准确概括观点和情感,能分析并解释观点和材料之间的关系;能比较两个文本或材料,能在各部分信息之间建立联系,把握主要信息,分析、说明复杂信息中可能存在的多种关系;能就文本的内容和形式进行质疑,并能主动查找相关资料支持自己的观点;利用文本中的相关信息解决具体问题。在表达时,讲究逻辑,做到中心突出、内容具体、语篇连贯、语言简明通顺。<br><br>3－3　喜欢欣赏文学作品,借助联想和想象丰富自己对文学作品的体验和感受,能品味语言,感受语言的美;能运用多种形式表达自己的体验和感受;能对具体作品作出评论。在鉴赏中,能坚持正确的价值观,体现高雅的审美追求。<br><br>3－4　关注语言与文化的关系,有探究文化问题的意识;对汉语、汉字和中华优秀传统文化有较浓厚的兴趣,有主动积累、梳理、探究富有文化意蕴的语言材料的习惯。有比较、分析古今中外各类作品所反映的文化现象、文化观念的意识,能根据语文课程学到的内容,对阅读和表达交流中涉及的有关文化现象展开讨论,有依据、有逻辑地阐明自己的观点。关心当代语言文化现象,积极参与多种实践活动,通过调查访问、辩论演讲、专题讨论等活动发展自己的文化理解与探究能力。 |
| 4 | 4－1　能不断扩展自己的语言积累自觉整理在学习中获得的语言材料和言语活动经验;在梳理的基础上,尝试进行专题探究,发现其中蕴含的语言运用规律,并能用自己的语言加以解释;能将发现的语言运用规律用于自己的语文学习实践。能敏锐地感受文本或交际对象的语言特点和情感特征,迅速判断其表达的正误与恰当程度,察觉其言外之意和隐含的情感倾向;能根据具体的语境和表达的目的、要求,运用口头和书面语言,文从字顺、准确生动地表达自己的真情实感。乐于与他人分享自己的学习经验,主动吸收他人成功的经验。<br><br>4－2　在理解语言时,能准确、清楚地分析和阐明观点与材料之间的关系,能就文本的内容或形式提出质疑,展开联想,并能找出相关证据材料支持自己的观点,反驳或补充解释文本的观点。能比较、概括多个文本的信息,发现其内容、观点、情感、材料组织与使用等方面的异同,尝试提出需深入探究的问题。能用文本提供的事实、观点、程序、策略和方法解决学习和实际生活中遇到的具体问题。在表达时,讲究逻辑,注重情感,能综合运用多种表达方式,从多个角度、多个方面表达自己的理解和感受,力求做到观点明确,内容丰富,思路清晰,感情真实健康,表达准确、生动。<br><br>4－3　在鉴赏活动中,能结合作品的具体内容,阐释作品的情感、形象、主题和思想内涵,能对作品的表现手法作出自己的评论。能比较两个以上的文学作品在主题、表现形式、作品风格上的异同,能对同一个文学作品的不同阐释提出自己的看法或质疑。喜欢尝试用不同的语言表现形式表达自己的思想和情感,尝试创作文学作品。在文学鉴赏和语言表达中,追求正确的价值观、高尚的审美情趣和审美品位。<br><br>4－4　有通过语言学习深入理解、探究文化问题的浓厚兴趣和意愿,能在阅读和表达交流中探析有关文化现象;能结合具体作品,分析、论述相关的文化现象和观念,比较、分析古今中外各类作品在文化观念上的异同。能主动参与语言文化问题的讨论和相关的社会实践活动,能综合运用所学的知识,对自己感兴趣的某些语言、文学、文化现象及社会热点问题进行专题探究,尝试撰写相关调查报告或专题研究报告,发展自己的文化理解与探究能力,主动吸收先进的文化,传承中华优秀传统文化。 |

（续表）

| 水平 | 质量描述 |
|---|---|
| 5 | 5-1 有探索语言运用规律的兴趣,能主动收集、整理、探究生活中常见的语言现象;能发现所学的语言文学作品中的各类联系,对学过的重要作品和具有典型性的语言材料进行分类整理,加深自己对各类作品的理解和领悟。在整理过程中,能提出自己感兴趣的问题,尝试用所学的知识解决相关问题。能根据具体的语境组织表达内容,选择合适的表达方式,有效地运用口头和书面语言实现沟通交流。能自觉、有效地规划自己的语文学习,乐于与同学分享自己的学习经验,主动帮助他人共同提高语文学习的质量和效率。<br><br>5-2 在理解语言时,能从多角度、多方面获得信息,有效地筛选信息,比较和分析其异同;能清晰地解释文中事实、材料与观点、推断之间的关系,分析其推论的合理性,或揭示其可能存在的矛盾、模糊或故意混淆之处等;能依据多个信息来源,对文本信息、观点的真实性、可靠性作出自己的判断,并逻辑清晰地阐明自己的依据;能从多篇文本或一组信息材料中发现新的关联,推断、整合出新的信息或解决问题的策略、程序和方法,并运用于解决自己学习和生活中遇到的相关问题。能围绕某一方面的问题组织专题探讨,形成自己的观点。在表达时,讲究语言运用,追求独创性,力求用不同的词语准确表达概念,用多种语句形式表达自己的判断与推理;喜欢尝试用多种文体、语体、多种媒介,多样地表达自己的思想和情感,追求表达的准确性、深刻性、灵活性、生动性。<br><br>5-3 在鉴赏活动中,能从不同角度、不同层面鉴赏文学作品,能具体清晰地阐释自己对作品的情感、形象、主题和思想内涵、表现形式及作品风格的理解。能比较多个不同作品的异同,能对同一作品的不同阐释发表自己的观点,且内容具体,依据充分。能对作品的艺术形象及价值有独到的感悟和理解。有文学创作的兴趣和愿望,愿意用文学的形式表达自己的情感,追求正确的价值观、高尚的审美情趣和审美品位。<br><br>5-4 有通过语言学习深入理解、探究文化问题的浓厚兴趣和意愿,能在阅读和表达交流中探析有关文化现象;具有文化批判和反思的意识,能结合具体作品,从多角度、多层面分析、论述相关的文化现象和观念。能主动参与语言文化问题的讨论和相关的社会实践活动,能综合运用所学的知识,对生活中自己感兴趣的某些语言、文学、文化现象及社会热点问题进行专题探究,写相关调查报告或专题研究报告,组织专题讨论和报告会;尝试用历史眼光和现代观念,辩证地审视和评论古今中外语言文学作品的内容和思想倾向,对当代文化建设发表自己的见解。 |

（三）学业质量水平与考试评价的关系

本标准将学生的学习结果划分为五个级别的水平。水平一和水平二是必修课程学习的要求,水平三和水平四是选择性必修课程学习的要求,水平五是选修课程学习的要求。水平二是语文学科高中学业水平考试的依据,水平四是高校考试招生录取的依据,水平五则是为对语文课程更有兴趣的学生所设的较高要求,修习情况可供高校或用人单位参考。

## 六、实施建议

### (一)教学与评价建议

# 教学建议

1. 发挥语文课程的独特功能,促进学生语文学科核心素养全面发展。

普通高中语文课程应重视对学生情感、态度与价值观的正确引导。教学时应注意教学内容的价值取向,发挥语文课程的熏陶感染作用。尊重学生独特的学习体验,引导学生在语文学习中接受优秀文化的熏陶,获得丰富的审美体验,形成良好的人文素养,树立正确的世界观、人生观和价值观。

语文学科核心素养的四个方面既各自独立,又相互依存;既有所侧重,又相互融通。必修和选修课程都应围绕核心素养,整合阅读与鉴赏、表达与交流、梳理与探究,引导学生积极参与丰富多彩的语文实践活动,促进学生在语言建构与运用、思维发展与提升、审美鉴赏与创造、文化传承与理解等方面的全面发展。

2. 充分理解学习任务群的特点,处理好学习任务群之间的关系。

普通高中语文课程设计了 18 个学习任务群,每个任务群都有各自的学习目标与内容,彼此之间又渗透融合、衔接延伸。教师可根据学习任务群的特点、学生的学习程度,结合自身的专业优势、教学风格,有规划、创造性地实施教学。教学中应该统筹考虑各自学习任务群的特点,要明确不同学习任务群的定位和功能,妥善处理各个学习任务群之间的关系,避免遗漏缺失;要关注共同任务群在必修、选择性必修、选修课程中学习重点、呈现方式和深度广度的差异,避免简单重复。

3. 创设综合性学习情境,开展自主、合作、探究学习。

应关注学生学习方式的转变,做好学生语文学习活动的设计、引导和组织,注重学习效果。根据学生的发展需求,围绕学习任务群创设能够引导学生广泛、深度参与的学习情境。可通过多样的语文实践活动,融合听说读写,跨越古今中外,打通语文学科和其他学科、语文学习和学生的生活世界,运用优质的素材和范例,激发学生的学习兴趣和动力,提高语言文字运用能力。加强课程实施的整合,通过主题阅读、比较阅读、专题学习、项目学习等方式,实现知识与能力,过程与方法,情感、态度与价值观的整合,整体提升学生的语文素养。

鼓励学生根据个人兴趣、能力和特长,自主选择学习内容和学习方式,学会自我监控和学习管理,探索个性化的学习方法。要坚守语文课程的基本要求,恰当把握教学容量,不任意增加学生的学习负担,同时也要鼓励对语文学习有兴趣而且学有余力的学生追求更高的目标。

要根据学生身心发展和语文学习的特点,保护学生的好奇心、求知欲,鼓励自主阅读、自由表达,激发问题意识,引导他们体验发现问题、解决问题的过程。积极倡导基于学习任务群的专题学习,围绕语言和文化、经典作家作品、科学论著等,组织学生开展合作探究、研讨交流活动,鼓励学生以各种形式相互协作,展示与交流学习成果。合理利用信息技术,优化整合课堂教学,促进知识的迁移与运用。教师要注意引导学生在自主学习的基础上,学会倾听和分享、沟通和协作,掌握探究学习的方法,提高实践和创新能力。

4. 整体把握必修和选修课程,加强课程之间的衔接和统整。

教学时要特别注意加强必修、选择性必修、选修三类课程之间的衔接和统整。既要整体把握必修和选修课程的关系,更要注意不同课程专属任务群和共同任务群的衔接。

必修课程的教学应立足于共同基础,重视日常语文积累,为学生学习选修课程奠定坚实根基。教学时要重点培养学生基本的语言文字运用、思考表达、文学作品阅读与鉴赏,以及文化传承、理解与创新等方面的素养。

选修课程的教学应突出差异性和层次性,鼓励开展个性探究,充分激发学生的学习兴趣和潜能。教学时要进一步培养学生的语言梳理和建构能力、文学作品的个性化体悟能力、科学思维和问题解决能力、文化理解和批判能力。选择性必修应注重学习"面"的广度,选修应注重学习"点"的深度。

5. 探索信息化背景下教与学方式的转变。

要改变因循守旧的语文教学习惯,也要打破唯技术至上的观念,把握好技术与语文的关系,合理利用信息技术。要创设运用语言文字的真实情境,形成有意义的互动学习环境,帮助学生有效投入语文实践;要借助信息技术优化整合课堂教学,引导学生经历多样化的学习过程,促进学生在更广阔的语言环境中主动学习,实现知识的迁移与运用。要积极探索基于网络的教学改革,利用具有交互功能的网络学习空间,创设线上线下一体化的"混合式"学习生态,为课堂教学和课外学习服务。在信息化环境下,需要进一步探索教学流程、资源支持、教学支持、学习评估等影响学生学习的各种要素所发生的新变化,积极探索信息化环境下的语文教学模式。

6. 提高课程开发和设计能力,实现教师与课程同步发展。

教师要具有专业发展意识,努力建构教学共同体;应努力适应、积极参与语文课程改革,持续学习,更新观念,改进实践,提升教学水平;要善于与同行、学生合作,在集体备课、案例研讨等对话交流中学会自我反思,实现教学相长;应遵循语文学习任务群的教学规律,根据教学的实际需要整合相关课程资源,拓展学生的学习视野,提高日常教学效率;要注意利用本学校、本地区的特色资源,关注教学过程中生成的资源,引导学生学习从现实生活中发现问题,提出活动主题,增强在各种场合学语文、用语文的意识,多方面地提高学生的语文素养。

# 评价建议

1. 着眼于核心素养的整体发展。

语文课程评价的根本目的在于全面提高学生的语文学科核心素养。评价的过程即学生学习的过程,应围绕阅读与鉴赏、表达与交流、梳理与探究等学习活动,在具体的语文学习情境和活动任务中,全面考查学生核心素养的发展情况。

语文课程评价要综合发挥检查、诊断、反馈、激励、甄别、选拔等多种功能,不宜片面强调评价的甄别和选拔功能。评价不仅要关注学生外在的学习结果,更要关注内在的学习品质。注意通过评价引导学生学会学习,自觉提升语文学科核心素养。

语文教师要有意识地利用评价过程与结果,发现学生学习的个性特点和具体问题,及时引导,提出有针对性的建议,激发学生学习的动力。同时,依据评价结果反思日常教学,优化教学内容,调整教学策略,完善教学过程,为学生语文学科核心素养的发展提供有力支持。

2. 全面把握学习任务群的特点。

语文课程评价要把握学习任务群的特点,综合统筹评价过程。每个任务群的学习目标与内容,各自独立又彼此关联。评价时既要突出每个任务群的学习重点,又要兼顾任务群之间的联系,体现学习目标、内容与评价的一致性。

评价时要充分考虑语文实践活动的特点,注意考查学生在活动中表现出来的参与程度、思维特征,以及沟通合作、解决问题、批判创新等能力,记录学生真实、完整的任务群学习过程。

3. 倡导评价主体的多元化。

语文课程评价应面向全体学生,尊重学生的主体地位。评价要注重展示学生自我发展的过程。在保证基本目标达成的基础上,评价要考虑学生的个体差异,关注学生的不同兴趣、表现,满足不同发展需求。在具体学习任务的评价中,语文教师应提供细致的描述性反馈,提出具有操作性的建议,引导学生通过评价反馈,调整学习过程,梳理学习方法,确定学习目标,制定学习规划。

鼓励学生、家长、教师、教学管理人员等参与课程评价。语文教师应利用不同主体的多角度反馈,帮助学生更好地认识语文学习与个人发展的关系,学会自我监控和管理。学校应创造条件,引导学生参与多种评价活动,建构学习与评价的共同体,学会持续反思、终身学习。

4. 选用恰当的评价方式。

语文学科核心素养需要在真实的语文学习任务情境中综合考查。语文教师应根据实际需要,整合诊断性评价、形成性评价、终结性评价等多种评价方式,考查学生核心素养的发展情况。每种评价方式都有自身的优势和局限,教师应根据特定的评价目的选择使用。可采用纸笔测试、现场观察、对话交流、小组分享、自我反思等多种评价方式,提高评价效率,增强评价的科学性和可靠性。对学生的评价,既要有对基本目标的确定性要求,确保底线;也要注意以恰当的方式对希望继续提高的学生予以引导。

学生语文学科核心素养的发展呈现鲜明的个体特点。教师要注意搜集学生在语文实践活动中产生的各类材料,如测试试卷、读书笔记、文学作品、小组研讨成果、调查报告、体验性表演活动和个人反思日志等。通过这些材料了解学生在任务群学习中表现出的个性品质和精神态度,建立完善的学习档案,全面记录学生核心素养的发展轨迹。有条件的地方,可以运用信息技术,丰富学生的表现性评价,形成多样化的学生成长记录,全面而科学地衡量学生的发展。

5. 明确必修和选修课程评价的重点和联系。

必修课程评价应立足于共同基础,考查学生在不同学习情境和实践活动中学习和运用语言文字的基本能力。重点考查学生语文学习过程中的体验和感受、学习策略,以及梳理、探究能力,尤其是基于社会情境的阅读、表达与交流的能力,读写活动中的思维表现以及不同体裁文学作品的审美感知、评价欣赏、独立创作情况;还要考查对多样文化的理解,对当代文化现象的关注和评析,以及对未来文化发展的思考和展望等。

选择性必修和选修课程评价,要在关注共同基础的前提下,突出差异性和层次性,以促进学生的个性发展。

选择性必修的评价应该更关注学生语文学习内容"面"的广度。评价重点包括:语言积累、梳理与迁移运用能力;在独立研习古今中外经典作品过程中阐释文本阅读体验的能力;语言实践的逻辑推理能力和实证意识,以及运用科学思维方法解决实际问题的能力;古代文化遗产的辨别,中外文化要义的理解,以及对科技文化的理解与反思等。

选修的评价应更关注学生语文学习内容"点"的深度。评价要注重学生在专题研讨中对语言运用现象和规律的探究,对学生论著语言特点的把握,语文实践活动中思维的严密性、深刻性和批判性;注重学生个性化理解古今中外经典作家作品及其思想内涵、艺术价值;注重学生的多样文化认知,跨文化理解、文化批判、反思和创造等。

要明确必修课程评价与选修课程评价的区别和联系,选修课程评价要注意与必修课程衔接,在衔接中呈现体系和梯度。尤其是"整本书阅读与研讨""当代文化参与""跨媒介阅读与交流""语言积累、梳理与探究"四个学习任务群,它们贯串必修课程和选修课程,在两类课程中有不同的广度、深度和难度。评价要注意区分重点和层次,考查学生完成不同难度的学习任务时语文学科核心素养发展的不同表现。

(二)学业水平考试与高考命题建议

1. 测评与考试目的。

测评与考试是语文课程评价的重要组成部分,应真实反映学生语文学科核心素养的发展过程与现有水平,准确判断学生核心素养发展过程中的问题及其原因,对高中语文教学改革发挥积极的引领和导向作用。

2. 命题思路和框架。

语文学科核心素养是在具体的阅读与鉴赏、表达与交流、梳理与探究等语文实践活动中形成和发展,并通过具体、多样的实践活动表现、展示出来的。考试、测评题目应以具体的情境为载体,以典型任务为主要内容。

(1)以具体情境为载体。真实、富有意义的语文实践活动情境是学生语文学科核心素养形成、发展和表现的载体。语文实践活动情境主要包括个人体验情境、社会生活情境和学科认知情境。个人体验情境指向学生个体独自开展的语文实践活动,如在文学作品阅读过程中体验丰富的情感,尝试不同的阅读方法以及创作文学作品等。社会生活情境指向校内外具体的社会生活,强调学生在具体生活场域中开展的语文实践活动,强调语言交际活动的对象、目的和表述方式等。学科认知情境指向学生探究语文学科本体相关的问题,并在此过程中发展语文学科认知能力。

(2)设计典型任务。典型任务是指为评价学生语文素养水平而选取的具有代表性价值的语文实践活动。学生通过典型内容的学习,体会典型的思维过程与方法,体验典型的思想情感,呈现典型的学习成果。典型任务要多样、综合、开放。考试材料的选择与组合要角度多样,视野开阔,为学生的思考与拓展留有足够的机会和空间。减少针对单一知识点或能力点的简单、碎片化的试题数量,应体现语文素养的综合性、整体性。可命制侧重阅读与鉴赏、表达与交流、梳理与探究某一方面的题目,也可命制整合了三个方面实践活动的综合性题目,让学生在复杂情境、多种角度和开放空间中充分展示其富有创造性的个性化的学习成果。

(3)命题指向。"阅读与鉴赏"侧重考查整体感知、信息提取、理解阐释、推断探究、赏析评价等内容;"表达与交流"侧重考查叙述表现、陈述阐释、解释分析、介绍说明、应对交流等内容;"梳理与探究"侧重考查积累整合、筛选提炼、归整分类、解决问题、发现创新等内容。

3. 命题和阅卷原则。

(1)以语文学科核心素养为考查目标,依据高中学生语文学业质量标准相应水平要求,通过阅读与鉴赏、表达与交流、梳理与探究等语文实践活动,呈现核心素养的发展过程与现有水平。

(2)以情境任务作为试题主要载体,让学生在个人体验、社会生活和学科认知等特定情境中完成不同学习任务,以呈现学生语文素养的多样化表现。

(3)以综合考查作为命题导向,通过综合性语言实践活动,考查学生语文学习的能力和水平。避免以单纯的知识点和能力点设计考题,避免死记硬背。倡导综合性的测试形式,可围绕情境选择相关材料,设置一组有内在联系的、指向核心素养的问题或任务。

(4)选用的语言材料要具有时代性、典型性和多样性,贴近学生生活,充分体现语文学科特点,避免出现偏题、怪题。要重视中华优秀传统文化材料的选用,引导学生从中获得对当代文化问题的思考。

(5)测试形式要创新,多设置可供学生选择的题目,体现学生个性;多设置主观性、开放性的题目,展现学生智慧,鼓励学生发挥和创造。试卷结构和测试形式不应固化,以避免形成新的应试模式。

(6)学业水平考试和高考的指向应保持一致。都应健全主观性、开放性试题的阅卷标准,逐步建立语文学科学业水平考试和高考阅卷人资格制度。

(三)教材编写建议

1. 教材编写要以马克思主义为指导,坚持立德树人,体现社会主义核心价值观,面向现代化、面向世界、面向未来;要贯彻国家课程改革的精神,落实普通高中语文课程标准要求。

2. 教材编写要高度重视继承和弘扬中华优秀传统文化、革命文化和社会主义先进文化,自觉维护国家统一和民族团结,体现对文化多样性的理解和尊重,有助于学生增强民族自尊心、爱国情感和文化自信,形成正确的世界观、人生观和价值观。

3. 教材要适应高中学生的认知特点和身心发展的需要,符合语文核心素养发展的规律,要充分体现时代特点和现代意识,有助于培养学生的社会责任感、实践能力和创新精神,有助于学生形成良好的个性和健全的人格。

4. 教材编写要以培养语文学科核心素养为纲,以语文实践活动为主线,落实 18 个学习任务群的要求。必修、选择性必修和选修教材要落实各自的专属任务群,还要落实贯串于高中语文学习始终的共同任务群。学习任务群应依据学分要求和年段特点组合,容量要适当;学习任务群的组织形式和呈现方式提倡多样化,鼓励创新,能为教师的多样化实施提供空间与相应的支架;学习任务群应为学生精选内容,提供典型学习样例。

5. 教材编写要体现课程整合的理念,根据学习任务群的特点和学习任务群的组合等整体设计学习活动,实现学习任务群对发展高中学生语文学科核心素养的综合效应。灵活地整合阅读与鉴赏、表达与交流、梳理与探究等学习活动，选用典型材料设计语文学习任务，引导学生在语文实践活动中全面发展核心素养。

6. 教材中的选文应具有典范性和时代性，文质兼美，体现正确的政治导向和价值取向。选文格调要积极向上、健康明快，选文作者必须有正确的政治立场、较高的语言文字水平和良好的社会形象。材料组织方式应充分考虑高中学生的言语经验，有利于开拓学生的学习视野，激活思维，发展核心素养。教材编写应注意语言材料的多重功能，便于体现文本在达成不同学习目标中的示范、积累、探究等不同功用。

7. 教材的编写要有利于学生自主学习和个性化学习。学习内容和活动设计要源于学生的语言生活，通过富有挑战性的情境与任务创设，引导学生自主开展语文实践活动，自觉探索学习方法，提升实践能力和创新能力。

8. 教材应具有开放性和选择性。学生在语文课程方面的原有基础和在高中阶段的学习诉求各有差异，个地方、各学校的条件也往往各不相同，因此，教材应在明确体现对每个学生基本要求的基础上，展现适度的开放性，让学生根据各自情况作出选择，给地方、学校和教师留有选择、调整和开发的空间。

9. 教材编写要有利于师生运用多种媒介和信息技术呈现学习内容，更鼓励教师积极调动各种资源创造性地开展教学活动。鼓励专业机构建设丰富的数字化资源库。

10. 教材的设计应探索信息化环境下的革新，发挥传统学习和网络学习各自的优势，结合线上与线下的学习，促进资源的有效运用，以利于学生的自主、合作与探究，实现课程实施的优化。

(四)课程资源的利用与开发

1. 为满足普通高中语文课程多样化和选择性的需要，必须增强课程资源意识。语文课程资源形式多种多样，可以是纸质文本，也可以是多媒体资源、网络资源。各地区都蕴藏着自然、社会、人文等方面的语文课程资源，应积极利用和开发。自然风光、文物古迹、革命传统、风俗民情、国内外的重要事件、学生的家庭生活，以及日常生活话题等，都可以成为语文课程资源。

2. 课程资源建设和学生的学习活动关联密切，既是师生动态运用资源的过程，也是不断生成资源的过程。应通过学习活动的设计，营造语言文字运用的情境,引导学生结合资源进行自主、合作、探究式学习。语文学习过程中随时生成的各种话题、问题、拓展材料以及学生成果等,也是非常有意义的课程资料。

3. 语文教师应充分发挥自身的潜力,参与必修课程和选修课程的建设,积极利用与开发各种课程资源,创造性开展各类活动,提升自身的教学水平;应引导学生从现实生活中发现问题,提出活动主题,增强在各种场合学语文、用语文的意识,多方面地提高学生的语文素养;应聚焦课程目标,明确问题,整理、优化课程资源库,通过必要的精简、调整、补充,加强语文学习活动内容和目标的整合,形成与教材相呼应的开放的教学格局,拓展学生的视野,促进学科核心素养的建构和发展。

4. 各地区、各学校应增强语文课程资源共建的意识,树立动态的资源观念,有计划地建设课程资源系统,精选教学案例、学习资源,通过点评、归纳与整理,完善资源库的建设;要让教师能够在教学中利用资源,优化教与学活动,推动课程教学的优化实施,促进语文课程教学的均衡发展、协调发展、特色发展;要通过校本教研、联片教研、网络教研等活动,以主题研修、课例研究等方式,引导教师分析问题、搜集材料、积累案例,不断丰富课程资源;要高度重视信息化环境下的资源建设,引导师生运用多种媒介和信息技术手段呈现学习内容,开展教学活动,促进教师自觉开发和利用语文课程资源,并为教学提供全方位的解决方案;可创造条件建立中小学、高校和研究机构联合的学习共同体,形成共建共享的资源建设机制。

5. 各地区、各学校的课程资源是有差别的,应认真分析本地和本校的资源特点,充分利用已有的资源,积极开发潜在的资源;应积极创造条件,努力为语文教学配置相应的硬件环境与资源系统;在充分利用已有资源,逐步推动语文课程新资源生成的同时,也应该注意学校之间资源的互补与共享;还应当争取社会各方面的支持,与社区、图书馆、博物馆、文化馆、科技馆、爱国主义教育基地等建立稳定的联系,给学生创设语文实践的环境,开展多种形式的语文学习活动。

(五)地方和学校实施本课程的建议

1. 要充分认识语文学科在立德树人方面的独特作用,以及在整个课程体系中的基础地位。依据国家课程方案和语文课程标准的要求全面落实课程建设,鼓励和引导教师充分利用地方和学校的资源,根据学生语文生活的实际实施课程,注重效果和质量。

2. 应引导和鼓励教师遵循语文教育规律,变革教学方式,在丰富多样的语文实践活动中培养学生的语文素养,注重教师对学生学习活动的指导,抓好阅读与鉴赏、表达与交流、梳理与探究等语文实践活动;应防止过于偏重技能的倾向,更不能要求教师把大量时间用于做题操练。

3. 要积极探索新的课程开发和管理方式,为国家课程的有效实施提供充分的师资准备和资源保障。要根据语文课程实施的需要,组织安排好实践活动,做好时间、空间、资源的规划和准备;要加强学校的图书资料和信息技术资源的建设,为语文课程的有效实施创造必要的物质条件。

4. 加强语文课程评价的研究,遵循语文课程标准的要求,多角度、多种方式评价学生的语文素养和教师的教学工作,注重学生语文素养的整体提升;应防止单纯以纸笔测验分数的高低来评价学生的学习和教师的教学成效,反对追求语文教学的短期效应,反对用频繁考试的方式评价学生的语文素养。

5. 高度重视语文教师的专业发展,要有计划、有针对性地组织好教师的专业学习和课程研究活动,要注意帮助语文教师更新专业知识,提高专业技能,引导教师研究学生的语文学习规律,了解语言、文学、文化研究的前沿成果,在语文课程实践和研究中提升自身的专业素养。

# 教育部考试中心
# 《普通高等学校统一招生考试大纲
# 语文(2018 年版)》
## (摘编)

## 一、考核目标与要求

根据普通高等学校对新生文化素质的要求,依据中华人民共和国教育部2003 年颁布的《普通高中课程方案(实验)》和《普通高中语文课程标准(实验)》必修课程的内容,确定高考语文科考核目标与要求。

高考语文要求考查考生识记、理解、分析综合、鉴赏评价、表达应用和探究六种能力,表现为六个层级。

A. 识记：指识别和记忆，是最基本的能力层级。要求能识别和记忆语文基础知识、文化常识和名句名篇等。

B. 理解：指领会并能作简单的解释，是在识记基础上高一级的能力层级。要求能够领会并解释词语、句子、段落等的意思。

C. 分析综合：指分解剖析和归纳整合，是在识记和理解的基础上进一步提高了的能力层级。要求能够筛选材料中的信息，分解剖析相关现象和问题，并予以归纳整合。

D. 鉴赏评价：指对阅读材料的鉴别、赏析和评说，是以识记、理解和分析综合为基础，在阅读方面发展了的能力层级。

E. 表达应用：指对语文知识和能力的运用，是以识记、理解和分析综合为基础，在表达方面发展了的能力层级。

F. 探究：指对某些问题进行探讨，有发现、有创见，是以识记、理解和分析综合为基础，在创新性思维方面发展了的能力层级。

对 A、B、C、D、E、F 六个能力层级均可有难易不同的考查。

## 二、考试范围与要求

根据普通高等学校对新生文化素质的要求，依据中华人民共和国教育部2003 年颁布的《普通高中课程方案（实验）》和《普通高中语文课程标准（实验）》，确定语文科考试内容。根据高中语文课程标准规定的必修课程中阅读与鉴赏、表达与交流两个目标的"语文 1"至"语文 5"五个模块，选修课程中诗歌与散文、小说与戏剧、新闻与传记、语言文字应用、文化论著研读五个系列，组成考试内容。考试内容分为阅读和表达两个部分。阅读部分包括现代文阅读和古诗文阅读，表达部分包括语言文字应用和写作。考试的各部分内容均可有难易不同的考查。

（一）现代文阅读

现代文阅读内容及相应的能力层级如下：

**论述类文本阅读**

阅读中外论述类文本。了解政论文、学术论文、时评、书评等论述类文体的基本特征和主要表达方式。阅读论述类文本，应注重文本的说理性和逻辑性，分析文本的论点、论据和论证方法。

1. 理解　　B

（1）理解文中重要概念的含义

（2）理解文中重要句子的含意

2. 分析综合　　C

（1）筛选并整合文中的信息

（2）分析文章结构,归纳内容要点,概括中心意思

（3）分析论点、论据和论证方法

（4）分析概括作者在文中的观点态度

**文学类文本阅读**

阅读和鉴赏中外文学作品。了解小说、散文、诗歌、戏剧等文学体裁的基本特征及主要表现手法。阅读鉴赏文学作品,应注重价值判断和审美体验,感受形象,品味语言,领悟内涵,分析艺术表现力,理解作品反映的社会生活和情感世界,探索作品蕴涵的民族心理和人文精神。

1. 理解　　B

（1）理解文中重要概念的含义

（2）理解文中重要句子的含意

2. 分析综合　　C

（1）分析作品结构,概括作品主题

（2）分析作品的体裁特征和表现手法

3. 鉴赏评价　　D

（1）体会重要语句的丰富含意,品味精彩的语言表达艺术

（2）鉴赏作品的文学形象,领悟作品的艺术魅力

（3）评价作品表现出的价值判断和审美取向

4. 探究　　F

（1）从不同角度和层面发掘作品的意蕴、民族心理和人文精神

（2）探讨作者的创作背景和创作意图

（3）对作品进行个性化阅读和有创意的解读

**实用类文本阅读**

阅读和评价中外实用类文本。了解新闻、传记、报告、科普文章的文体基本

特征和主要表现手法。阅读实用类文本,应注重真实性和实用性,准确解读文本,筛选整合信息,分析思想内容、构成要素和语言特色,评价文本的社会功用,探讨文本反映的人生价值和时代精神。

1. 理解　B

(1)理解文中重要概念的含义

(2)理解文中重要句子的含意

2. 分析综合　C

(1)筛选并整合文中信息

(2)分析语言特色,把握文章结构,概括中心意思

(3)分析文本的文体特征和主要表现手法

3. 鉴赏评价　D

(1)评价文本的主要观点和基本倾向

(2)评价文本产生的社会价值和影响

(3)对文本的某种特色作深度的思考和判断

4. 探究　F

(1)从不同角度和层面发掘文本反映的人生价值和时代精神

(2)探讨作者的写作背景和写作意图

(3)探究文本中的某些问题,提出自己的见解

(二)古诗文阅读

阅读浅易的古代诗文。

1. 识记　A

默写常见的名句名篇。

2. 理解　B

(1)理解常见文言实词在文中的含义

(2)理解常见文言虚词在文中的意义和用法

常见文言虚词:而、何、乎、乃、其、且、若、所、为、焉、也、以、因、于、与、则、者、之。

(3)理解与现代汉语不同的句式和用法

不同的句式和用法:判断句、被动句、宾语前置、成分省略和词类活用。

(4)了解并掌握常见的古代文化知识

(5)理解并翻译文中的句子

3. 分析综合　C

(1)筛选并整合文中信息

(2)归纳内容要点,概括中心意思

(3)分析概括作者在文中的观点态度

4. 鉴赏评价　D

(1)鉴赏文学作品的形象、语言和表达技巧

(2)评价文章的思想内容和作者的观点态度

(三)语言文字应用

正确、熟练、有效地使用语言文字。

1. 识记　A

(1)识记现代汉语普通话常用字的字音

(2)识记并正确书写现代常用规范汉字

2. 表达应用　E

(1)正确使用词语(包括熟语)

(2)辨析并修改病句

病句类型:语序不当、搭配不当、成分残缺或赘余、结构混乱、表意不明、不合逻辑。

(3)选用、仿用、变换句式,扩展语句,压缩语段

(4)正确使用常见的修辞手法

常见修辞手法:比喻、比拟、借代、夸张、对偶、排比、反复、设问、反问。

(5)语言表达简明、连贯、得体,准确、鲜明、生动

(6)正确使用标点符号

(四)写作

能写论述类、实用类和文学类文章。

表达应用　E

作文考试的评价要求分为基础等级和发展等级。

1. 基础等级

（1）符合题意

（2）符合文体要求

（3）感情真挚,思想健康

（4）内容充实,中心明确

（5）语言通顺,结构完整

（6）标点正确,不写错别字

2. 发展等级

（1）深刻

透过现象深入本质,揭示事物的内在关系,观点具有启发作用。

（2）丰富

材料丰富,论据充实,形象丰满,意境深远。

（3）有文采

用语贴切,句式灵活,善于运用修辞手法,文句有表现力。

（4）有创新

见解新颖,材料新鲜,构思新巧,推理想象有独到之处,有个性色彩。

# 参考文献

[1]叶圣陶.叶圣陶语文教育论集[C].北京:教育科学出版社,1980.

[2]李伯棠.小学语文教材简史[M].济南:山东教育出版社,1986.

[3]吕叔湘.吕叔湘论语文教学[M].济南:山东教育出版社,1987.

[4]张清源.现代汉语知识辞典[Z].成都:四川人民出版社,1990.

[5]罗竹风.汉语大词典[Z].上海:汉语大词典出版社,1990.

[6]顾黄初,李杏保.二十世纪前期中国语文教育论集[C].成都:四川教育出版社,1991.

[7]张志公.传统语文教育教材论——暨蒙学书目和书影[M].上海:上海教育出版社,1992.

[8]中国大百科全书编辑委员会.中国大百科全书[M].北京:中国大百科全书出版社,1992.

[9]张传宗.中学阅读教学概论[M].北京:人民教育出版社,1993.

[10]戚雨村,董达武,许以理,陈光磊.语言学百科词典[Z].上海:上海辞书出版,1993.

[11]王芸.文学知识手册[M].开封:河南大学出版社,1994.

[12]刘国正.叶圣陶教育文集[C].北京:人民教育出版社,1994.

[13]张志公.张志公语文教育论集[C].北京:人民教育出版社,1994.

[14]冯春田,梁苑,杨淑敏.王力语言学词典[Z].济南:山东教育出版社,1995.

[15]董绍克,阎俊杰.汉语知识词典[Z].北京:警官教育出版社,1996.

[16]钱仲联,傅璇琮,王运熙,等.中国文学大辞典[Z].上海:上海辞书出版社,1997.

[17]刘国正.刘征文集[C].北京:人民教育出版社,1997.

[18]朱绍禹.中学语文教材概观[M].北京:人民教育出版社,1997.

[19]史仲文,胡晓林,颜品忠,等.中华文化制度辞典[Z].北京:中国广播电视出版社,1998.

[20]钟晓雨.问题与对策——中小学语文教育改革[M].北京:人民教育出版社,2000.

[21]顾黄初,李杏保.二十世纪后期中国语文教育论集[C].成都:四川教育出版社,2000.

[22]张隆华,曾仲珊.中国古代语文教育史[M].成都:四川教育出版社,2000.

[23]郑天挺,谭其骧.中国历史大辞典.上卷[Z].上海:上海辞书出版社,2000.

[24]张斌.语法修辞小词典[Z].上海:上海辞书出版社,2002.

[25]叶朗.现代美学体系[M].北京:北京大学出版社,2004.

[26]徐复,等.古代汉语大词典[Z].上海:上海辞书出版社,2007.

[27]陈望道.修辞学发凡[M].上海:上海教育出版社,2006.

[28]顾黄初,顾振彪.语文课程与语文教材[M].北京:社会科学文献出版社,2001.

[29]顾黄初.中国现代语文教育百年事典[M].上海:上海教育出版社,2001.

[30]张鸿苓,陈金明,张定远,苏立康.新中国中学语文教育大典[M].北京:语文出版社,2001.

[31]课程教材研究所.20世纪中国中小学课程标准教学大纲汇编·语文卷[C].北京:人民教育出版社,2001.

[32]朱绍禹,庄文中.国际中小学课程教材比较研究丛书·本国语文卷[M].北京:人民教育出版社,2001.

[33]林治金.语文教育论文选编[C].青岛:青岛出版社,2001.

[34]李杏保,陈钟梁.纵论语文教育观[M].北京:社会科学文献出版社,2001.

[35]杨学为.中国考试改革研究[M].北京:北京大学出版社,2001.

[36]冯天瑜.中华文化辞典[Z].武汉:武汉大学出版社,2001.

[37]教育部基础教育司,语文课程标准研制组.全日制义务教育语文课程标准解读[M].武汉:湖北教育出版社,2002.

[38]顾黄初.顾黄初语文教育文集[C].北京:人民教育出版社,2002.

[39]章熊.思索·探索——章熊语文教育论集[C].北京:人民教育出版社,2002.

[40]于漪.我和语文教学[M].北京:人民教育出版社,2003.

[41]王荣生.语文科课程论基础[M].上海:上海教育出版社,2003.

[42]巢宗祺.普通高中语文课程标准解读[M].武汉:湖北教育出版社,2004.

[43]潘新和.语文:表现与存在[M].福州:福建人民出版社,2004.

[44]倪文锦.高中语文新课程教学法[M].北京:高等教育出版社,2004.

[45]邓绍基.中国古代戏曲文学辞典[Z].北京:人民文学出版社,2004.

[46]马文熙,张归璧,等.古汉语知识辞典[Z].北京:中华书局,2004.

[47]崔峦.求是·崇实·鼎新崔峦小学语文教育文集[C].北京:人民教育出版社,2005.

[48]钱理群,孙绍振.对话语文[M].福州:福建人民出版社,2005.

[49]潘新和.新课程语文教学论[M].北京:人民教育出版社,2005.

[50]教育部基础教育教材审定工作办公室.普通高中课程标准实验教科书概览[M].北京:人民教育出版社,2006.

[51]洪宗礼,柳士镇,倪文锦.母语教材研究(1~10卷)[M].南京:江苏教育出版社,2007.

[52]童庆炳.文学理论教程[M].北京:高等教育出版社,2008.

[53]张蕾,张彬福.语文之道——《中学语文教学》30年文萃[C].北京:首都师范大学出版社,2009.

[54]石鸥,吴小鸥.百年中国教科书图说(1897—1949)[M].长沙:湖南教育出版社,2009.

[55]夏征农,陈至立.辞海(第六版)[Z].上海:上海辞书出版社,2009.

[56]温儒敏.温儒敏论语文教育[M].北京:北京大学出版社,2010.

[57]课程教材研究所.新中国中小学教材建设史1949—2000(小学语文卷)(中学语文卷)[M].北京:人民教育出版社,2010.

[58]庄文中,王本华.新中国中小学教材建设研究丛书·中学语文卷[M].北京:人民教育出版社,2010.

[59]毕苑.建造常识:教科书与近代中国文化转型[M].福州:福建教育出版社,2010.

[60]王中.叶圣陶与现代语文教育[R].北京:北京大学博士后研究工作报告(稿),2010.

[61]李斌.中学国文教科书研究(1912—1949)[M].台湾:台湾花木兰文化出版社,2012:139.

[62]潘新和.语文:回望与沉思——走近大师[M].福州:福建人民出版社,
2012.

[63]傅国涌.过去的中学[M].北京:同心出版社,2012.

[64]刘兰英,等.中国古代文学大辞典[Z].广州:广东教育出版社,2012.

[65]顾黄初.顾黄初语文教育文集外集(上、下)[C].南京:江苏教育出版社,
2013.

[66]顾之川.顾之川语文教育论[M].福州:福建教育出版社,2013.

[67]李杏保,方有林,徐林祥.国文国语教育论典(上、下)[M].北京:语文出版
社,2014.

[68]商金林.叶圣陶全传[M].北京:人民教育出版社,2014.

[69]潘新和."表现—存在论"语文学视界[M].北京:人民出版社,2014.

[70]于漪.教育的姿态[M].太原:山西教育出版社,2014.

[71]章培恒,等.大辞海(中国文学卷)(语言学卷)[Z].上海:上海辞书出版社,
2015.

[72]曹明海.语文教学语用论[M].南宁:广西教育出版社,2016.

[73]顾之川.顾之川语文教育新论[M].西安:陕西师范大学出版社,2016.

[74]商务印书馆编辑部.辞源(修订本)[Z].北京:商务印书馆,2016.

[75]于漪.语文的尊严[M].太原:山西教育出版社,2014.

# 索　引

## B

## C

# D

单项选择题

单音词

单元

单元教学

单元说明

导读法

得体

地方语文课程

第一流的教育家

典章制度

电子教材

读读写写

对联

对偶

多纲多本

多项选择题

多音词

# E

二审

二十四史

# F

发行权

反复

反问

分编型教材

分析

服务选拔

分省命题

复习课

# G

感受形象

高考评价体系

高中

稿费

宫廷文学

构思

古代诗文阅读

古诗文背诵推荐篇目

《古汉语字典》

骨干教师培训

# H

# J

# M

# N

# P

# Q

# R

# S

# T

# W

# X

# Y